新택리지

신정일의

신정일의 新택리지 산과 강의 풍수

신정일

쌤앤파커스

강과 길에 대한 국토 인문서

"필드field가 선생이다." "현장에 비밀이 숨겨져 있다!" 책상과 도서관에서 자료를 뒤적거리기보다는 현장에서 직접 발로 뛸 때 새로운 사실을 발견할 수 있다는 말이다. 이 말은 문화답사 전문가들이 가슴에 품은 신념이기도 하다. 그 현장정신의 계보를 추적하다 보면 만나게 되는 인물이 있다. 18세기 중반을 살았던 사람, 이중환이다. 이중환은 집도 절도 없이 떠돌아다니면서 마음 편하게 살 곳을 물색했고, 환갑 무렵에 내놓은 그 결과물이 《택리지》이다. 그가 쓴 《택리지》는 무려 20년의 현장답사 끝에 나온 책이다. 좋게 말해서 현장답사지 정확하게 표현한다면 정처 없는 강호유랑이었다. 강호유랑은 아무나 하는 게 아니다. 등 따숩고 배부르면 못 하는 일이다. '끈 떨어진 연'이 되었을 때 가능한 일이다. 고금을 막론하고 인생은 끈이 떨어져 봐야 비로소 산천이 눈에 들어오는 법이다.

《택리지》는 《정감록》과 함께 조선 후기에 가장 많이 필사된 베스트셀러였다. 현장에서 건져 올린 생생한 정보가 많이 담겨 있었기 때문이다.

장사하는 사람들은 각 지역 특산물과 물류의 흐름을 파악할 수 있었고, 풍수를 연구하는 사람들은 전국의 지세와 명당이 어디인지를 알 수 있었으며, 산수 유람가에게는 여행 가이드북이 되었다.

그러한 《택리지》의 현장정신을 계승한 책이 이번에 다시 나오는 《신정일의 신 택리지》다. 이 책의 저자인 신정일 선생은 40년 넘게 전국의 산천을 답사한 전문가다. 이중환보다 더 다녔으면 다녔지 못 다닌 것 같지가 않다. 우리나라 방방곡곡 안 가 본 산천이 없다. 1980년대 중반부터 각 지역 문화유적은 물론이거니와, 400곳 이상의 산을 올랐다. 강은 어떤가. 한강, 낙동강, 금강, 섬진강, 영산강, 만경강, 동진강, 한탄강을 발원지에서부터 하구까지 두 발로 걸어 다녔다. 어디 강뿐인가. 영남대로, 관동대로, 삼남대로를 비롯한 우리나라의 옛길을 걸었고, 부산 오륙도에서 통일전망대까지 동해 바닷길을 걸은 뒤 문화체육관광부에 최장거리 도보답사 코스로 제안해 '해파랑길'이 조성되었다. 그의 원대한 꿈은 그것으로 그치지 않고 원산의 명사십리를 거쳐 두만강의 녹둔도에 이르고 블라디보스토크를 지나서 러시아를 돌아 아프리카의 케이프타운까지 걸어가겠다는 것이다. 낭인 팔자가 아니면 불가능한 성취(?)이다.

신정일 선생의 주특기는 '맨땅에 헤딩'이다. 이마에 피가 흘러도 이를 인생수업으로 생각하는 끈기와 집념의 소유자다. "아픈 몸이 아프지 않을 때까지 가자"라는 김수영 시인의 시를 곧잘 외우는 그는 길 위에 모든 것이 있다고 설파한다. 두 갈래 길을 만날 때마다 그가 선택한 길은 남들이 가지 않는 길이었다. 왜냐하면 스스로를 강호江湖 낭인이라고 생각했기 때문이다. 강호파는 가지 않는 길에 들어가 보는 사람이다.

《주역周易》에 '이섭대천利涉大川'이라는 표현이 여러 번 나온다. '큰 내를 건너면 이롭다'라는 이 말은, 인생의 곤경을 넘는 것이 큰 강을 건너는 것만큼이나 힘들다는 뜻이다. 그런데 신정일 선생은 이 강을 무서워하지 않았다. 높은 재를 넘는 것도 두려워하지 않았다. 인생의 수많은 산과 강과 먼 길을 건너고 넘고 걸었으니 무슨 두려움이 남아 있겠는가. 그는 자기 앞에 놓인 인생의 강과 산을 넘은 것이다. '이섭대천'이라 했으니 큰 강을 건넌 신정일 선생에게 행운이 깃들기를 바란다.

조용헌(강호동양학자)

내가 서 있는 곳이 다 내 집이다

'사람이 살 만한 곳', 아니 '살고 싶은 곳'은 도대체 어디를 말함인가? 《논어》에는 "마을이 인仁하다는 것은 아름다운 것이다. 스스로 골라 인한 곳에 살지 않는다면 어찌 지혜롭다 하겠는가"라는 글이 있다. 《택리지》에도 역시 이와 비슷한 내용의 복거卜居, 즉 살 곳을 점쳐서 정한다는 개념이 있다. 이처럼 살 곳을 정하는 문제는 단순히 생활의 윤택함을 도모하는 것을 넘어서 인仁을 추구하고 지혜를 추구하며 인간다운 삶을 살고자 하는 의지의 차원이라고 볼 수 있다. 나는 1980년대 중반부터 우리나라 전 국토를 두 발로 걸었다. 크고 작은 400여 개의 산을 오르고 남한의 8대 강과 영남대로, 삼남대로, 관동대로 그리고 동해 해파랑길을 따라가며 곳곳에 있는 문화유산과 그 땅에 뿌리내린 삶을 만났다. 그 길에서 느낀 것은 산천이 나만의 것이 아닌 우리 모두의 것이라는 사실, 그 길들을 올곧게 보존해서 후세에 물려주어야 한다는 사실이었다. 한 발 한 발 걸으며 내가 발견한 것은 바로 나였고, 처연하도록 아름다운 우리 국토였으며, 그 국토를 몸서리치도록 사랑하고 있다는 사실이었다.

나는 이 책을 이중환의 《택리지》에 기반을 두고 인문 지리 내지 역사지리학의 측면에서 '지금의 택리지'로 다시 쓰고자 했다. 이중환이 살다 간 이후 이 땅에 얼마나 많은 일이 일어났고 얼마나 많은 인물이 태어나고 사라졌는가. 그것을 시공을 뛰어넘어 시냇가에서 자갈을 고르듯 하나하나 들추어내고 싶었고, 패자 혹은 역사 속으로 숨어들었던 사람들을 새롭게 조명하고자 했다.

지금 사는 아파트 외에 우리 국토 어디건 간에 땅 한 평은커녕 바늘 하나 꽂을 데가 없는 내가 '돈'과 '땅' 그리고 '잘 지어진 집' 등 가지지 못해서 부러워했던 것들에서 해방된 지는 얼마 안 된다. 좋아하는 강기슭에 그림 같은 집을 지은 뒤 노년의 삶을 영위하고자 이 나라 어디고 눈여겨보지 않은 곳 없이 샅샅이 뒤지고 다녔지만, 모든 조건에 부합하는 곳은 한 군데도 없었다. 괜찮다 싶으면 땅값이 문제였고, 그래도 그나마 마음에 들어 마을 이장에게 그 땅이 나오면 소개해 달라고 말해 놓고 오면 감감무소식이었다.

그러던 어느 날 문득 깨달았다. 돈을 벌어 한적한 곳에 별장이나 콘도나 흙집을 지을 게 아니라 산천을 유람하면서 머물고 싶은 집의 주인들과 알고 지내고, 우리나라 곳곳의 좋은 땅에 자리한 사찰의 주지를 많이 사귀어 두자. 그래서 그곳에 가면 그 집을 내 집처럼 여기자. '눈에서 멀어지면 마음에서도 멀어진다'는 말처럼 내 눈에 비칠 때만 내 것이고 눈에서 멀어지면 관념 속에나 있는 것이지 않는가. 그 집이나 절에서 며칠 머물면서 소박하지만 격조 있는 손님 대접받으며 쉬거나 공부를 하다가 돌아오리라. 그렇게 되면 나이 들어서 별장 지을 돈을 안 벌어도 되고, 집을 짓지 않았으니 관리비 안 들어서 좋고, 기상이변이 생기거나 오래도록 집을 비워도 아무런 걱정이 없어서 좋다. 이 얼마나 홀가분한 일인가? 그뿐인가? 겨우 몇십 평이나 아니면 큰맘 먹고 100여 평의 집을 지어 놓고 철조망을 치거나 경비업체에 부탁하고서 호화 주택이네 뭐네 무게를 잡기도 하고 욕을 먹기도 하고, 심지어 세무감사 등으로 사회적 몰매를 맞아 가면서 고통스럽게(그게 고통이라면 달게 감수하겠다는 사람들에게는 쓸데없는 말이지만) 사는 사람들에게 나는 진정으로 아름다운 것이란 무엇인지 보여 주고 싶었다.

내 도서관이자 박물관 그리고 서재이자 놀이터이며 전용 별장인 우리 국토의 진경眞景들을 진정으로 아낌없이 보여 주고, 마음만 먹으면 그러한 지상천국을 소유하는 방법과 이용하는 방법을 알려 주겠다. 놀라지 마시라. 천국이나 지옥이 아주 가까운 데 있듯이 그곳은 아주 가까운 곳에 있다. 차비만 있으면 대중교통을 이용해도 되고 아니면 차를 타고 10분이나 20분만 나가면 될 뿐 아니라 건강한 다리로 두어 시간만 걸어가면 여기저기 분재와 수석이 가득한 산천이 나타나는데, 그 산천은 그것을 사랑하거나 의미를 부여한 사람의 것이다.

《택리지》를 지은 이중환은 1713년에 증광문과에 병과로 급제한 후 1717년에 금천도 찰방이 되었으며 주서注書, 지평持平을 거쳐 1722년에 병조 좌랑으로 승진했다. 그의 생애에 먹구름이 밀려온 것은 신임사화라고 불리는 목호룡의 고변 사건이 일어난 1721년이다. 장인이었던 목호룡의 고변 사건에 연루되어 불행한 삶을 살 수밖에 없었기에 탄생한 책이

《택리지》다. "선비가 살 만한 곳을 찾아야만 하는 상황도, 살 만한 곳을 찾으려는 선비를 가만히 내버려두지 않는 현실도 모두 당쟁 때문에 빚어진 것이다." 이런 주제를 가지고 쓰인 《택리지》를 다시 쓰게 된 것은 당쟁의 여파로 어지러운 난세에서 '사람이 살 만한 곳'을 찾아 헤맸지만 결국 '살 곳을 찾을 필요가 없는 세상'을 꿈꾸었던 이중환의 삶에 매료되었기 때문이고, 운명처럼 시작된 방랑벽에서 기인했다. 홀로 떠돌았던 시절을 접고 '황토현문화연구소'와 '우리땅 걷기'라는 이름을 걸고 20여 년간에 걸친 국토 편력을 정리해 여러 권의 책을 썼다. 그러한 인연이 모여서 유일한 나의 스승 이중환의 《택리지》를 《신정일의 신 택리지》로 다시 쓰게 된 것은 다시없는 행운이자 영광이었다.

하지만 난관도 없지 않았다. 과연 '《택리지》를 다시 쓸 수 있을까?' 순간순간 회의감이 들고 일어났지만 내가 선택할 수 있었던 것은 최선을 다하자는 것뿐이었다. 그 최선이 《신정일의 신 택리지》다. 하지만 내놓으려니 부끄러움이 먼저 앞서고 아쉽기 그지없다. 그것은 '언젠가는 《택리지》를 다시 쓰고 싶다'는 나 자신과의 약속을 공부가 아직 익지 않은 가운데 너무 빨리 지켰기 때문이고, 아직도 이 책이 이중환의 노고에 미치지 못하기 때문이다. 살아가면서 거듭거듭 이 책에 심혈을 기울이리라 마음먹는다.

역사와 지리, 인문 기행을 더해 수백 년 전과 현재의 모습을 비교하고 선조들이 자연과 조화를 이루며 살았던 흔적을 고스란히 담으려 노력했다. 빌딩이 산의 높이를 넘어서고 강의 물길이 하루아침에 바뀌는 시대에 살고 있지만, 여전히 산수와 지리는 우리 삶의 근간이다. 우리가 지금 딛고 있는 이 땅을 자연과 사람 모두가 더불어 사는 명당으로 만드는 것은 다름 아닌 우리 자신이다.

《신정일의 신 택리지》의 마지막 권을 마무리하며 끊임없이 격려를 아끼지 않았던 여러 사람에게 고마움을 전한다. 이 순간에도 나의 눈길과 손길 그리고 발길을 기다리는 우리 국토가 눈에 선하다. 내 삶이 끝나는 날까지 끊임없이 찾아 나설 이 땅의 산천이여! 마지막으로 이 책을 읽는 모든 독자와 함께 간절한 기도를 전하고 싶다.

"간절히 원하노니, 청화자靑華子 선생이여! 지금 이 땅에 사는 상처 입은 사람들이 더불어 조화롭게 살 수 있도록 그대가 꿈꾸었던 이상향을 보여 주십시오!"

온전한 땅 전주에서
신정일

1

산수

만민이 우러러보는 우리 산하

산과 물을 논하는 이유

이중환李重煥의 《택리지擇里志》는 '사민총론四民總論', '팔도총론 八道總論', '복거총론卜居總論', '총론總論'으로 이루어졌다. 전체 분량 중 '사민총론'이 2.5퍼센트, '팔도총론'이 50퍼센트, '복거총론'이 45퍼 센트, '총론'이 2.5퍼센트를 차지한다. 이중환은 지리地理, 생리生利, 인심人心, 산수山水를 다룬 '복거총론'의 절반을 산수에 할애했다. 이는 사람이 살 만한 이상향을 찾아다닌 이중환이 산수 유람을 즐긴 옛사람들 의 산수관을 따르고자 했기 때문일 것이다. 그렇다면 옛사람은 우리 산천 을 어떻게 보았을까?

'고려高麗'라는 이름은 산이 높고 물은 곱다는 뜻이다. '조선朝鮮'이라는 이름은 옛사람이 지역이 양곡暘谷에 가까워서 아침 조朝 자를 붙이고 해가 돋 으면 먼저 밝는다 하여 고울 선鮮 자를 붙인 것이다. 대개 산수가 좋기로는 온 천하에 으뜸이다. 그런 까닭에 중국 사람들이 우리나라를 사모하는 글을 보면

"바라건대 고려에서 태어나 금강산을 한번 봤으면 좋겠다"라고 했을 정도다.

우리나라의 모든 산은 백두산을 시초로 하며 동쪽으로는 금강과 태백 두 산이 있고 서쪽으로는 묘향과 구월 두 산이 있으며 남쪽으로는 지리와 한라 두 산이 있으니 모두 백두산에서 뻗어 나온 것이다.

우리나라 산천의 대략을 설명한 위 글은 조선 후기 문신이자 학자인 홍만종洪萬宗의 《순오지旬五志》에 실린 글이다. 이중환은 《택리지》에서 산수를 논하며 다음과 같은 문장으로 시작한다. "산과 물을 말하는 이유는 무엇인가."

'명사名士가 명산名山을 낳는다'는 말이 있다. 예로부터 사대부들은 이 땅의 산천을 유람하면서 스스로 학문을 연마하고 정신을 수행하며 수많은 글을 남겼다. 세종 때 명明 사신으로 조선에 온 예겸倪謙이 한강에서 뱃놀이하고 지은 글 한 편에도 그러한 흔적이 남아 있다.

땅이란 반드시 사람이 있음으로써 이름난 땅이 되는 것, 그 때문에 산음山陰의 난정蘭亭으로도 왕희지가 없었다면 무성한 숲 긴 대밭에 지나지 못했을 것이며, 황주黃州의 적벽에도 소동파가 없었다면 높은 산, 큰 강에 불과했을 것이니 어찌 후세에 이름을 알릴 수 있었으랴.

우리 선인들은 산이라는 대상을 두고 관산觀山, 유산遊山, 요산樂山이라는 말을 썼는데, 이는 산을 멀리서 바라보기도 하고 들어가 노닐기도 하면서 즐기는 곳이라고 여겼기 때문이다. 산기슭에서 나고 자란 사람들은 '산을 오른다登山'고 하지 않고 '산으로 들어간다入山'고 했다. 산을 정복의 대상으로 여기지 않고 허전할 때 기대고 싶은 대상이나 내 몸처럼 더불어 살아가야 할 대상으로 여긴다는 말이다.

그래서 산에 대한 글을 쓸 때 '등반기'나 '등산기'라는 말을 쓰지 않고 '삼가 절하고 뵙는다'는 뜻으로 '근참기覲參記'라고 했다. 옛사람들은 명산에 제사를 지냈다. 산을 경외의 대상으로 여겼기 때문이다. 《세조실록》에 보면 조선도 명산대천에 제사를 지낸 삼국과 고려의 습속을 따랐다는 기록이 있다.

우리 역사 속 산

흔히 우리는 언덕보다 높이 돌출한 지형을 일컬어 '산'이라고 한다. 하지만 지대가 낮은 호남평야 일대나 서해안 지방에서는 산이라는 개념이 매우 다르다. 전라북도 부안에 있는 백산은 높이가 47.5미터밖에 안 되지만 그 일대의 50리 반경에서는 가장 높고 우뚝 솟은 산처럼 보여 동학농민운동 당시에 주요 거점이 되었다. 한편 김제와 완주의 경계에 있는 모악산은 높이가 794미터에 이르며 평지에서 돌출하여 호남평야 일대를 굽어보듯 서 있다.

우리나라 산지는 전체적으로 동해 쪽으로 급경사를 이루며 서쪽이나 북쪽으로는 경사가 완만하다. 백두산에서 시작된 백두대간이 그 동쪽인 동해안을 따라서 지리산으로 이어지고, 그 한 맥인 장백정간이 함경도에

산수

호남평야

우리는 언덕보다 높이 돌출한 지형을 '산'이라고 하지만
지대가 낮은 호남평야 일대나 서해안 지방에서는 그 개념이 매우 다르다.

토함산

토함산은 신라 때부터 국가에서
신성시하며 봄과 가을에 제사를 지냈던 오악 중 하나였다.

서 두만강의 끝자락인 서수라까지 이어진다.

단군신화가 산에서 시작되는 것을 보면 우리 민족의 발상지가 산이었음을 알 수 있다. 그래서 마니산이나 태백산과 같은 높은 산정山頂에 제단을 마련하고 제사를 지냈다. 백제 때는 산의 신에 먼저 제사先祀神祇及山谷之神했고 신라 때부터는 삼신산三神山과 오악五嶽에 제사를 지냈다. 《삼국유사三國遺事》에 따르면 삼신산은 중국 기록에 등장하는 '해동삼신산'을 본떠서 봉래산蓬萊山(금강산), 방장산方丈山(지리산), 영주산瀛洲山(한라산)으로 정했다. 그리고 오악은 동서남북과 중앙 지역을 대표하는 산으로 봄과 가을에 제사를 지냈는데, 제사는 국가가 관장했다. 동악에 토함산吐含山, 서악에 계룡산鷄龍山, 북악에 태백산太白山, 남악에 지리산智異山, 중앙에 부악父岳(팔공산)을 오악으로 정했다. 고려 때이르러서는 지리산과 삼각산(북한산), 송악산, 비백산을 사악신四嶽神으로 지정하여 제사를 지냈고 덧붙여 치악산, 죽령산, 주흘산, 금성산, 한라산, 오관산, 마니산, 감악산, 백두산 등에 제단을 만들어 제사를 지냈다.

조선시대에 들어와서 오악을 변경하게 되었는데 백두산, 금강산, 묘향산, 지리산, 삼각산으로 정해진다. 동쪽에 있는 금강산에는 고려 때부터 의관산단義館山壇을 만들어 소사小祀를 지냈고 서쪽에 있는 묘향산에는 단군과 사명대사의 사당이 있었으나 단壇 이름은 전해 오지 않는다. 북쪽에 있는 백두산은 우리나라 종주산으로 영조 때 망덕산望德山에 백두산단白頭山壇을 만들어 제중축踦中祝이라는 망제를 지냈다. 남쪽에 있는 지리산에는 지리산단이 남원 동남쪽 소의방所義坊에 있었다는데, 신라 이래로 중사中祀를 지냈다. 중앙의 서울에는 삼각산에 삼각산단이 있어 신라시대 이래로 소사를 지냈다. 이와 함께 오대산을 동진, 속리산을 남진, 백악산을 중진, 구월산을 서진, 장백산을 북진으로 하는 오진五鎭을 설치하고 산신제를 지내며 국가의 안녕을 기원했다.

최남선은 〈불함문화론不咸文化論〉에서 "밝은 뉘光明世界의 태양 숭배인 민족종교가 있어 후일에 가서는 '부루'라는 이름으로 불리게 되었고, 천도天道의 밝은 세상을 실현하는 고래古來의 민족교가 있었다" 하여 우리의 고유 신앙을 이야기했다. 이러한 자연숭배 사상은 신라 때 화랑 무리가 정신 수련을 위해 명산대천으로 떠나는 순례로 이어졌다. 산에서 정신을 수양하고 육체를 단련하며 자연의 아름다움을 깨달은 이들은 화랑 정신을 살려 신라 통일의 밑바탕이 된다.

고려를 창건한 왕건 역시 스스로 산천으로부터 보이지 않는 도움을 받아 대업을 이루었다고 했다. 고려 인종 때는 정지상鄭知常과 묘청妙淸이 임금에게 건의하여 서경, 즉 평양의 대화궁에 성을 쌓고 팔성당八聖堂을 궁내에 지었다. 팔성당에 '호국 백두악 태백선인 실덕 문수사리보살護國 白頭嶽 太白仙人 實德 文殊師利菩薩'을 비롯한 여덟 곳의 산지를 상징한 화상을 그려 봉안했다. 팔성은 동명성왕, 단군왕검, 태조 왕건 등을 명산에 대한 숭배와 연결하여 신선神仙으로 신격화하고 이것을 또 부처나 보살에 대한 신앙과 결합한 것이었다. 백두악 다음은 그 위치가 불분명하지만 묘청이 최대의 길지로 꼽았던 평양 근처 임원역 부근 대화궁의 주산이었을 용원악龍園嶽이고, 세 번째는 지금의 황해도 금천군 월성면에 있는 월성악月城嶽에 천신天神과 대변천신大辯天神(음악을 관장하는 신)을 모셨다. 그 외에는 평양에 두 곳과 개성의 송악산, 황해도 구월

태백산

태백산은 설악산, 오대산 등과 함께 태백산맥의 영산으로 불린다.
산 정상에는 예로부터 하늘에 제사를 지내던 천제단이 있다.

마니산

백두산과 한라산의 중간 지점에 위치한 산이다. 높이 469.4미터로,
강화도에서 가장 높다. 정상에 오르면 경기만과 영종도 주변 섬들이 한눈에 들어온다.

산과 강화의 마니산이 있다. 묘청 등은 서경 천도와 칭제건원稱帝建元, 금국金國 정벌을 꾀하는 가운데, 서경 천도 운동의 정신적 상징으로서 이와 같은 민족 수호신의 계보를 정하여 활용하고자 했다. 그들은 여덟 성인을 섬겨야 국위를 세상에 떨칠 수 있다고 믿었는데, 다음의 글은 정지상이 당시 지은 제문이다.

　달리지 않아도 빠르고 걷지 않아도 도달하는 것은 득일得一의 신령이요, 없는 것 같으면서도 있고 가득 찬 것 같으면서도 빈 것은 부처의 본성이다. 오직 하늘의 명이라야 사방을 통치할 수 있다. 이제 서경의 중앙에서 그 대화大花의 지세를 선택하여 궁궐을 세우고 음양에 순응하여 여덟 신선을 모시고 백두를 받들어 우두머리로 삼았도다. 생각해 보니 밝은 빛이 어리는 듯싶고 신묘함이 앞에 나타나려 하니 황홀하도다. 지진至眞은 그 형상을 그릴 수 없어도 고요함은 오직 실재 덕이니 이것이 여래如來로다. 명하여 화상을 그려 장엄하게 했으니 현묘한 문을 두들기며 흠향하기를 비노라.

　정지상이 제문을 짓고 제사를 지낸 곳은 산이었는데, 이렇듯 산을 숭배하는 일을 나라에서만 한 것은 아니었다. 전국 500여 고을에서는 주산主山 또는 진산鎭山을 정하여 제사를 지냈고 명산대천에도 따로 단을 두어 제사를 올림으로써 고을과 나라의 번성을 기원했다. 그중 한국의 무당들이 신령으로 받드는 신이 파주시 적성면 감악산紺岳山에 있는 설인귀薛仁貴와 개성 덕물산德物山에 모셔진 최영崔瑩이다. 감악산 산신은 당 고종 때 장군인 설인귀다. 당 장수가 왜 이 나라 산신이 되었는지는 분명하지 않지만 대한제국 말에 이르기까지 나라에서 사람을 보내 기도를 올렸으며, 특히 무당의 치성과 굿이 끊이지 않았다고 한다.

이처럼 고을마다 진산과 주산이 있듯이 나라에는 종산宗山이 있었다. 최남선은 다음 산 12곳을 종산으로 꼽았다. 삼각산과 백두산, 원산圓山 (함경북도 경주와 덕천 사이), 낭림산, 두류산(평안남도 양덕과 함경남도 문천 사이), 분수령(강원도 평강서북), 금강산, 오대산, 태백산, 속리산, 장안산 (전라북도 장수), 지리산이다.

우리 민족뿐만 아니라 외국에서도 산은 숭배의 대상이었다. 산에 신령이 있다고 믿는 숭산 사상은 일종의 원시 신앙이다. 중국에서는 전국시대 이후 오행 사상에 따라 오악의 개념이 생겼다. 그 밖에 티베트의 카일라스산, 그리스의 올림포스산, 유대인의 마음속 고향인 시나이산이 모두 숭배의 대상이었다.

산은 바다에서 시작되었다

공자는 "지혜로운 사람은 물을 즐기고智者樂水 어진 사람은 산을 즐긴다仁者樂山"라고 했다. 이어 "지혜로운 사람은 동動적이요, 어진 사람은 정靜적이다"라고 하여 산과 물을 어짊仁과 지혜로움智, 곧 인간의 덕성과 지성에 비유했다. 이 말에 주자는 "참다운 지식이 사리에 통달하고 두루 흘러 막힘이 없는 물과 같다면, 어진 덕은 의리에 편안하고 두터이 하여 옮기지 않음이 산과 같다"라고 해석했다. 참다운 지식이란 흐르는 물처럼 유장하게 흘러서 인간 세계를 편벽됨이 없이 적셔 주고, 겹겹이 쌓인 덕은 움직이지 않는 산과 같이 그 덕을 널리 펼칠 수 있다는 의미다.

중국 전한前漢 시대의 문신 유향劉向도 《설원說苑》(정민, 《한시 미학 산책》, 솔출판사, 1996 재인용)에 다음과 같은 글을 남겼다.

대저 산은 높으면서도 면면히 이어져 만민이 우러러보는 것이다. 초목이 그 위에서 생장하고 온갖 생물이 그 위에 서 있으며, 나는 새가 거기로 모여들고, 들짐승이 그곳에 깃들이며, 온갖 보배로운 것이 그곳에서 자라나고, 기이한 선비가 거기에 산다. 온갖 만물을 기르면서도 싫증 내지 아니하고 사방에서 모두 취하여도 한정하지 않는다. 구름과 바람을 내어 천지 사이의 기운을 소통시켜 나라를 이룬다. 이것이 어진 사람이 산을 좋아하는 까닭이다.

고려 때 승려 석천인釋天因은 그의 글 〈천관산기행天冠山紀行〉에서 "오직 우뚝 솟은 산을 구경하고 졸졸 흐르는 물소리를 들음으로써 마음을 기쁘게 하자는 것만이 아니라, 뜻을 산수에 붙여 인仁과 지智의 즐거움을 좇아서 본래의 선善을 회복하여 도道에 이르자는 것"이라고 하여, 산천에서 놀면서 산을 오르는 의미를 수양과 도의 높임으로 파악했다. 송宋 풍수지리학자 호순신胡舜臣은 산과 물에 대해 다음과 같은 견해를 피력했다.

산은 움직임이 없이 굳건한 자태를 드리우고 있는 것이라 음에 속하고 물은 움직여 흐름을 주도하는 것이라 양에 속하는데, 음은 체상體常을 도道로 삼고 양은 변화를 주主로 삼는다. 그런 까닭에 길흉과 화복은 물에 의하여 더욱 강한 영향을 받는다. (…) 산은 사람의 형체와 같은 것이고 물은 사람의 혈맥과 같다. 사람 형체의 생장과 번영, 쇠퇴는 겉모양인 형체보다는 그 혈맥에 달렸다. 혈맥의 도수導水가 순조로우면 그 사람은 건강할 것이며, 그 절도節度를 잃어버리면 병들어 망함이 자연의 이치다.

풍수지리서 《보감寶鑑》(《한국의 풍수지리》, 최창조, 민음사, 2008 재인용)에는 다음과 같은 글이 실려 있다.

산이 후덕하면 사람이 인후관대하고, 산이 수척하면 사람이 편협하며, 산이 맑으면 사람이 귀히 되고, 산이 부서져 내리는 듯하면 비참하게 되며, 산이 돌아들면 사람이 모이고, 산이 달아나면 사람이 흩어지게 된다. 산이 길면 사람이 용감하고, 산이 작으면 사람이 좀스러우며, 산이 밝으면 사람이 품달하고, 산이 어두우면 사람이 우매해지며, 산이 순하면 효자가 나고, 산이 역하면 믿을 수 없는 사람이 난다.

한편 청淸의 화가 석도石濤는 산수를 도덕에 비유하여 다음과 같은 글을 남겼다.

산의 교육도 인仁으로써 하고, 산의 인사도 예禮로써 하며, 산의 느린 걸음도 조화和로써 하고, 산의 모임도 삼감謹으로써 하고, 산의 허령虛靈함도 지혜智로써 한다. 무릇 물이 크고 넓게 흐르는 것도 덕德으로써 하고, 졸졸 흘러

내리는 것도 의義로써 하며, 정갈하게 고이는 것도 선善으로써 하고, 굽이쳐 흐르는 것도 지志로써 한다.

석도는 산과 물에서 인과 의, 예, 덕, 철리哲理(현묘한 이치)를 발견해야 한다고 보았다. 화담花潭 서경덕徐敬德은 길을 가다가 아름다운 산수를 보게 되면 "문득 가던 발길을 멈추고 춤을 추었다"라고 했는데, 조선 중기 문신 하서河西 김인후金麟厚는 그보다 한술 더 떴다.

청산靑山도 절로절로 녹수綠水도 절로절로
산山 절로절로 수水 절로절로 산수간山水間에 나도 절로절로
그중에 절로 자란 몸이니 늙기도 절로절로 늙으리라

저절로 나서 저절로 늙고 저절로 자연으로 돌아간다는 이 시를 보면 사람이 자연으로 들어가 자연으로 동화되는 이치가 느껴진다. 한편《근대화가론Modern Painters》을 지은 존 러스킨은 다음과 같이 산을 예찬했다.

산은 인류를 위해 세워진 학당이자 가람伽藍이다. 학생에게는 전적典籍의 보고이며 근로자에게는 소박한 휴양과 교훈, 온화함을 베풀어 주고 사색가에게는 고요하고 깊은 상념이 되어 준다. 순례자에게는 신성한 영광이 되어 준다. 산은 인류 누리의 대가람이다. 바위의 문들이며 구름의 흐름, 계류가 암석과 흐르는 물에게 들려주는 노랫소리, 눈의 성찬 그리고 끝없는 별자리들이 열을 짓는 자금紫金의 궁륭穹窿인 대가람이다.

전주와 김제 지역에서는 지리산과 모악산을 어머니의 품과 같다 하여 '어머니의 산' 또는 '위대한 어머니의 산'이라 부른다. 이와 반대로 한국전쟁 당시 남부군전북도당 사령부가 있었으며 풍수지리상 명혈이 많다고 알려진 회문산은 '아버지의 산'이라고 부른다.

산의 나라 조선

삼천리금수강산 어디에서나 볼 수 있는 산, 그래서 우리나라는 '산의 나라'라고 불린다. 조선의 산을 연암燕巖 박지원朴趾源은《회우록會友錄》서문에서 다음과 같이 묘사했다.

삼한三韓 36도都의 땅을 두루 돌아서 동으로 동해에 이르면 바다가 하늘과 맞닿아 있고 명산거악名山巨嶽이 그 가운데 뿌리박고 서려 있다. 100리 되는 평야가 드물고 1000호 되는 고을이 없으니 그 지세가 편협하다.

박지원을 비롯한 실학자 대부분은 조선을 두고 산이 많아서 들이 넓지 않고 사람이 많이 사는 고을이 부족하다고 했는데, 현재는 그렇지 않다. 산이 많고 들이 넓지 않은 나라 대한민국이 세계적으로도 인구밀도가 높은 나라 중 한 곳이 되었기 때문이다.

우리나라의 지리적 특징을 최남선은 "산인가 하면 바다이고 바다를 좀 저어 가려 하면 산에 닿는다"라고 했다. 그럴듯한 말이다. 국토가 좁아서 그런 것만은 아니다. 문만 열어도 보이는 게 산이고 조금만 걸어가도 보이는 게 졸졸 물이 흐르는 시내다. 여기가 평야인가 하고 바라보면 산인, 그래서 어디가 산이고 어디가 물인지 분간하기가 힘든 것이 우리나라의 지형이다. 19세기 중엽 조선에 처음 온 프랑스 선교사 클로드 샤를 달레는 우리나라 산의 느낌을 다음과 같이 기록했다(《벽안에 비친 조선국의 모든 것》, 정기수 옮김, 탐구당, 2015).

조선은 산들의 나라다. 만주의 장백산맥에서 일어난 큰 산맥이 동쪽 바닷가를 따라 뻗쳐서 남북 동쪽 테두리를 이루고, 이 산맥의 가지가 거의 전국을 덮고 있다. 한 선교사는 이렇게 말하고 있다. "어디다 발을 들여놓아도 당신은 산밖에 보지 못할 것입니다. 거의 어디서고 당신은 바위들 사이에 갇히고, 혹은 벗겨지고, 혹은 야생의 소나무들로 뒤덮이고, 혹은 가시덤불이 뒤엉키고, 혹은 숲이 무성한 산허리 속에 들어 밝혀져 있는 것같이 느낄 것입니다. 처음에는 빠져나갈 길이 어디에도 보이지 않습니다. 그러나 잘 찾아보면 마침내 좁은 오솔길 자국이 눈에 띌 것입니다. 그 길을 한참 애써 걸어가면 기복이 심한 지평선이 내려다보이는 산꼭대기에 나올 것입니다. 거센 바람이 물결을 일으켜 온갖 모양의 수많은 작은 언덕을 이루고 있는 바다를 당신은 배 위에서 내려다본 적이 있었을 것입니다. 여기서 눈 아래에 벌어지는 것이 바로 그런 광경의 축도입니다. 사방에 우뚝우뚝 솟은 수많은 산봉우리며, 육중하고 둥그런 산이며, 험상궂은 바위들이 보이고, 더 멀리 지평선 저편에는 또 더욱 높은 다른 산들이 보일 것입니다. 온 나라가 거의 다 이 모양입니다. (…)"

우리나라 산은 몇 개의 악산惡山을 제외하고는 대개 거의 비슷한 모양새를 하고 있다. 이러한 우리의 산과 강을 조선 전기 문신 강희맹姜希孟은 〈가산찬假山贊〉이라는 글에서 다음과 같이 설명했다.

산을 오르는 사람은 반드시 높고 큰 산을 오르고자 하고 물을 구경하는 사람은 반드시 깊고 넓은 물을 구경하고자 한다. 이는 대개 우주 안의 장관을 다해서 나의 정신을 저 물物의 밖에까지 쏟아 보자는 마음이 있기 때문이다.

우리 민족의 노랫가락 속에도 우리나라 산천의 모습이 들어 있는데, 판소리 〈춘향가〉에 실린 조선의 산천을 들여다보자.

경상도 산세는 산이 웅장허기로 사람이 나면 정직허고, 전라도 산세는 산이 촉矗허기로 사람이 나면 재주 있고, 충청도 산세는 산이 순순順順허기로 사람이 나면 인정 있고, 경기도로 올라 한양 터를 보면 자른 목이 높고 백운대 섰다. 삼각산 세 가지 북주北主가 되고 인왕산이 주산主山이오, 종남산이 안산인디 사람이 나면 선할 때 선하고 악하기로 들면 별악지성別惡之性이라.

이렇듯 옛사람은 산천을 보면서도 정직하다거나 인정이 있고 재주가 많다는 말을 했다.

살 만한 곳을 찾아 나섰던 사람들

인류가 시작된 이래 유구한 역사 속에서 이 땅에 살았던 사람들은 그때마다 사람이 살 만한 곳이나 마음 붙일 곳을 찾고자 했다. 명明 초기에 50여 년간 산과 강을 떠돌면서 《인자수지人子須知》라는 책을 지은 서선계徐善繼, 서선술徐善述 형제는 "땅을 다루는 자 필히 산을 오르고 물을 건너는 수고를 마다하지 마라"라고 했고, 송宋의 선사 오경란吳景鸞은 《망용경望龍經》에서 "땅을 구하는 자는 반드시 천하를 편력하라"라고 했다. 이들의 말처럼 살 만한 곳을 찾아 나선 사람들은 어느 때든 있었다. 신라 말에 신선이 되어 산으로 들어갔다는 최치원이 그러했고, 청학동을 찾아 나섰던 고려 때의 문인 이인로 역시 그러한 사람 중 하나였다.

남사고가 지정한 십승지를 비롯하여 제주도에 있다는 이어도, 갑산 땅에 있다는 태평동, 경상도 상주의 우복동, 평안도 성천의 회산선계, 속초 영랑호의 회룡굴이라는 별세계 등 나라 안에는 여러 곳의 이상향이 있었다. 그러나 수많은 사람이 유토피아를 꿈꾸었지만 그 유토피아는 아무도 발견하지 못했던 듯싶다.

토머스 모어의 소설 《유토피아》에서 유래한 이상향, 즉 유토피아란 라틴어로 '없다' 또는 '좋다'는 뜻도 되고 '어디에도 없는 나라', '좋은 곳'이라는 뜻도 지닌다.

그래서 '어디에도 없지만 좋은 나라', '낙원'이 우리가 꿈꾸는 이상향이라고 볼 수 있다. 토머스 모어는 "공허하고 쓸데없는 것들을 만드는 데 전 생애를 악착같이 보내는 인간"의 모습에 염증을 느끼고, 신이 창조한 모든 것 중에서 오직 인간만이 가진 "표면적이고 공허한 과시를 함으로써 남들을 따돌리고 능가하는 것을 명예로운 일이라고 여기는 그 자만심"을 통렬하게 비판하고자 이 소설을 썼다고 한다. "그 나라에서는 모든 물건을 공유共有로 하고 화폐는 존재하지 않으며 사람들은 서로에게 선행하며 즐겁게 매일매일을 지낸다." 그러나 사람의 역사가 시작된 이래 그러한 나라는 지구상에 한 번도 존재한 적이 없다. 현실에 존재하지 않기에 유토피아지만, 꿈을 꿀 때만은 우리가 그리도 그리워하는 유토피아를 찾을 수 있다. 그 때문일까? "동쪽 울타리에서 유유히 남산南山을 본다"라고 노래한 도연명陶淵明이 그리워한 산과는 다른 이상향을 찾아서 또는 국토의 재발견을 위해서 역사 속 수많은 인물이 우리 국토를 편력하고자 했지만 국토 순례가 그리 쉬운 것만은 아니었다.

조선 전기의 문장가이자 무오사화(1498) 때 희생된 김일손金馹孫은 〈속두류록續頭流錄〉의 서두를 다음과 같은 글로 시작한다.

선비가 나서 덩굴에 달린 박匏이나 외瓜처럼 한 곳에만 매여 사는 것은 운명이다. 천하를 두루 구경하여 견문을 넓히지 못할 바에는 자기 고장 산천이라도 두루 탐방해야 할 것이나 사람의 일이란 매사 어긋남이 많아서 항상 뜻을 두고도 이루지 못하는 것이 열에 여덟아홉은 된다.

누군가의 말처럼 인연이란, 세상의 일이란 얼마나 어긋나기를 잘하는가? 그런 가운데 큰맘 먹고 나선 이들은 나라 안팎의 산천과 명승지 등을 구경하면서 타향에서 한 경험과 답사 노정을 기행문으로 남겼다. 고려 때 사람인 이규보李奎報는 〈남행월일기南行月日記〉를 남겼고, 조선 명종 때 백광홍白光弘은 평안도 평사가 되어 관서 지방을 두루 순력 巡歷하고 〈관서별곡關西別曲〉을 지었다. 정철鄭澈은 강원도 관찰사로 관동 일대를 돌아다닌 뒤 〈관동별곡關東別曲〉을 비롯한 많은 기행 가사를 남겼다.

2

백두대간에 자리 잡은 여덟 개 명산

백두산이 오지랖을 벌리고

산은 물을 넘지 못하고 물은 산을 건너지 않는다

조선의 산 가운데 가장 신령스러운 산인 백두산에서 지리산으로 유장하게 이어진 산줄기가 곧 백두대간이다. 우리 선인들은 산과 강을 하나의 유기적 자연 구조로 보고 그 사이에 얽힌 원리를 찾는 데 지리학의 근간을 두었다. 풍수지리학의 원조로 알려진 도선道詵의《옥룡비기玉龍秘記》에 "우리나라는 백두에서 시작하여 지리에서 마쳤으니, 그 형세가 물을 뿌리로 하고 나무를 줄기로 한 땅이라"라고 하면서 백두산에서 지리산으로 이어지는 산줄기를 언급했다.

우리 국토를 백두대간과 연결된 1정간, 13정맥으로 분류하여 고유의 지리학 체계를 마련한 사람은 여암旅菴 신경준申景濬이다. 영조 연간에 신경준이 지은《산경표山經表》에 따르면 백두대간이 백두산에서 지리산까지 우리나라 등뼈를 이루며, 장백정간과 13개 정맥이 큰 강의 유역을 이루고 거기서부터 가지를 친 지맥들이 내와 골을 이룬다. 13개 정맥은 청북정맥淸北正脈, 청남정맥淸南正脈, 해서정맥海西正脈, 임진북예성

남정맥臨津北禮成南正脈, 한남정맥漢南正脈, 금북정맥錦北正脈, 한남
금북정맥漢南錦北正脈, 금남정맥錦南正脈, 한북정맥漢北正脈, 호남정
맥湖南正脈, 금남호남정맥錦南湖南正脈, 낙동정맥洛東正脈, 낙남정맥
洛南正脈이다.

우리나라의 산줄기들은 대부분 강 이름(청천강, 임진강, 예성강, 한강, 금
강, 낙동강)에서 비롯하며 그 정맥들은 대간, 정간과 함께 모두가 큰 강의
물 뿌리가 된다. 이는 '산은 생명의 시작인 물의 산지産地'라는 우리의
전래 지리 인식을 잘 나타내 준다.

백두대간을 중심으로 한 전통 지리학이 고토 분지로小藤文次郎에 의
해서 현재 교과서에서 배우는 산맥 개념으로 바뀐다. 고토 분지로는 일본
이 조선 침략 정책의 일환으로 1900년과 1902년 두 차례에 걸쳐 총 14개
월 동안 실시한 광물 탐사 사업의 학술 책임자 자격으로 우리나라의 지질
을 조사했다. 그 조사를 토대로 〈조선 남부의 지세〉(1901), 〈조선 북부의
지세〉(1902)를 발표하고 두 논문을 종합하여 체계화한 〈조선의 산악론〉
을 도쿄제국대학 논문집에 발표했다. 그 뒤 1908년에는 당시 지리 교과
서인 《고등소학대한지지高等小學大韓地誌》에 "본국本國의 산지山地
는 종래 그 구조의 검사가 정확하지 못하여 산맥의 논論이 태반 오차를
면치 못하므로 이 책은 일본 전문대가 야즈 쇼에이矢津昌永 씨의 지리를
채용하여 산맥을 개정하노라"라는 선언이 등장하기에 이른다.

이렇게 해서 지질구조선(지질 구조가 서로 다른 두 지역의 경계선)에 근거
하여 이름 붙인 태백산맥, 소백산맥, 노령산맥 등의 산맥이 생겨난다. 그
러나 이러한 산맥 지형도에 따르면 소백산맥이나 노령산맥 등 모든 산

백두산 자작나무

자작나무 하면 러시아의 산림지대를 많이들 떠올린다.
하지만 백두산과 개마고원 일대에도 자작나무 군락이 우거져 있다.
껍질이 하얗고 곧게 뻗은 자작나무는 강렬한 인상을 남긴다.

맥이 도중에 가다가 여지없이 끊어진다. 그래서 우리나라 지도상에서는 모든 산맥의 시작과 끝이 불분명하고 주행에 일관성도 찾아볼 수가 없다. 어떤 지도에는 소백산맥이 지리산에서 백운산까지 이어지기도 한다. 지리산과 백운산 사이를 흐르는 섬진강은 강도 아니라는 듯이 말이다. 2004년 월간《사람과 산》을 비롯한 국토연구원에서 조사한 바에 따르면 우리 국토에 차령산맥은 존재하지 않았다. 고지도 연구가 이우형에 따르면《산경표》는 우리 민족 고유의 산줄기 개념이므로 큰 강을 중심으로 모여 살았던 모든 생활 문화권의 분계를 나타내 준다. 따라서 이 시대의 자연, 인문, 사회, 역사, 정치, 경제, 산업 등 모든 분야가 우리 전래의 땅 개념을 두고 이루어져야 한다.

신경준의《산경표》에는 땅 위에 실존하는 산과 강에 기초하여 산줄기를 그려 놓았다. 그래서 우리의 산줄기는 산에서 산으로만 이어졌다.《산경표》는 '산자분수령山自分水嶺'의 원리를 극명하게 보여 준다. 산자분수령이란 우리 땅을 보는 잣대로, '산은 물을 가른다' 또는 '산줄기는 물길의 울타리'라는 뜻으로도 해석된다. 이 말은 우리가 흔히 쓰는 '산은 물을 넘지 못하고 물은 산을 건너지 않는다'는 말로도 설명할 수 있다.

백두대간은 무엇인가?

백두산에서 북포태산北胞胎山을 지난 백두대간은 백사봉 아래에서 두만강 하구 서수라西水羅까지 이어지는 장백정간을 갈라 놓는다. 장백정간은 함흥까지 주맥이 복판으로 내려온다. 거기에 두만강 안쪽 서수라까지 뻗어 가고 서쪽으로 뻗어 나간 백두대간은 마대산에서 청북정맥과 청남정맥을 내려보낸다. 압록강 남쪽으로 이어진 마대산에서 함흥을 굽어다 보고 내리뻗은 백두대간은 철옹산을 지나 두류산으로 이어진다. 두류산에서 해서정맥과 임진북예성남정맥을 내려보낸 백두대간은 추가령에서 다시 경기도 고양시 장명산으로 이어지는 한북정맥과 나뉘며, 백두대간은 추가령에서 철령으로 이어진다.

평안도의 백두대간은 청천강의 남쪽과 북쪽을 막론하고 모두 함흥의 서쪽에서 뻗은 청남정맥과 청북정맥을 중심으로 이루어졌고, 황해도와 경기 북부의 고원, 문천 사이를 따라서 뻗은 해서정맥, 임진북예성남정맥 사이에 위치한다. 또한 안변, 철원, 포천, 서울 등은 추가령에서 시작된 한북정맥 사이에 위치하고, 한북정맥은 고양의 장명산에서 그 정맥을 마무리한다. 백두대간은 다시 오봉산과 금강산 그리고 무산을 지나 향로봉으로 이어지고, 설악산, 구봉령, 오대산을 지나 대관령과 백복령 등으로 이어지다가 태백산에서 좌우로 갈라진다. 낙동강 동쪽에 자리한 낙동정맥은 동해를 바라보며 부산의 몰운대까지 이어지고, 백두대간은 선달산을 지나 소백산으로 이어진다.

소백산 아래 풍기와 단양으로 통하는 고개가 죽령이고, 그 아래쪽에 계립령과 이화령이 있으며 주흘산 아래 조령은 큰 영嶺이다. 속리산에 있는 화령과 경부고속도로와 경부선 열차가 지나는 추풍령을 지나면 황악산에 이른다. 덕유산에서 남덕유산을 지나면 장수와 함양을 잇는 육십령에 이르고 장안산을 지나 남원의 팔량치로 이어지며 남원에서 드디어 지리산이 된다. 모두 남북으로 통하는 길이며, 작은 영嶺이라 하는 것은 평지를 지나간 산의 줄기다. 그중에서 속리산과 덕유산에서 여러 산줄기가 나뉜다.

속리산에서 북쪽으로 올라간 산줄기가 한남금북정맥이고 칠현산에서 한남금북정맥은 금남정맥과 한남정맥으로 나뉘어 기호 지방의 남북 들판에 우뚝 서 있다. 덕유산을 지나 육십령 아래 영취산에서 갈라져 나간 금남호남정맥은 서쪽으로 가서 팔공산, 성수산을 지난 뒤 마이산으로 이어지고 구부러지고 휘어진 다음에 광양의 백운산으로 이어진다.

왕사봉, 대둔산을 거쳐 계룡산과 부소산으로 이어지는 정맥이 금남정맥이고 내장산에서 입암산을 지나 갈재로 이어진 산줄기는 고창의 방장산에서 부안의 변산과 선운산을 건너다보고 문수산, 불갑산을 거쳐 무안을 지난 다음 흩어져서 서해 복판의 여러 섬이 된다. 담양의 추월산과 광주의 무등산을 지난 땅 끝 기맥은 영암 월출산으로 이어지고, 해남의 달마산을 지나 해남군 송지면 갈두리의 최남단 땅끝에서 바다로 몸을 숨긴다.

백두산에서 지리산까지 이어진 산줄기의 길이는 얼마나 될까? 백두산 장군봉에서 지리산 천왕봉까지 도상 거리는 1577킬로미터이고 실제 거리는 2103킬로미터다. 우리가 갈 수 있는 지리산에서 설악산의 진부령까지는 640킬로미터이고 실제 거리는 800킬로미터쯤 된다. 현대적 개념의 차도가 생기면서 백두대간에 수많은 포장도로가 생겼다. 지리산의 성삼재와 정령치를 비롯하여 육십령, 쾌방령, 눌재, 싸리재, 삽당령, 대관령, 한계령, 진부령 등 수많은 고갯길이 뚫렸고 벽소령, 비티재, 고치령, 조침령 등에 비포장도로와 임도들이 수도 없이 만들어졌다. 그뿐인가 백두대간을 지나는 중앙선의 죽령터널(길이 4500미터)과 태백선의 정암터널 등의 철도 터널뿐 아니라 육십령, 이화령, 죽령, 대관령에도 터널이 뚫렸다.

우리 민족의 진산 백두산

《세종실록지리지》'길주목' 경원 도호부에는 백두산이 다음과 같이 기록되어 있다.

> 영가사오리英哥沙吾里에서 서쪽으로 60리를 가면 백두산이 있는데, 산이 3층으로 되어 있다. 꼭대기에 큰 못이 있으니 동쪽으로 흘러 두만강, 북쪽으로 흘러 소하강(송화강), 남쪽으로 압록강, 서쪽으로 흘러 흑룡강이 된다. 그 산에 사는 새와 짐승은 모두 흰빛이며, 산허리 이상은 모두 속돌로 되어 있다.

우리 민족의 조종산이자 성산이라 불린 백두산은 역사 속에는 어떻게 남아 있을까? 《삼국유사》를 보면 백두산의 옛 이름은 개마산蓋馬山으로 기록되어 있다. '개마'는 천마天馬를 가리킨다. 《산해경山海經》에는 백두산이 불함산不咸山으로 실려 있다. "넓은 평야 가운데 산이 있으니 '불함'이라 이름한다. 숙신 땅에 속한다"라고 기록된 불함을 최남선은 '붉은'의 역음譯音으로 천주, 즉 신명神明을 뜻한다고 했다.

김정호金正浩의 〈대동여지전도大東輿地全圖〉 서문에는 "백두산은 조선 산맥의 조산이니 3층으로 된 높이가 200리이고 옆으로 1000리에 걸쳐 있다. 그 정수리에 못이 있어 달문이라 일컫는데, 둘레가 80리고 남쪽으로 흘러 압록강이 되고 동쪽으로 갈라져 두만강이 된다. 그 분수령에서 구불거려서는 연지봉, 소백산, 설한령 등이 되고 철령이 동남으로 뻗어 도봉산, 삼각산이다"라고 실려 있다. 《택리지》에 실린 백두산을 보자.

백두산은 여진과 조선의 경계에 있으며 온 나라의 지붕 역할을 하고 있다. 산 위에는 큰 못이 있는데 둘레가 80리다. 그 못에서 서쪽으로 흐른 물은 압록강이 되고 동쪽으로 흐른 물은 두만강이 되며 북쪽으로 흐르는 물은 혼동강混同江인데 두만강과 압록강 안쪽이 곧 우리나라다.

조선 후기 조선의 국토 상황을 기록한 《만기요람 萬機要覽》에도 백두산이 보인다.

백두산은 서북쪽에서 시작하여 황막한 들로 내려와 솟아올랐는데, 하늘을 찌를 듯이 높아서 몇천만 길이 되는지 알 수가 없다. 꼭대기의 못은 사람의 숨구멍 같고 빛깔이 검어서 그 깊이를 헤아릴 수가 없다. 때는 초여름인데도 얼음과 눈이 쌓여서 바라보면 아득한 은바다를 이루었다.

백두산은 지금부터 약 100만 년 전에 화산 작용으로 땅속 깊은 곳에서 용암이 솟아나와 이루어진 화산이다. 본래 이 지역은 여느 산과 마찬가지로 화강편마암과 화강암으로 이루어져 있었으나 화산이 용암을 분출했을 때 처음에 현무암 용암이 솟구쳐 나와 수많은 골짜기를 메우면서 넓게 퍼

저서 현무암 지대를 이루어 놓았다. 그다음 알칼리성 조면암과 흐름무늬 암 등의 용암이 흘러나왔는데 그 흐름이 약해져 멀리 흘러내리지 못하고 식어 덧쌓이면서 오늘날과 같은 백두산의 형태를 이루었다. 백두산 꼭대 기 가운데 분화구에 물이 고여 생긴 자연 호수를 천지天池라고 부른다. 천지는 절벽으로 된 화구벽이 병풍처럼 둘러싸고 있다.

천지를 중심으로 병사봉을 비롯하여 망천후, 백암산, 차일봉, 백운봉 등 높이 2500미터 이상의 날카로운 산봉우리들이 수없이 솟아 있다. 백 두산의 산마루는 급한 비탈을 이루면서 급격히 높아졌으나 그 기슭에는 넓고 평탄한 용암 지대가 펼쳐진다. 이렇게 큰 현무암 지대는 세계적으로 도 그리 많지 않다. 백두산 둘레에는 대연지봉, 소백산, 무두봉, 청봉 등 기생화산들이 있다. 백두산의 기후는 찬 대륙성 기후의 특징을 잘 나타 낸다. 백두산 정상 부근에서 봄철이 시작되는 시기는 5월 말이며, 5월 하 순에야 0도가 된다. 이때부터 50일이 지난 7월 중순에야 영상 10도가 된 다. 한여름에도 산 정상의 기온은 영상 20도를 넘지 못한다. 하루 평균 영 상 15~22도 이상 되는 날이 3, 4일인데 이는 7월 하순에서 8월 상순 사 이다. 연평균 강수량은 1500밀리미터로 우리나라에서 한 해 강수량이 제 일 많은 지역에 속한다. 여름철 장마 기간에 많은 비가 쏟아지는 것이 특 징이다. 소나기는 6월에 집중되며 우박은 6월과 9월에 내린다. 이곳에 눈 이 내리는 기간은 9월 10일에서 이듬해 6월 10일경까지인데, 눈이 쌓이 는 기간이 257일로 우리나라에서 가장 길다. 천지 호반 그늘진 골짜기들 에는 가장 더운 7월 하순에도 여러 해 묵은 눈이 0.5~1.5미터 두께로 쌓이고 그 밑으로 굳은 얼음들이 깔려 있다.

천지에 만발한 두메양귀비

백두산 꼭대기 가운데 분화구에 물이 고여 생긴 자연 호수를 천지라고 부른다.
천지는 절벽으로 된 화구벽이 병풍처럼 둘러싸고 있다.

청석봉을 지나 한허계곡 가는 길

백두산은 백색의 부석이 얹혀 있는 것이 마치 흰 머리와 같다 하여 붙여진 이름이다.
높이 1500미터 이상의 청석봉을 비롯해 16개의 봉우리가 솟아 있다.

여름철에는 안개가 자주 끼는데, 그 지속 시간이 긴 편이다. 백두산 마루에는 밤낮 할 것 없이 바람이 많이 분다. 평균 풍속은 초당 6.3미터, 최대 순간 풍속은 초당 59.8미터다. 이곳 날씨는 신기할 정도로 변화가 극심하다. 난데없이 구름이 몰려와 비가 쏟아지다가도 갑자기 구름 한 점 없이 맑게 개기도 하며 다시 순식간에 비구름에 휩싸이기도 한다. 때로는 구름이 산꼭대기까지 닿지 못하고 산 중턱에서 빗방울이 되어 떨어지거나 우레가 울리고 번개가 치며 벼락이 내려 바위를 무너뜨리기도 한다.

몇 년 전 백두산 천지를 방문했을 때 안내원이 "백두산 천지는 조선 처녀의 마음을 닮아 하루에도 열두 번씩이나 변덕을 부려 천지를 보기가 쉽지 않습네다. 특히 백두산 천지는 해돋이가 좋은데 심장을 달구고 손과 발을 얼구어 봐야 그 진면목을 느낄 수 있습네다"라고 말해 준 기억이 난다. 천지를 뒤덮었던 짙은 구름이 불현듯 한쪽으로 밀리면 햇빛에 반짝이는 백두산 봉우리들이 맑은 천지 물에 그대로 찬란하게 비치는데, 다른 어떤 곳에서도 찾아볼 수 없는 아름다운 절경이다. 특히 산마루에 서린 새벽안개가 산기슭으로 내려와 어둠을 거두어 가고 눈 부신 햇살이 부챗살처럼 퍼지기 시작할 때면 천지의 모든 것이 영롱하게 천만 가지 빛을 발하여 한 폭의 아름다운 그림을 연상시킨다.

천리천평

정상에 있는 천지는 넓이 9.17제곱킬로미터, 둘레 14.4킬로미터, 평

©이종원

백두산 천지

천지 호반 그늘진 골짜기들에는 가장 더운 7월 하순에도 눈이 녹지 않아
0.5~1.5미터 두께로 쌓이고 그 밑으로 굳은 얼음들이 깔린다.

균 수심 213.3미터, 최대 수심 384미터, 수면 고도는 2257미터다. 천지의 물 온도는 7월의 경우 수면이 9.4도, 물 아래쪽은 연중 4도다. 짙푸른 천지의 물은 빗물과 눈 녹은 물로 채워지며 대단히 맑다. 물속에 하등식물은 조금 있으나 물고기는 없었는데 김일성의 지시로 송어를 양식하고 있다. 북측 안내원의 말에 따르면 1미터가 넘는 송어가 잡히기도 한다. 따라서 가끔 천지에서 출현한다는 괴물 이야기는 낭설이다. 천지의 북동쪽 호안에는 온천이 있다. 백두산 남서쪽 비탈면에서 압록강이, 남동쪽 비탈면에서 두만강이 시작된다. 또한 북쪽으로 천지의 물이 흘러나가 송화강이 된다.

우리 민족의 성산인 백두산에는 수많은 신화와 전설이 서려 있는데, 삼지연 부근에 단군이 처음 나라를 세우기 위하여 터전을 잡았던 신시神市, 즉 천평(천리천평千里千坪)이 있다고 한다. '하늘처럼 높은 곳에 있는 광활한 땅'이라는 뜻을 지닌 천리천평이 최남선의 《백두산근참기》에는 다음과 같이 실려 있다.

백두산이 오지랖을 벌리고 포태산이 오른 깃이 되고 증산甑山이 왼 깃이 된 주회周廻 기백천 리 되는 동안 실상 커다란 한 벌을 이루어, 백두산으로 하여금 높음과 한가지 크고 넓음의 임자가 되게 하니, 이것이 예로부터 천평이라 하여 신비향이 저문著聞한 곳이며, '북새기략北塞記略' 저자의 말대로 두만강, 토문강土門江의 북과 압록강, 파저강婆猪江의 서의 혼돈강 좌우지지左右之地(곧 시방 양간도兩間島)를 총總히 천평이라 한다 할진대, 그 광무廣袤가 실로 불가량不可量할 것이다.

삼지연에서 백두산으로 오르는 길은 끝없이 펼쳐진 잎갈나무숲으로 장관이다. 그리고 잎갈나무숲이 끝나면서 나무 한 그루 없는 광활한 벌판이 펼쳐지는데, 바라만 보아도 가슴이 서늘해지면서 후련해짐을 느낄 수 있다. 그래서 '천생 나라 하나 만들게 생긴 땅이다', '그 벌 하나만 해도 나라 하나를 만들기에는 너무 넓겠다'라는 말을 들었던 곳이 천리천평이다.

허항령虛項嶺(함경남도 혜산군 보천면과 함경북도 무산군 삼장면 경계에 있는 고개)에 올라서면 어디서부터 시작되었는지 알 수 없는 천리천평이 끝도 없이 펼쳐지는데, 종일 가도 막막하기 그지없는 그 평원도 전해 내려오는 천평의 한자락 귀퉁이에 지나지 않는다고 한다.

백두산 주변에서는 조선과 청 사이에 분쟁 사건도 자주 일어났다. 백두산을 자신들의 영산이라며 귀속을 주장해 오던 청은 숙종 38년(1712) 청 차사 오라총관烏喇摠管 목극등穆克登 등을 보내 국경 문제를 해결하자고 했다. 이에 조선은 접반사接伴使(외국 대표를 맞는 조정의 대표) 박권朴權을 보냈다. 이때 박권은 산정에 오르지도 못하고 목극등 자신이 조선의 접반사 군관 이의복과 감사군관 조태상, 통관 김응헌 등만을 거느리고 산정에 올라가 동남쪽으로 4킬로미터 지점인 높이 2200미터 고지 분수령에 정계비를 세웠다.

그 백두산 바로 아래에 대연지봉과 소연지봉, 소백산이 있으며 허항령 아래에 삼지연시가 있다. 내가 2003년 가을 삼지연에 갔을 때 그곳은 가을의 향연이 펼쳐지는 별천지였다. 원시림의 마지막 숲을 이루는 사스래나무숲과 가을 단풍이 들어 노란 잎갈나무숲을 지나면 가문비나무와 자작나무가 드문드문 병풍처럼 드리워진 삼지연이 나오는데 그 풍경은 바라보기가 처연할 만큼 비장미가 있었다. 세 개의 연못이 푸르기도 하지만 그 밑바닥이 환히 보이는 정경과 어쩌다 찾는 길손의 가슴에 소용돌이를 일으키던 잎갈나무의 노란 아우성은 한마디로 압권이었다. 그 잎갈나무에 관한 글이 조선 중종 때 학자인 어숙권魚叔權이 지은《패관잡기稗官雜記》에 다음과 같이 실려 있다.

함경咸鏡 육진六鎭에 한 종류의 나무가 있다. 그 잎이 전나무와 같은데 그지방 사람들이 잎갈나무라고 한다. 그 기름을 취하여 종기에 붙이면 낫는데, 등창이 처음 시작될 때 더욱 잘 듣는다. 정덕正德 연간(1506~1521)에 비로소 해마다 서울에 바치기를 명하고, 가정嘉靖 계사癸巳(중종 28년, 1533)에 그 나뭇가지를 갑 속에 넣어서 의관을 시켜 중국에 가서 질문하게 했는데 여러 어의御醫에게 물어도 모두 무슨 나무인지 모른다고 했다. 그 나무가 중국에서 나지 않기 때문에《본초本草》등 방서에 빠져서 사람들이 알지 못하는 것인가. 아니면 방서 밖에 따로 이 나무가 있는데, 이름은 있어도 쓰이지 않는 것으로 보아서 시험하지 않은 것인가. 아니면 중국에서 이미 알고 있는데, 갑 속에 넣어 간 잔가지가 말라서 분변하기 어렵기 때문인가. 종기를 다스리는 데 그렇게 묘하다면 방서에 실리고 실리지 않은 것과 중국에서 알고 알지 못하는 것은 물을 필요가 없다.

효과가 있다면 중국에서 알고 모르고를 따질 필요가 없다니 조선시대 사대부 대부분이 품었던 일반적 통념과 사뭇 다름을 알 수 있다. 삼지연에는 높이 15미터쯤 되는 김일성의 대형 동상이 소백산을 등지고 서 있다.

백두산 비룡폭포 가는 길

백두산 폭포 중 가장 유명한 것이 비룡폭포(장백폭포)인데,
이곳에 이르는 길은 햇빛을 많이 받아 또 다른 장관을 연출한다.

김일성이 항일 유격 활동할 때 잠시 쉬어간 곳이라 하여 사적지로 지정되었다. 한 폭의 그림같이 펼쳐지는 삼지연을 최남선은 《백두산근참기》에서 다음과 같이 찬탄했다.

여기는 삼지三池라 하여 고래로 이름이 높이 들린 곳이니, 대개 대소大小 참치參差한 여러 늪이 느런히 놓인 가운데 셋이 가장 뚜렷한 고로 대수大藪를 들어서 이름한 것이라 하며, 실상 늪의 수로 말하면 시방도 넷 혹 다섯으로 볼 것이며, 오랜 전일에는 혹 더 많았을 것이 필연하니, 한번은 칠성지七聖池의 이름이 있음은 필시 일곱으로 보이던 시절이 있었기 때문일 것이다. (…)

삼지 중에 크기로나 아름다움으로나 으뜸이 되는 자는 가운데 있는 것이니, 주회가 7, 8리에 파란 물이 잠자는 것처럼 고요한데 동북 양면에는 경석硬石 부스러진 무게 없는 모래가 백사장을 이룬 밖으로 나직나직한 이깔숲이 병장屏障처럼 에두르고, 서로 들어가면서는 얽은 구멍 숭숭한 괴석이 아치雅致있는 조원造園처럼 정저汀渚에 깔리다가, 그것이 거의 다할 만하여서 잘록한 목장이가 지고, 둥글 우뚝한 일소도一小島가 바로 소담스럽게 지상池上에 융기하여 옹울蓊鬱한 임상과 고아古雅한 석태石態로써 간두일척竿頭一尺의 의장을 보였으며, 지의 미남微南으로는 기다라니 뭉툭한 일평정봉一平頂峰이 하마 산만할 뻔한 국면에 큰 결속미를 더하여 이 내곽內廓만의 풍광만 하여도 이미 한없는 충족과 견실을 갖추어서 아무 데 무엇에 견줄지라도 손색을 보지 못할 한 미관이다.

그러나 삼지의 미는 삼지만의 홑겹 미가 아니라 일면으로는 백두산 이하 간백間白, 소백小白, 포태胞胎, 장군將軍 등 7, 8천 척의 준극峻極한 산악들이 멀리서 위요圍繞하고, 일면에는 천리천평이라고 하는 대야심림大野深林이 끝없이 터져나가서, 웅박雄博 호장豪壯의 갖은 요소를 발보였으니, 이러한 외곽을 얻어서 삼지의 미는 다시 기천 백 등의 가치를 더하며, 그리하여 문무 겸전文武兼全 강유쌍제剛柔雙濟의 일대 승경勝景은 다른 아무 데서도 볼 수 없는 천하 독특의 지위를 얻었다.

우리나라의 지형

이중환은 《택리지》에서 다음과 같이 말했다.

온 나라의 물을 살펴보면 철령 너머 북쪽 함흥에서 남쪽 동래까지 모두 동쪽으로 흘러서 바다로 들어가고, 경상도의 물과 섬진강은 남쪽으로 흘러서 바다로 들어간다. 철령 서쪽은 북쪽 의주에서 남쪽 나주까지는 모두 서쪽으로 흘러 바다로 들어간다. 물이 크면 강이요, 작으면 포浦나 항港이다. 이것이 우리나라 산수의 대략이다.

두만강과 인접한 서수라까지 이어진 장백정간과 백두대간에서 낙동정맥이 마무리되는 부산의 몰운대까지 동쪽으로 흐르는 강 중에서 넓고 큰 강은 그리 많지 않은데, 강릉의 남대천, 포항의 형산강, 울산의 태화강 등 크고 작은 강은 모두 동해로 들어간다.

《택리지》는 또 "옛사람들은 우리나라가 노인형老人形의 지세에 해좌

사향亥坐巳向이어서 서쪽으로 향한 얼굴이 중국에 절을 하는 형상이므로 예로부터 중국과 친하고 가까이 지냈다"라고 썼다. 그래서인지 고토 분지로는 〈조선산악론〉에서 조선의 형세를 두고 '토끼 꼬리 형국론'을 펴면서 그 이유를 다음과 같이 설명했다.

이태리는 외형이 장화長靴와 같고, 조선은 토끼가 서 있는 것과 같다. 전라도는 뒷다리에, 충청도는 앞다리에, 황해도에서 평안도는 머리에, 함경도는 어울리지 않게 큰 귀에, 강원도에서 경상도는 어깨와 등에 각각 해당된다. 조선인들은 자기 나라의 외형에 대해 이런 생각을 하고 있다. "형태는 노인의 모습이며, 나이가 많아서 허리는 굽고 양손은 팔짱을 끼고 지나支那에 인사하는 모습과 같다. 조선은 당연히 지나에 의존하는 게 마땅한 일이다"라고 여기는데, 이같은 생각은 지식인 계급인 사대부들의 마음속에 깊이 뿌리박혀 있었다.

고토 분지로가 이렇게 말한 것을 두고 한민족의 열등성을 강변하기 위한 술수라고 파악한 최남선은 우리나라의 모양을 '호랑이'라고 표현했다. 최남선은 《소년》 창간호에 "한반도는 마치 맹호가 발을 들고 허우적거리면서 동아 대륙을 향해 나는 듯 뛰는 듯 생기 있게 할퀴며 달려드는 모양을 하고 있으니, 그것은 곧 이 땅의 생왕하면서도 무량한 원기와 진취적이면서도 무한한 팽창 발전을 의미하는 것인즉, 어찌 소년들이 이 그림을 통하여 더욱 굳고 단단한 마음을 가지지 않겠는가"라는 글을 실어 우리나라 지세의 긍정적인 면을 부각했다.

《택리지》에는 "1000리 되는 물과 100리 되는 들판이 없으므로 큰 인

한반도 모양(봉화 부근의 낙동강)

최남선은 한반도를 두고 마치 맹호가 발을 들고 동아 대륙을 항하여 달려드는
모양새라고 보고, 진취적이고 원기가 무량하다고 평했다.

물이 나지 못한다고도 했다. 그리하여 서융북적西戎北狄과 동호여진東胡女眞(동쪽의 여진족)이 중국에 들어가서 한 차례씩 황제 노릇을 했지만 우리나라만 그런 일이 없었다. 오직 우리 국토만 조심하며 지켜서 다른 뜻을 품지 못했다"라고 밝히고 있다.

조선 성종 연간에 편찬한 《팔도지리지 八道地理志》는 압록강과 두만강을 우리나라의 국경선이라고 여기지 않았다. 《팔도지리지》는 "삼면이 바다로 둘러싸여 있고 한쪽이 육지와 연결되어 있지만 우리나라의 크기는 거의 만 리다"라고 했다. 역시 성종 연간에 편찬한 《동국여지승람東國輿地勝覽》에도 우리 국토는 만 리라고 되어 있다. 《동국여지승람》의 서문을 쓴 서거정徐居正은 "고려는 다만 서북으로는 압록강, 동북으로는 선춘령을 경계로 삼았으니, 서북은 고구려에 미치지 못하고 동북은 그보다 지나쳤다"라고 했다.

이중환과 김정호가 살았던 당시에 10리는 5.4킬로미터였지만 현대적 개념인 4킬로미터를 10리로 측정할 때 한반도에는 1000리가 넘는 물길이 여섯 개가 있다. 압록강(790킬로미터), 두만강(521킬로미터), 낙동강(517킬로미터), 한강(514킬로미터), 대동강(439킬로미터), 금강(401킬로미터)이 그 물길인데, 국토 면적이 우리나라보다 훨씬 큰 일본에 1000리 되는 강이 없는 것과 대조를 이룬다. 그뿐만 아니라 호남평야는 200여 리에 걸쳐 펼쳐진다. 논강평야라고 불리는 논산과 강경을 지나 익산, 정읍, 부안, 고창으로 이어지는 호남평야가 바로 그 땅이다. 그뿐인가. 황해도의 연백평야와 경기도의 평택평야, 평안도의 안주평야 등도 얼마나 넓은가.

작은 나라에 태어난 것을 늘 한스럽게 생각해오던 사람이 '천하의 임

'백호'라고 일컬어진 백호白湖 임제林悌다. 전라남도 나주시 다시면 회진리에서 태어나 성운成運에게 배운 그는 서북도 병마평사에 임명되어 임지로 가던 길에 개성에 있는 황진이의 무덤을 찾았다. 무덤 앞에서 임제는 시조를 한 수를 읊고 제사를 지내 주었다.

청초青草 우거진 골에 자난다 누엇난다
홍안紅顔을 어디 두고 백골白骨만 무첫나니
잔盞 잡아 권勸하리 업스니 그를 슬허하노라

그러나 임제는 이 일로 인하여 파직되고 술, 여인, 친구, 피리와 벗하며 방랑을 거듭했다. 임제는 고향인 회진리에 돌아와서 서른아홉 살에 죽었다. 운명하기 전 그는 아들들에게 유언을 남겼다. "천하의 여러 나라가 제왕을 일컫지 않은 나라가 없었는데, 오직 우리나라만은 끝내 제왕을 일컫지 못했으니 이같이 못난 나라에 태어나서 죽는 것이 무엇이 아깝겠느냐! 너희들은 내가 죽어도 조금도 슬퍼할 것이 없다. 그러니 내가 죽거든 곡을 하지 마라."

민속학자 김화진이 쓴 《오백년기담일화》에는 임제에 대한 이야기가 다음과 같이 실려 있다.

임제는 어느 날 지리산에 올라가 "사이팔만四夷八蠻(사면팔방의 오랑캐들이란 뜻으로 제 나라가 아닌 다른 나라와 이민족을 미개한 야만인으로 여겨 이르던 말)이 모두 한 번씩 중원을 차지해 황제 노릇을 했는데 우리 조선은 몇천 년 동안 이

짓 한번 못해 보고 중국을 섬기기만 하면서도 서로 당쟁이나 일삼으니 이런 종놈의 나라에 태어나 살면 무엇하겠느냐" 하면서 "천하의 임백호가 소국에 태어난 것이 한스러워서 이곳에서 죽는다" 하고 소리치고는 산 밑으로 떼굴떼굴 굴렀으나 때마침 그곳을 지나가던 나무꾼이 그를 발견하고 업어다가 살렸다.

명에 대한 의리 내지는 사대주의

기자箕子가 주周의 신하가 되고 싶지 않아서 여기에 와서 임금이 되었다. 그러므로 조선은 충신이 절의를 세우는 고장이 되었다. 그러한 풍습이 내려오고 그 풍운風韻이 그대로 조선조에까지 이어져 우리나라가 비록 청에 항복한 적은 있지만 군신君臣과 상하上下가 임진왜란 때 명이 우리를 구해 준 은혜를 잊지 않음으로써 큰 의리로 삼았다.

《택리지》의 기록이다. 위의 글 역시 오늘날의 시대 상황이나 우리나라의 역사관으로 보면 문제가 있다. 기자 조선까지는 그렇다고 치고 명에 대한 신의 때문에 인조반정(1623) 이후 청의 침공을 받아 온 나라가 쑥대밭이 된 것은 두고두고 우리 역사 속에 상처로 남아 있을 수밖에 없는 일이다. 그런데 청이 이미 중국을 통일한 뒤 굳건하게 중국을 통치하고 있는데도 역사 속에서 사라진 지 오래된 나라를 그리워하는 것은 얼마나 이율배반적인 일인가. 게다가 소현세자가 중국에서 익힌 서구 문물을 그대로 우리나라의 현실에 맞게 받아들였더라면 일본보다 200년 앞서 개화가 되었을지도 모르는데 결국 아들을 질시한 아버지 인조에 의해 죽임을 당하고 말아 절호의 기회를 놓쳐 버린 게 아닌가? 이어지는 《택리지》의 내용을 보자.

숙종 갑신년(1704) 3월, 명이 망한 지 60년이었다. 궁성의 후원 서편에 대보단을 세우고 성대한 제물을 갖추어 특별히 만력황제萬曆皇帝(명 신종의 연호)에게 제사를 지내고, 이어서 해마다 한 번씩 제사를 지내도록 명했다. 지금 임금 경오년(1750)에 또 숭정황제崇禎皇帝(명 마지막 황제인 의종의 연호)를 그 곁에다 모시게 하여 같이 제사지내도록 한 것은 매우 훌륭한 일이다.

제사는 반드시 밤에 지내는데, 제사 때는 비록 맑게 갠 하늘이었다가도 갑자기 음산한 바람이 불기도 하고 짙은 구름이 캄캄하게 가리었다가 제사가 끝나면 곧 맑아지니 매우 이상한 일이다. 나는 석성石星(명 신종 때의 병부상서), 형개邢玠, 양호楊鎬, 이여송李如松을 함께 배향하는 것이 마땅하다고 주장했는데, 이들은 모두 임진왜란 때 공로가 있었기 때문이다.

세상에 전해 오는 이야기가 있다. 역관 홍순언洪純彦이 젊은 시절에 연경에 들어가서 매파를 통하여 수천 금을 주고서 절세미인을 구해 달라고 했다. 어느 날 밤 매파가 큰 저택으로 인도하여 한 처녀를 만나게 되었다. 처녀는 촛불을 환하게 밝히고 몸종을 매우 많이 거느리고 있었는데, 홍순언을 보자마자 그만 우는 것이었다. 홍순언이 그 연유를 묻자 처녀는 다음과 같이 말했다.

"아버지는 사천四川 사람으로 벼슬이 주사였습니다. 이번에 부모님이 함께 돌아가시어 몸을 팔아 반장返葬(객지에서 죽은 사람을 고향으로 옮겨 장사를 지내는 것)하고자 합니다. 그리고 저는 두 번 시집가지 않기로 맹세했는데, 오늘 밤 서로 만났다가 영원히 이별을 할 것이므로 그것 때문에 서러워 우는 것입니다."

홍순언은 그 처녀가 귀한 집 딸인 것을 알고서 크게 놀란 뒤 남매男妹의 의를 맺을 것을 청했다. 처녀는 울면서 사례하고서 그의 말을 따랐다. 그리고 몸종을 시켜서 받았던 금을 되돌려주자, 홍순언은 장사를 지내는 데 보태어 쓰라고 청하고서 물리치고 나왔다.

그 후 임진년에 홍순언이 사신을 따라서 병부상서 석성의 집에 도착했다. 석성이 홍순언과 함께 후당에 들어가 부인에게 인사를 시키는데, 바로 전날 의를 맺었던 누이동생이었다. 석성이 우리나라를 처음부터 끝까지 힘껏 도와준 것은 홍순언의 의로움에 감화했기 때문이겠지만 결국 우리나라의 일로 인하여 화를 입었다고 하니 더욱 제사를 지내지 아니할 수가 없다.

석성의 부인이 평소에 손수 비단을 짜서 한 필 한 필 '보은報恩'이라는 두 자를 수놓아서 홍순언에게 주었는데 그 가치가 만금이었다.

정유년(1597)에 선조가 명하여 성안에다 형개와 양호의 생사당을 지어 소사素沙에서 왜병을 무찌른 노고에 보답하도록 했다. 그러나 이여송은 대우하지 않았으니 실로 결점이라 아니할 수 없다.

이중환도 《택리지》에서 명이 우리나라를 도와준 일을 그토록 고마워하는 것을 보면 당시 지식인들에게 실재하는 청보다 역사의 그늘 속으로 사라져 버린 명에 대한 애정이 얼마나 각별했는지를 알 수 있다. 그러나 초정 박제가와 연암 박지원을 비롯한 실학자들은 청이 중국의 지배자가 된 이상 그들의 발전된 문물을 배워야 한다고 보았다. 연암 박지원이 《열하일기熱河日記》의 내력에 관해 쓴 글을 보자(박지원, 《그렇다면 도로 눈을 감고 가시오》, 김혈조 옮김, 학고재, 1997. 이하《열하일기》인용은 출처 동일).

　　그들이《열하일기》를 두고 오랑캐의 칭호를 쓴 글이라고 시비한다는 게 대체 무엇을 두고 그러는지 모르겠습니다. 청나라 연호인 건륭乾隆을 썼다고 그럽니까? 청나라 지명을 말하는 것입니까?《열하일기》는 기행문에 지나지 않습니다. 그런 글이 있든 없든 또 잘된 글이든 못된 글이든 간에 세상에 그다지 영향을 끼칠 것이 못 됩니다. 애초부터 춘추의리(춘추의 대의명분을 지키는 것)에 비교하여 따질 수 있는 것이겠습니까? 만약 어떤 사람이 갑자기 그런 것을 들고 나서서 남에게 책임을 추궁한다면 잘못된 일입니다.

　　서글픕니다. 청나라의 연호를 세상에 처음 쓸 때 우리 선현들 중에 관직의 직첩職牒에 청나라 연호를 쓰지 말자고 제의한 분이 있었습니다. 또 사대부들이 묘의 비문을 새길 때 숭정기원崇禎紀元의 연호를 쓰는 관례는 있습니다. 그러나 공문서이든 사문서이든 그것을 피할 수 없으니 대개 부득이한 까닭입니다. 그렇기 때문에 논밭이나 집을 장만할 때는 모두 후세에까지 계승시키려 하지만 정작 문서를 만들 때에는 그 당시의 연호를 쓰게 됩니다. 그렇지 않으면 매매가 성립되지 못합니다. 그래 춘추에 그렇게 철저한 그들이라고 해서 집문서에 오랑캐 칭호가 붙었다고 해서 그 집에서 살지 않으며, 또 밭문서에 오랑캐 칭호가 붙었다고 그 땅에서 나는 소출을 먹지 않는다는 말입니까? (…) 이렇게 쓸까 저렇게 쓸까 망설이다가 가끔 청나라 연호인 강희康熙나 건륭으로 그 시대를 구별했던 것인데 도리어 이를 가지고 춘추필법春秋筆法(대의명분을 밝혀 세우는 사필史筆의 논법)으로 책망하니 어안이 벙벙해지지 않을 수 있습니까? 이건 정말《열하일기》를 보지도 않고서 억지소리를 하는 겁니다. 꼭 '되놈

의 임금'이라거나 '오랑캐황제'라고 떠들어야만 비로소 춘추필법에 철저하다
는 말입니까?

이중환의 《택리지》를 제대로 읽지도 않은 사람들이 《택리지》를 비판
하는 것처럼 그들 역시 《열하일기》를 읽지도 않고 비판했을 터인데 오늘
의 시대 역시 마찬가지다. 자기와 성향이 다른 사람이나 같은 파당이 아
닌 사람들의 글은 읽지도 않은 채 편견을 가지고 글을 난도질하거나 눈을
비스듬하게 내리깔고 멀리서 침묵한 채 바라보기가 일쑤이다.

《춘추春秋》라는 책은 본래 중국을 존중하고 오랑캐를 배척한다는 책
이었는데 이 책을 쓴 공자도 일찍이 "동쪽에 있는 오랑캐 땅에서 살고 싶
다"라고 했다고 한다. 박지원의 글은 다음으로 이어진다.

하늘이 무너지고 땅이 꺼지다시피 명나라가 멸망하는 비운을 만나자 천하
에 머리란 머리는 죄다 깎여버려, 모두 되놈으로 변하게 되었다. 조선 땅 한 모
퉁이가 비록 이 수치를 면했다고는 하지만 중국을 위해 복수를 하고 치욕을 씻
어보고 싶은 생각이야 하루인들 잊을 수 있으랴! 우리나라의 사대부들 사이에
서 《춘추》의 존화양이 尊華攘夷를 논하는 사람들이 우뚝하니 계속 배출되어
백 년을 하루같이 내려오니 가히 성대하다고 평가할 수 있을 것이다.

그러나 중국을 떠받드는 것도 제 할 탓이요, 오랑캐로 업신여김도 제 할 탓
일 것이다.

연암의 말처럼 청을 배척하고 망해 버린 명을 숭상하는 것도 그 알량한

열하

우리말로 열하는 곧 러허로, 오늘날 청더의 옛 이름이자 허베이성 북부를 흐르는
강 이름이다. 청더는 역사, 문화의 명성을 가진 도시로 허베이성 동북에 있다.

조선 사대부들의 몫이었다.

금강산 일만이천봉

백두산에서 시작된《택리지》는 금강산으로 이어진다.

　전라도와 평안도는 내가 가 보지 못했지만 강원도, 황해도, 경기도, 충청도, 경상도는 내가 많이 가 보았다. 내가 보고 들은 바를 참고하면 금강산 일만이천봉은 순전히 돌로 된 봉우리石峰와 돌로 된 구렁石洞, 돌로 된 내石川 그리고 돌로 된 폭포石瀑다.

　옛사람들은 우리나라의 2대 명산을 백두산과 금강산으로 보았다. 백두산을 두고 산의 성자聖子라고 했고 금강산을 일컬어 산의 재자才子라고 했다. 즉 성스러운 산의 으뜸은 백두산이고 기이한 산의 으뜸은 금강산으로 본 것이다. 그러나 서울에서 불과 수백 리 떨어진 금강산을 답사한 사람은 얼마 되지 않았다. 오죽했으면 조선 전기 문신 신광한申光漢은 다음과 같은 시를 지었을까.

　기이한 봉우리 일만하고 또 이천인데
　바다 구름 다 걷히자 산봉우리 아름다운 옥과 같네
　젊어서는 병 많았고 이제는 늙었으니

백 년 인생에 이 명산을 헛되이 저버렸네

《신증동국여지승람新增東國興地勝覽》은 금강산에 대해 다음과 같이 기록하고 있다.

금강산은 장양현의 동쪽 30리에 있다. 부와의 거리는 167리다. 산 이름이 다섯 개인데 첫째 금강金剛, 둘째 개골皆骨, 셋째 열반涅槃, 넷째 풍악楓嶽, 다섯째 기달怾怛이니 백두산의 남쪽 가지다. (…) 산은 무릇 일만이천봉이니 바위가 우뚝하게 뼈처럼 서서 동쪽으로 창해를 굽어보며 삼나무와 전나무가 하늘을 찌를 듯하여 바라보면 그림과 같다. 일출봉, 월출봉 두 봉우리가 있어서 해와 달이 뜨는 것을 볼 수 있다. 안쪽 산과 바깥 산에 모두 108개의 절이 있는데 표훈사, 정양사, 장안사, 마하연, 보덕굴, 유점사가 가장 이름난 사찰이라고 한다.

신라 경순왕이 나라가 약하고 형세가 외롭다고 하여 국토를 바쳐 고려에 항복하자고 하니 왕자가 말하기를 "나라의 존망은 천명이 있는 것입니다. 충신, 의사와 더불어 백성의 마음을 거두고 단합하여 스스로 굳게 지키다가 힘이 다한 뒤에 그칠 일이지 어찌 1000년 사직을 하루아침에 경솔하게 남에게 넘겨줄 수 있겠습니까?"라고 했다. 왕이 말하기를 "외롭고 위태함이 이와 같으니 사세를 보전할 수 없는데 죄 없는 백성들이 싸워 죽어서 간과 뇌수를 땅에 흘리게 하는 일을 나는 차마 볼 수 없다" 하고 드디어 사자를 보내 고려에 항복을 청했다. 왕자(마의태자)가 울부짖으며 임금을 하직하고 곧 금강산으로 들어가 바위에 의지하여 방을 만들고 베옷을 입고 풀을 먹으며 여생을 마쳤다고 한다.

《태종실록》을 보면 왕이 하륜, 이거이, 성석린, 이무, 이서 등과 정사를 의논하다가 "중국 사신들이 조선에 오기만 하면 꼭 금강산을 보려고 하는 것은 무엇 때문인가?" 하고 짜증 섞인 목소리로 묻자 하륜이 다음과 같이 대답했다. "금강산이 동국에 있다는 말이 《대장경大藏經》에 실려 있어 그렇게 말하는 것입니다." 정철 또한 〈관동별곡〉에서 중국의 명산인 여산廬山이 금강을 당하기 어려울 것이라는 뜻으로 "이적선이 이제 이셔 고텨 의논후게 되면/여산이 여긔도곤 낫단 말 못 후려니"라고 한 것으로 보아서도 금강은 천하의 명산이었다. 이사벨라 버드 비숍도《한국과 그 이웃 나라들》(이인화 옮김, 살림, 2008. 이하 비숍의 글은 출처 동일)에서 다음과 같이 얘기했다.

한국인들에게 금강산 유람은 여행자로서의 확고부동한 명성을 제공해준다. 그래서 많은 서울사람들은 이 풍류어린 명예를 거머쥐려고 젊을 때부터 벼르고 또 벼른다. 비단 사찰을 순례하는 사람들뿐만이 아니라, 그러니까 불교도나 탁발승이 아니라, 대부분의 한국 사람들에게도 금강산은 잘 알려져 있다. 누대에 걸쳐 한국의 시인들은 그 빼어난 아름다움을 경탄해 마지않았다.

최남선은 〈조선정신의 표치標幟〉라는 글에서 다음과 같이 말했다.

금강산은 조선인에게 있어서는 풍경가려風景佳麗한 지문적地文的인 현상일 뿐이 아닙니다. 실상 조선심朝鮮心의 물적 표상表象, 조선정신의 구체적 표상으로 조선인의 생활, 문화 내지 역사의 장구長久코 긴밀한 관계를 가지는

금강산

태백산맥 북부 강원도(북한) 금강군과 고성군, 통천군에 걸쳐
광범위하게 펼쳐진 산이다. 옛사람들은 금강산을 기이한 산의 으뜸으로 꼽았다.

성적聖的인 존재입니다.

금강산으로 들어가기 전에 넘어야 하는 단발령斷髮嶺은 강원도(북한) 금강군 신원리와 창도군 장현리 사이에 있는 고개로 높이는 834미터다. 일설에는 신라 경순왕의 아들 마의태자가 이 고개에서 삭발했다고 해서 '단발령'이라 했다고도 하고, 이 고개를 넘어서서 금강산을 바라보면 아름다움에 반하여 머리를 깎고 싶은 마음이 생긴다고 해서 단발령이라 했다고도 한다.

그처럼 오랜 세월 동안 찾는 사람들의 마음을 사로잡았던 단발령을 넘어서며 바라본 금강산의 모습을 겸재謙齋 정선鄭敾과 동시대를 살았던 식산息山 이만부李萬敷는 〈금강산기〉(최정호 편, 《산과 한국인의 삶》, 나남출판, 1993 재인용. 이하 이만부의 글은 출처 동일)에서 다음과 같이 묘사했다.

이 길을 따라 30리를 가니 한 잿마루에 오르게 되었는데, 이 재는 단발령이란 이름이고 그 산을 천마산天磨山이라 했다. (…) 동쪽을 향해 금강산을 바라보니 눈길 머무는 곳마다 구슬 같은, 은 같은, 눈 같은, 얼음 같은 봉우리가 층층이 쌓이고 겹겹이 치솟아 하늘에 닿은 듯하였고 그 하늘의 저쪽에는 더 바라볼 동천東天이 없었다. (…) 이에 혜밀慧密이 말하기를 "이곳은 늘 구름이 높은 산을 감싸 안고 있어 이곳에 와서 금강산을 바라보는 사람은 이것을 몹시 아쉬워하였는데 지금은 하늘과 땅이 맑게 개어 모두가 상투 같고 쪽 진 머리 같은 산꼭대기가 남김없이 다 나타났으니 참으로 공들이 이 산과 인연이 있음을 알게 되었다"라고 하였다.

연암 박지원 또한 단발령에서 바라본 금강산을 《열하일기》에 다음과 같이 기록했다.

내가 일찍이 신원발과 함께 단발령에 올라 멀리 금강산을 바라본 일이 있다. 마침 가을 하늘이 짙푸르고 넘어가는 해가 비꼈는데, 산이 하늘 높이 솟아 빼어난 빛과 윤기 있는 자태가 없어서 미상불 금강산을 위해 한번 탄식하지 않을 수 없었다.

《택리지》는 다음으로 이어진다.

봉우리, 멧부리, 구렁, 샘, 못, 폭포도 모두 흰 돌로 이루어진 것이다. 금강산을 개골산이라고도 하는데, 이 산에 한 움큼의 흙도 없는 까닭이다. 높은 꼭대기와 깊은 못까지 온통 하나같이 돌이니 이런 풍경은 천하에 둘도 없는 것이다.

산 한가운데에 정양사正陽寺가 있고 절 안에 있는 헐성루歇惺樓는 가장 중요한 곳에 위치하여 그 위에 올라앉으면 온 산의 참다운 모습과 참다운 정기를 볼 수 있다. 마치 구슬 굴속에 앉은 듯, 맑은 기운이 상쾌하여 사람의 위장 속 티끌 먼지를 어느 틈에 씻어 버렸는지 깨닫지 못할 정도다.

정양사는 표훈사 북쪽에 있는 절로, 이 터가 금강산의 정맥에 위치하여 그 이름을 정양이라 했다고 전한다. 신라 진평왕 21년(600)에 창건되고 조선 세조 3년(1469)에 대장경 판목 일부를 이곳에 옮겨 보관한 것이 계기가 되어 중수했다. 그 뒤에 보우가 임금의 하사금을 받아 절을 보수하고 서적들을 보관했다. 정양사 헐성루에서는 산봉우리들이 한눈에 내려다보인다. 이 절의 육면전六面殿 안에는 석구약사상石軀藥師像이 안치되어 있고 사면 벽에는 천왕신의 그림이 그려져 있다.

정양사 서편에 자리 잡은 장안사長安寺는 내금강의 큰 절로 신라 법흥왕 때 창건했다는 설과 고구려 양원왕 11년(556) 승려 혜량이 신라에 귀화하면서 창건했다는 설이 전한다. 그 뒤 고려 성종 1년(982)에 회정이 대웅보전, 삼여래사보살사성전, 석가모니불십육나한존상, 명부전, 지장보살십육왕존상 등을 중건 또는 조성했다. 고려 충혜왕 때 원元 기황후가 관원을 고려에 파견하여 굉하와 함께 장안사를 중건하게 했다. 이때 중건된 건물은 대웅보전 사성전, 명부전, 신선루, 수정각 등과 여러 요사다. 또 정조 15년(1791) 순찰사 윤사국이 여러 요사를 비롯하여 어향각, 적묵당, 설선당, 장경암, 영원암 등을 중수했다. 그 뒤 조선 말기에도 석담이 지장암을 세웠고 심공이 비로전과 극락전을 세웠으나 한국전쟁 중이던 1951년에 불타 지금은 터만 남았다.

장안사 위쪽에 자리한 표훈사表訓寺는 신라 문무왕 10년(670)에 신라 승려 능인, 신림, 표훈이 창건했다. 세월이 흐르면서 불에 타 버리거나 쇠락한 것을 숙종 8년(1682)과 정조 2년(1778)에 복원했다. 표훈사는 내금강 만폭동 동구에 있다. 이곳에 원 영종이 세운 비가 있는데 그 후 태후, 태자와 함께 보시했다고 한다.

이중환은 "정양사를 따라 북쪽으로 들어가면 만폭동에 이른다. 못이 아홉 곳이나 있어 경치가 훌륭하다. 만폭동 벽면에는 양사언楊士彦이 쓴 '蓬萊楓嶽元化洞天'(봉래풍악 원화동천)이라는 여덟 개의 큰 글자가 있다. 글자의 획이 살아 움직이는 용과 호랑이 같으며 날개가 돋아 하늘로 너울너울 날아가는 것 같다"라고 했는데 초서로 쓴 이 글씨를 두고 '만폭동 경관의 값이 1000냥이라면, 그중 500냥은 양사언의 글씨값일 것'이라는 속설이 있을 정도였다 한다. 이중환이 말한 만폭동 중 진주담을 조선 후기 유학자 농암農巖 김창협金昌協은 〈동유기東遊記〉에 다음과 같이 썼다.

좀 쉬고 나서 서북쪽으로 비틀비틀 내려가 다시 만폭동 시내의 한 못에 이르니 그 이름을 진주담이라고 한다. 폭포수가 떨어지다 벼랑 구멍에 부딪혀 마치 구슬처럼 뿜어져 나와 그 이름을 얻은 것이었다. 진주담 왼편에는 바위가 처마처럼 비스듬히 나와 그 아래로 5, 6명이 들어앉을 수 있게 되었기에 두 다리를 뻗고 앉았더니 때때로 날아오는 진주 싸라기가 내 얼굴에 풍긴다.

《택리지》는 다음과 같이 이어진다.

안쪽에는 마하연摩訶衍과 보덕굴普德窟이 허공에 매달려 있는데, 그 모양이 신의 조화와 귀신의 솜씨 같아 도저히 사람의 솜씨라고는 생각되지 않는다. 가장 위에 있는 중향성衆香城은 만길 봉우리 꼭대기에 있다. 바닥이 모두 흰 돌이며 계단이 있어 상을 벌여 놓은 것 같다. 그 위에 하나의 선돌이 놓여 있는데, 불상 같으면서 눈썹과 눈이 없는 자연석이다. 좌우 돌상 위에도 작은 석상들이 두 줄로 늘어서 있는데, 또한 눈썹과 눈이 없다. 전해 오는 말에 따르면 담무갈曇無竭이 이곳에 머물러 있었다.

마하연은 신라시대에 의상이 창건하고 그 뒤 월송이 중건한 절이다.

아래를 굽어보면 시냇물이 파랗고

보덕굴은 만폭동 안에 있는 암자로 규모는 크지 않지만 특이한 구조로 금강산에서는 널리 알려진 곳이다. 이 암자는 절벽의 일부를 뚫어 거기에 널쪽을 걸치고 이 널쪽이 떨어지지 않게 밑에서 구리 기둥으로 받친 다음 그 위에 지은 것이다. 구리 기둥만으로는 암자가 지탱되지 않으므로 암자 위쪽 암석에 구멍을 파고 쇠말뚝을 박아 쇠사슬로 암자와 연결했다. 정동이라는 중국 사신이 금강산에 구경 왔다가 보덕굴을 보고 참 불계佛界가 바로 여기라 하고 죽어 다시 조선 사람으로 태어나 길이 이 불계에서 살고 싶다는 말을 남겼다고 한다. 고려 후기 문인 이제현李齊賢은 〈보덕굴〉(《금강산 한시집》, 리용준·오희복 옮김, 한국문화사, 1996)이라는 시 한 편을 남겼다.

> 먼 골짜기 바라보면 바람이 시원하고
> 아래를 굽어보면 시냇물이 파랗구나
> 돌층계에 쇠사슬을 가로질러 놓았는데
> 바위에 의지한 건 구리 기둥뿐일세

도솔암은 유점사에서 북쪽으로 2킬로미터 지점에 있는 암자로, 중종

30년(1535)에 금강산에서 수도하던 승려 성희가 창건하여 요사와 극락
전을 짓고 불상 7구를 봉안했는데 지금은 그 터만 남았다. 이렇듯 금강산
의 모든 사찰은 당대 승려들이 창건하고 후대에 중창했는데 조선 후기 금
강산에는 약 42개의 사찰이 있었다고 한다. 이사벨라 버드 비숍이 남긴
기록을 보자.

　마흔두 개의 절은 대략 400명 정도의 비구와 50명 정도의 비구니들의 본거
지인데 무명이나 삼베옷을 짜 입는 것이 이들의 종교적인 고행에 덧붙여진다.
행자들은 거의 1000명을 헤아린다. 네 개의 주요 사찰(유점사, 장안사, 신계사, 표
훈사) 중에서 둘은 산 동쪽에, 나머지 둘은 서쪽에 위치하고 있는 이들 사찰에
300명 이상의 승려들이 모여 있다. 높은 지위에 있는 고승들을 빼고는 누구나
바가지를 들고 전국을 돌아다니며 탁발을 하는데, 단 하나 그들의 의상에서 눈
에 띄는 특징은 무척 독특한 모양의 모자를 쓰고 염주를 걸고 있다는 것이다.
그들이 이집저집에서 염불을 하면 음식이나 숙박, 얼마간의 돈이나 곡식을 내
주지 않는 사람은 거의 없다.

　비숍의 글에서 보듯 당시의 승려들은 대부분 탁발로 절의 경영을 유지
했음을 알 수 있다. 묘길상妙吉祥은 마하연에서 동쪽으로 계류를 따라
내무재령 쪽으로 약 1킬로미터 간 지점에 있는 금강산 내에 조성된 최대
석불이다. 거대한 암벽 마애불로 결가부좌한 미륵보살이 부조되어 있다.
높이 약 15미터, 연좌蓮座의 길이 약 9미터이며, 앞면에는 3단의 석계가
있고 그 석계 위에 석등이 하나 있다. 고려 때 나옹이 원불願佛(사사로이

모셔 놓고 발원하는 부처)로 조성했다고 한다.

《택리지》는 다음과 같이 이어진다.

앞에는 만 길 골짜기가 놓여 있고 오직 서북쪽에 있는 희미한 길을 따라 들어가게 되는데, 그곳에 가면 수많은 봉우리가 하얗고 물과 돌, 못과 골짜기의 굽이짐이 기이하여 말로는 다 표현할 수가 없다. 이름 난 암자와 작은 집이 그 위에 섞여 있어 거의 칠금산七金山과 인조산人鳥山에 있는 제석帝釋의 궁전과 같아 인간 세계에 있는 것 같지 않다. 가장 높은 곳이 비로봉이다. 거센 바람이 바로 치솟아 이곳에 오르면 비록 여름이라 하여도 추워서 솜옷을 입어야 한다. 산의 서북쪽에는 영원동靈源洞이 있어 따로 한 경계를 이루었다. 동편의 내수참은 곧 고개의 등성이를 이루는데, 등성이를 넘으면 유점사楡岾寺다.

세조 때 생육신의 한 사람인 남효온南孝溫은 비로봉에 올라서 다음과 같은 글을 남겼다.

비로봉 봉우리 서쪽에 만경대, 백운대, 중향성이 있고, 그다음에 마하연의 뒤쪽 봉우리들이 비로봉과 연결되어 하나의 산처럼 되었다. 동북쪽에는 안문봉이 있어 비로봉에 다음가고 안문봉 뒤에는 대장봉과 상개심봉 등 여러 봉우리가 있는데, 다만 붓끝처럼 뾰족한 봉우리가 보일 뿐이며 그 뾰족한 봉우리 남쪽에 있는 봉우리 둘은 이 봉우리들에 비하면 두세 등급이 낮은데 바로 십왕봉이다.

한편 1921년 8월 3일 서울역을 떠나 금강산을 찾아 나섰던 소설가 이광수는《금강산유기》(실천문학사, 1998. 이하《금강산유기》인용은 출처 동일)에서 비로봉을 찾은 감회를 다음과 같이 술회했다.

참말 비로봉머리에 서서 사면을 돌아보면 대자연의 웅대雄大, 숭엄한 모양에 탄복하지 않을 수 없습니다. 봉의 높이는 겨우 6009척(약 1820미터)에 불과하니, 내 키 5척 6촌(약 169~170센티미터)에서 이마 두 치(약 6센티미터)를 감減하면 내 눈이 해발 6004척 4촌에 불과하지만, 첫째는 이 봉우리가 만이천 봉 중에 최고봉인 것과, 둘째, 이 봉이 바로 동해 가에 선 것 두 가지 이유로 심히 높은 감상을 줄 뿐더러, 그리도 아아峨峨하던 내금강內金剛의 봉우리들이 저 아래 2000척 내지 3000~4000척 밑에 모형지도 모양으로 보이고, 동으로는 창해가 거리는 40리는 넘겠지마는 뛰면 빠질 듯이 바로 발아래 들어와 보이는 것만 해도 그 광경의 웅장함은 사방에 이 봉 높이를 당할 자 없으므로, 시계가 무난히 넓어 직경 수백 리의 일원一圓을 한눈에 내려다보니, 그 웅대하고 장쾌하고 숭엄한 맛은 실로 비길 데가 없습니다. (…)

비로봉에서 보는 승경勝景 중에 가장 기분 좋은 것은 동해를 바라봄이외다. 모형지도와 같은 외금강外金剛, 고성지방高城地方을 사이에 두고, 푸르다 못하여 까매 보이는 동해의 끝없는 평면의 이쪽은 붓으로 그은 듯한 선명한 해안선으로 구획되고 저쪽은 바닷빛과 같은 하늘과 한데 어우러져 이윽히 바라보니, 어디까지가 하늘이요, 어디까지가 바다인지를 알 수 없으며, 물결 안 보이는 푸른 거울 면에 백수 점點의 범선帆船이 떠 있는 모습은 참으로 장하다 할까, 신비하다 할까, 적당한 말을 찾을 수가 없습니다.

유점사는 금강산에 있는 모든 사찰의 본사다. 세조 12년(1466)에 세조가 유점사에 왔다가 승려 학열에게 중건을 명하여 큰 절이 되었다. 절 앞 계류를 가로질러 세워진 산영루도 이때 지어진 것이다. 정인지鄭麟趾가 짓고, 정난종鄭蘭宗이 쓴〈대종기大鐘記〉가 있다. 전각 안에는 53금불과 각향목 상천축산이 있고, 마당에는 십삼층석탑이 있는데, 돌 빛이 푸르고 솜씨가 정교하다. 이 밖에 패엽서와 인목대비의 친필 및 정명공주가 쓴 불경 한 권이 소장되어 있다. 이중환은 이어서 다음과 같이 기록했다.

유점사 동북쪽에는 구룡동 큰 폭포가 있다. 높은 봉우리에서 물줄기가 날아 떨어져 구멍이 패어서 커다란 돌확으로 된 것이 아홉 층인데 층마다 용 한 마리가 지킨다고 한다. 벼랑과 물길이 모두 빛나고 깨끗한 흰 돌로 이루어졌다. 다만 가파르고 험하여 발을 붙일 수 없을 뿐 아니라 삼엄하고 숙연하여 아무 소리도 들을 수 없다. 유점사에는 고적이 가장 많은데, 승려의 말로는 불상 53구가 천축에서 바다를 건너오므로 시주 노춘盧春이 절을 세워 모셨다 한다. 그러나 황당한 일이어서 말할 것이 못 된다. 이는 지난날 불탑과 불당을 받들던 이들이 과장해 꾸민 말일 것이다.

구룡폭포의 절벽에는 양사언의 글씨보다도 더 큰 김규진(일제강점기 대표 서화가)의 '미륵불'이라는 글씨가 새겨져 있다. 1919년에 일본인 스즈키 긴지로鈴木銀次郎가 새겼다는 그 글씨는 폭 3.6미터, 높이가 19미터에 이르고 '불佛' 자의 내려 그은 획이 구룡연의 깊이와 같은 13미터다. 이광수는 이 글씨를 보고《금강산유기》에 다음과 같은 글을 남겼다.

폭포의 왼어깨라 할 만한 미륵봉彌勒峯의 머리와 배 분에 '미륵불彌勒佛' 세 자를 커다랗게 새기고 그 곁에 세존응화世尊應化 몇천 년 몇 년 해강海岡 김규진金圭鎭 서書라 하였으니, 이만 해도 이미 구역질이 나려는데 그 곁에 시주施主는 누구누구, 석공石工은 누구누구, 무엇에 누구누구 하고, 무려 수십 명 이름을 새겨 놓았으니, 이리 되면 차마 볼 수 없어서 눈을 가리고 아까운 대자연의 경치가 파괴된 것을 생각하여 눈물을 흘리지 않을 수 없습니다. 이것이 아주 없어지려면 무슨 천재지변이 없기 전에는 몇천 년을 지나야 할 것이니, 해강 김규진은 실로 금강산에 대하여 대죄大罪를 범한 자라 하겠습니다.

하지만 자연에 대한 김규진의 잘못을 지적한 이광수는 일제강점기 말에 친일파로 활동하며 나라에 큰 죄를 지어서 지금까지도 사람들의 입에 오르내리고 있다. 한편 구룡연에는 스스로 한쪽 눈을 찔렀다는 조서 후기 화가 최북崔北에 얽힌 일화가 남아 있다. 때는 어느 해 늦은 가을이었다. 친구들과 금강산 답사를 왔던 최북은 금강문과 옥류동, 채하봉, 장군봉, 비로봉, 옥녀봉을 지나 구룡연에 이르러서 불현듯 "천하명사 최북이 명산 금강산에서 죽으니 족하지 않은가?"라는 말을 남기고 구룡폭포로 몸을 날렸는데 다행히 나뭇가지에 옷이 걸려 목숨을 구했다고 한다.

왼쪽을 보아도 그림, 오른쪽을 보아도 그림

《택리지》는 다음으로 이어진다.

유점사의 서쪽을 내산內山이라 일컫고 동쪽을 외산外山이라고 말하는데, 물은 동해로 흘러간다. 내산과 외산은 예로부터 뱀과 범이 없어 밤에 다니는 것을 금하지 않으니 참으로 기이한 일이다. 당연히 나라 안에 제일가는 명산이라 할 것이다. 중국인들이 금강산 때문에 '고려에 태어나기를 원한다'고 했다던 말이 어찌 헛말이겠는가? 불가의 《화엄경華嚴經》은 주周 소왕昭王 이후에 만들어진 것이다. 이때는 서역西域, 천축국天竺國이 중국과 통하지 않았던 때다. 하물며 중국 너머에 있는 동이東夷를 어찌 알았겠는가. 그러나 동북쪽 바다 복판에 금강산이 있다는 말이 이미 경전에 실려 있으니 이것은 부처의 눈이 멀리 내다보고 기록한 게 아니겠는가.

내금강은 능허봉, 영랑봉, 비로봉, 월출봉, 일출봉, 내무재령, 차일봉, 백마봉 등으로 연결되며, 촛대봉, 중향성, 지장봉, 시왕봉, 백운대 등 가파르고 높이 솟은 봉우리와 금강산 계곡미의 상징이라 할 만폭동 골짜기를 비롯하여 백천동 골짜기, 태상동 골짜기, 구성동 골짜기 등 아름답고 경치가 뛰어난 곳을 이르는 말이다. 외금강은 비로봉에서 북쪽으로 옥녀봉, 상등봉, 온정령, 오봉산을 잇는 능선과 남동쪽으로 채하봉을 이루고 뻗은 산줄기 사이에 자리한 문주봉, 수정봉, 세존봉, 집선봉 등 아름다운 산봉우리 및 곳곳의 깊은 계곡이 장엄하고 세찬 산악미를 보여 주는 곳이다. 기암괴석이 온갖 모양을 이룬 만물상의 여러 봉우리와 톱니 모양의 빼어난 봉탑을 이룬 관음연봉은 온정천이 빚어내는 자연미와 조화를 이루어 아름다움을 자아낸다.

통천의 총석정과 삼일포 그리고 해금강은 금강산의 산줄기가 동해로

뻗어 내려 만든 명승지다. 총석정은 주상절리가 무수히 발달한 기반암이
바닷물의 침식작용을 받아 형성된 것이며, 삼일포는 사주에 의해 이루어
진 석호로 0.79제곱킬로미터 면적의 아름다운 호수다. 총석정과 삼일포
의 빼어난 경관은 예로부터 관동팔경으로 손꼽혔던 것이며, 호수 가운데
있는 와우도와 사선정토, 무선대, 단서암 등은 호수 경관을 돋우어 주며
장군대, 봉래대, 연화대, 몽천 등의 명소가 있다. 삼일포에서 약 4킬로미
터 동쪽의 남강 하구를 중심으로 펼쳐진 해금강은 금강산의 산줄기가 동
쪽으로 뻗어 나가다가 바다와 부딪혀서 솟구쳐 오른 끝자락이다. 맑고 고
요한 바닷물 속에 기기묘묘한 화강암 봉우리들이 나름의 아름다움을 연
출하며 서 있다.

　해금강이 사람들에게 알려진 것은 조선 숙종 24년(1698)이다. 그해 3월
고성 군수로 재직하고 있던 남택하南宅夏가 이곳을 발견하고서 "마치
금강산의 얼굴빛과 같다"라고 한 뒤 해금강이라는 이름을 붙였다. 해금
강은 송도, 불암 등의 섬을 비롯해 사공바위, 칠성바위, 입석 등 해식 암
초가 장관이다. 특히 금강산에서 본 만물상을 바다에서 다시 보는 듯한
느낌을 주는 바다의 만물상이다. 이와 더불어 해조류와 어류 등의 활동까
지 볼 수 있는 곳이다.

　내금강, 외금강, 해금강 등 어디라 할 것 없이 빼어난 아름다움을 자랑
하는 금강산은 수많은 사람이 즐겨 찾았던 산이다. 금강산은 이곡, 이색,
안축, 성현, 남효온, 이이, 정철을 비롯한 많은 사람의 글로, 정선과 김홍
도, 최북, 어인문 등 최고 화가들의 그림으로 남아 있다.

　《동국세시기東國歲時記》에 따르면 오랜 옛날부터 오월 단오 때면 금

구룡폭포 가는 길

구룡폭포는 금강산에 있는 폭포 가운데 가장 크다. 이 부근은 금강산의
여러 승경 가운데 가장 맑고 아름다운 곳으로 알려져 있다.

내금강 장군봉에서 본 해돋이

장군봉은 외금강의 장엄하고 세찬 산악미를 바라보기 좋은 전망대다. 이곳에서는
외금강의 아름다운 산봉우리와 곳곳의 깊은 골짜기들과 동해가 한눈에 보인다.

강산 일만이천봉을 그리는 풍습이 유행했다고 한다. 한편 일본 화가 모리타 류코守田龍光는 금강산을 그리기 위해 왔다가 다음과 같은 글을 남겼다.

금강산의 경치는 완전히 상상 이상의 것으로, 화가의 머리로는 도저히 구상할 수 없는 그림이다. 우리들은 이 진경에 접하면서 드디어 당황하게 되며 어찌할 줄을 모르게 된다. 오른쪽을 보아도 그림, 왼쪽을 보아도 그림, 앞도 뒤도 그림이며, 또 한 걸음을 옮길 때마다 변하는 데 있어서 고만 붓을 던질 수밖에 없다.

모리타 류코의 말처럼 화가들이 도저히 상상해 낼 수 없는 산수가 금강산이다. 시로 써서 읊을 수 없는 시경이 금강산이었고, 붓으로 그릴 수 없는 그림이 금강산이라고 이구동성으로 말한다.

스웨덴 왕세자 구스타프 6세 아돌프가 1926년 신혼여행 길에 일본을 거쳐 한국에 왔다. 그는 경주의 서봉총 발굴에 참여한 뒤 금강산의 비경을 답사했다. 답사를 끝낸 뒤 감격하여 "하느님이 천지창조를 하신 엿새 중 마지막 하루는 오직 금강산을 만드는 데 보냈을 것 같다"라고 찬미했다 한다.

조선시대의 사대부들은 금강산을 기행할 때 대부분 승려가 멘 가마에 타거나 그들의 등에 업혀서 산에 올랐다. 조선 후기 유학자 김창협의 〈동유기〉를 보자.

병오일에야 비로소 비가 개니 일행이 모두 크게 유쾌하여 기어이 만경대를 올라가자 했다. 그런데 중들은 번갈아 나와서 하나같이 하늘이 맑기는 하나 바람이 심히 세차니 높은 데는 올라가지 말아야 한다는 것이었다. 중들의 말을 모두 일축해 버리고 가마를 재촉하여 떠나 다시 구연동으로 들어갔다. 시냇물이 비를 얻었으니 갑자기 창일하여 내딛는 물이 무서운 형세로 소리치며 계곡을 마냥 뒤집고 있다. 전에는 돌을 만나 겸손히 피해 가던 물이 이제는 바위를 타 넘어 나간다. 전에는 거문고 소리, 비파 소리나 내던 시냇물이 지금은 변하여 열패의 뇌고雷鼓를 울리고 있다. 귀에 들리는 것, 눈에 보이는 것이 갑자기 다 기이하고 장엄하게 변했으니 내 마음도 자연 우쭐거려 어제와는 딴판이다. 과연 사람의 마음이란 환경에 따라 달라지는 것을 더욱 잘 알 수 있었다.

날씨가 좋지 않아 가기 싫어하는 승려들의 의사는 아랑곳하지 않고 금강산 그 험한 산길을 그들이 멘 가마를 타고 가면서도 산수를 보는 눈만은 탁월하다. 식산 이만부는 금강산을 두고 다음과 같은 말을 남겼다.

아무리 비유해도 금강산을 다 묘사할 수는 없다. 차라리 그렇게 하지 말고 내 몸에 금강산의 교훈을 취하기만 못하니 그 산의 편안하고도 중후함을 취하며 '인'의 표본을 삼고, 그 유동하고 달통함을 취하여 '지'의 표본으로 삼고, 그 험준하고 단절함이 명쾌하고 시원한 점을 취하여 '의'의 표본으로 삼고, 그 세밀하고도 자상하며 투철하게 밝혀진 것을 취하여 '예'의 표본으로 삼고, 그 준엄하고도 태연함을 취하여 '덕'의 후한 표본으로 삼고, 그 어느 곳이든 모든 광경이 없는 곳이 없는 것을 취하여 '도'가 두루 갖추어진 표본으로 삼고, 그

빛나고 찬란함을 취하여 '문장'의 표본으로 삼는다면 이에 산을 관찰하는 도
리를 얻게 될 것이다.

금강산에 버금가는 명산 설악산

금강산에서 남으로 내려오면 만나게 되는 산이 설악산이다. 《택리지》
에는 다음과 같이 쓰여 있다.

> 금강산 남쪽은 설악산雪嶽山과 한계산寒溪山이다. 이 산들 또한 돌산, 돌
> 샘으로 되어 있으며 높고 그윽하며 깊어 싸늘하다. 첩첩으로 쌓인 산봉우리와
> 높은 숲이 하늘과 해를 가린다. 한계산에는 만길이나 되는 큰 폭포가 있는데
> 옛날 임진년에 당 장수가 보고서 여산폭포보다 훌륭하다 했다.

설악산은 악嶽이 들어간 그 이름에서 알 수 있듯이 우리나라의 대표적
골산骨山이다. 금강산에 버금가는 명산과 명승으로 자연경관이 빼어나
고 문화유산과 관광 명소가 많다. 《신증동국여지승람》에는 "한가위에 덮
이기 시작한 눈이 하지에 이르러 녹는다 하여 설악이라 한다" 했고, 《증
보문헌비고增補文獻備考》에는 "산마루에 오래도록 눈이 덮여 있고 암
석이 눈같이 희다고 하여 설악이라 이름 짓게 되었다"라고 했다. 그래서
설산雪山 또는 설봉산雪峰山, 설화산雪花山이라고도 하며, 겨울뿐 아
니라 사계절 모두 독특한 아름다움을 자랑한다. 신라 때는 영산靈山이라

하여 나라에서 제사를 지냈고 또 옛날에는 바다를 지나가는 배들의 길잡이가 되기도 했다.

대청봉과 북쪽의 마등령, 미시령, 서쪽의 한계령에 이르는 능선을 설악산맥이라 하며, 한계령을 중심으로 한 서쪽 지역을 내설악, 동쪽 지역을 외설악으로 크게 나눈다. 대청봉의 동북쪽에 있는 화채봉과 서쪽에 있는 귀때기청봉, 대승령, 안산을 경계로 그 남쪽을 남설악이라 한다.

내설악은 깊은 계곡이 많고 물이 풍부해 설악에서도 가장 빼어난 경승지를 이루며, 백담사百潭寺를 기준으로 백운동계곡, 수렴동계곡, 가야동계곡이 이어진다. 가야동계곡에서 출발해 외설악의 설악동에서 넘어오는 마등령을 지나 좀 더 올라가면 우리나라 암자 중에서 가장 높은 곳에 위치하며 5대 적멸보궁의 하나인 봉정암에 이른다.

외설악은 기암괴석과 계곡이 절경을 이룬다. 설악동에서 신흥사를 거쳐 계조암에 이르면 그 앞에 흔들바위가 있고 여기서 조금 더 오르면 사방이 절벽으로 된 높이 780미터의 울산바위가 있다. 울산바위에서 신흥사 일주문을 지나 왼쪽으로 가면 대청봉으로 이어지는 천불동계곡이 나타난다. 이 계곡에는 와선대와 비선대, 금강굴이 있고, 비선대에서 본격적인 등산로로 계곡을 타고 오르면 대청봉에 이른다.

공룡처럼 생겼다는 공룡능선과 하늘에 핀 꽃이라는 천화대 그리고 그 양쪽에 솟은 봉우리들이 마치 불상 몇천 개를 새겨 놓은 듯하다고 해서 이름이 붙은 천불동계곡을 사람들이 즐겨 찾는다. 용의 이빨처럼 생겼다는 용아장성, 구곡담계곡, 가야동계곡 등과 그 밖에 권금성, 백담계곡, 비룡폭포, 토왕성폭포 등이 설악산의 절경을 이루는 데 한몫한다.《신증동국여지승람》에 따르면 권금성權金城은 예전에 권씨, 김씨 두 집이 전쟁을 피해 이곳으로 숨어들어서 붙은 이름이라고 한다. 권금성은 집선봉과 봉화대 주위에 쌓은 산성으로 '옹금산석성' 또는 '설악산고성'으로도 불리는데 〈낙산사기洛山寺記〉에 "몽골이 침입했을 때 양양부민이 설악산에 성을 쌓아 적을 막았다"라고 기록되어 있는 것으로 보아 고려 때 성으로 추정한다.

남설악은 한계령, 망대암산, 점봉산에 이르는 지역이다. 남설악에는 신라의 마지막 임금인 경순왕이 피서지로 삼았다는 대승폭포가 있다. 개성의 박연폭포, 금강산의 구룡폭포와 함께 우리나라 3대 폭포 중 하나인 대승폭포 근처에는 장수대, 오색약수, 오색온천이 있다.

전설에 따르면 옛날에 일찍 부모를 여읜 대승이라는 총각이 이 폭포의 절벽에서 자라는 석이버섯을 따서 근근이 살아가고 있었다. 어느 날 대승이 절벽에 동아줄을 매달고 내려가서 석이버섯을 따고 있는데, 갑자기 죽은 어머니가 "대승아, 대승아" 하고 다급하게 부르는 소리가 들렸다. 소스라치게 놀란 대승이 버섯을 따다 말고 동아줄을 잡고 올라가니 어머니의 모습은 찾을 수 없고 그가 매달려 있던 동아줄을 자신보다 더 큰 지네가 갉아먹고 있었다 한다. 어머니가 부르지 않았더라면 벼랑에서 떨어져 죽을 뻔했던 대승이 목숨을 건진 후 이 폭포를 대승폭포라고 부르게 되었다고 한다.

이곳 한계령의 동쪽 골짜기에서 시작된 물은 오색약수터를 지나 양양의 남대천이 되어 바다로 들어간다. 개울가의 바위를 뚫고 세 군데에서 솟아나는 오색약수는 1500년쯤 오색석사五色石寺의 한 승려가 발견했

속초 신흥사

속초시 설악동에 있는 신흥사는 653년경 자장이 창건한 사찰이다.
1984년 강원도 문화유산자료로 지정되었다.

다고 한다. 다섯 가지 꽃이 피어 오색석사라고 불렸던 이 절은 사라지고 지금은 흔적도 없다. 시인 박두진은 설악산을 두고 〈설악부〉라는 시 한 편을 남겼다. 다음은 그 일부다.

왜 이렇게 자꾸 나는 산만 찾아 나서는 걸까? — 내 영원한 어머니……. 내가 죽으면 백골이 이런 양지쪽에 묻힌다. 외롭게 묻어라.

꽃이 피는 때, 내 푸른 무덤엔, 한 포기 하늘빛 도라지 꽃이 피고, 거기 하나 하얀 산나비가 날러라. 한 마리 멧새도 와 울어라. 달밤엔 두견! 두견도 와 울어라.

인제군 인제읍 귀둔리와 기린면 진동리, 양양군 서면 사이에 걸쳐 있는 점봉산은 남한의 마지막 남은 처녀림으로 불리는 산이다. 특히 남설악이라고 불리는 점봉산, 가칠봉 그리고 단목령에 둘러싸인 진동계곡 일대는 몇백 년 동안 사람의 손때가 묻지 않은 원시림으로 전나무와 신갈나무 등 고사목들이 울창하게 숲을 덮고 있다. 금강초롱꽃, 모데미풀, 진부애기나리 등 36종의 한국 특산종과 울릉도에서 주로 자라는 섬말나리, 주목, 등대시호, 한계령풀, 점봉산엉겅퀴 등 희귀 식물이 자라는 점봉산은 세상에 살면서 지친 사람들이 노년을 보내고 싶어 하는 산 중 하나다.

설악산은 명산과 명승, 문화유산이 많아 금강산과 자주 비교되는 산이다. 예로부터 '금강산이 수려하기는 하되 웅장한 맛이 없고 지리산이 웅장하기는 하되 수려하지 못한데 설악산은 수려하면서도 웅장하다'는 말이 있다. 그러나 설악산과 금강산의 우열을 비교하는 옛 전설을 보면 금

남설악 삼형제봉

대청봉의 동북쪽에 있는 화채봉과 서쪽에 있는 귀때기청봉,
대승령, 안산을 경계로 그 남쪽을 남설악이라 한다.

강산이 한 수 위라는 말이 맞을 듯싶다. 사실 설악산은 금강산의 절경에 치여 사람들에게 그다지 알려지지 않았다. 그러던 것이 한국전쟁 이후 휴전선에 가로막혀 금강산을 찾지 못하게 된 사람들이 '꿩 대신 닭'이라고 설악산을 찾게 되면서 그 진면목이 알려졌고 지금은 남한의 제일가는 명산으로 손꼽힌다.

절세의 미인이 숨어 있는 설악산

최남선은 〈설악기행〉에서 다음과 같이 설악산을 예찬했다.

탄탄히 짜인 맛은 금강산이 더 낫다고 하겠지만 너그러이 펴인 맛은 설악산이 도리어 낫다. 금강산은 너무나 드러나서 마치 길가에서 술을 파는 색시같이 아무나 손을 잡게 된 한탄스러움이 있음에 비하여 설악산은 절세의 미인이 골짜기 속에 있으되 고운 모습으로 물속의 고기를 놀라게 하는 듯 있어서 참으로 산수 풍경의 지극한 아름다움을 사랑하는 이라면 금강산이 아니라 설악산에서 그 구하는 바를 비로소 만족할 것이다. 설악산은 그 경치를 낱낱이 헤어 보면 그 빼어남이 결코 금강산의 아래에 둘 것이 아니지만 원체 이름이 높은 금강산에 눌려서 세상에 알려지기는 금강산에 견주면 몇천 분의 1에도 미치지 못하니, 이는 아는 이가 보면 도리어 우스운 일이다.

일찍이 매월당梅月堂 김시습金時習이 설악산에 들어와 오래 살았으며, 동학농민운동이 실패로 돌아가자 한용운이 몸을 숨긴 곳이 설악산 오세암이다. 한용운은 1896년 오세암으로 들어와 백담사를 오가며 10여 년을 살다가 백담사에서 머리를 깎았는데 그때가 1905년이었다.

내설악 백담사에서 마등령 사이에 있는 오세암五歲庵은 다섯 살에 득도한 신동 때문에 붙여진 이름이다. 옛날 이 암자에서 설정이 부모 잃은 조카를 기르고 있었는데 대사는 관음상을 가리켜 어머니라고 일러 주었다. 조카가 다섯 살 되던 해에는 월동 준비가 늦어 늦가을에야 양식 마련에 나서게 되었다. 대사는 조카가 하루 동안 먹을 것을 마련해 놓고, 다음 날 돌아올 작정을 하고 하산했다. 그런데 그날 밤 큰 눈이 내려 계곡에 갇히고 말았다. 대사는 속수무책으로 눈이 녹기를 기다려 봄이 다 되어서야 암자로 돌아왔다. 그런데 죽었으리라 생각했던 어린 조카가 나와 반가이 맞으면서 말하기를 "어머니가 밥을 해 주고 공부를 가르쳐 주었습니다"라고 하는 게 아닌가. 그때 흰옷을 입은 선녀가 나타나 아이의 머리를 쓰다듬으며 경전을 주고는 새가 되어 날아갔다. 아이는 득도를 했고, 그리하여 이 암자를 오세암이라고 부르게 되었다.

조선 후기 학자 서응순徐應淳은 다음과 같은 〈오세암〉이라는 시를 지었다.

빈산 옛 절간에

목련이 혼자 피었네

동봉에 달 오르자니

열경悅卿(김시습의 자)이 와 있는 듯이

내설악에 있는 영시암永矢庵은 조선 후기 문장가 삼연三淵 김창흡金昌翕이 세상에 뜻이 없어 찾아든 곳이다. 그는 이곳에서 영원히 세상에 나가지 않을 것을 맹세永不出世爲誓했다. '영시永矢'란 길이 맹세한다는 뜻을 지니고 있는데, 당시 나라 안 수많은 사람이 영시암을 찾았다고한다. 이곳에서 김창흡은 수많은 글을 남겼는데 다음은 〈영시암〉이라는시다.

내 삶은 괴로워 즐거움이 없고

세상사 견디기 어려워라

늙어 설악산에 들어와

여기 영시암을 지었네

부친 김수항金壽恒이 사사된 후 설악산에 들어왔던 김창흡은 6년 후영시암에서 나왔다. 그의 수발을 들던 노비가 호랑이에게 물려가 더는 살수 없었기 때문이라고 한다. 인제에서 고성군 간성읍 진부리로 넘어가는고개가 진부령이고, 조선 중기 양양과 간성의 중요한 관로가 미시령이었다. 미시령은 한계령과 함께 내설악과 외설악을 가르는 고개로 조선시대에는 미시파령彌時坡嶺으로 불렸다. 조선 중기 양양과 간성의 중요한 교통로였다.

고성군 토성면 도원리에서 인제군 북면으로 넘어가는 고개가 대간령이고, 양양군 서면 오색리 관터에서 인제군 기림면 진동리로 넘어가는 고개가 박달령 또는 단목령으로 불리는 고개였다. 고려 고종 때 김취려金就

礪 장군이 고려를 침입한 거란군을 원주에서부터 추격하여 이곳에서 섬멸했다고 한다.

오대산 월정사

설악산에서 백두대간을 따라 내려간 남쪽에 오대산이 있다. 《택리지》에는 오대산이 다음과 같이 기록되어 있다.

설악산의 남쪽에 있는 오대산五臺山은 흙산으로 바위와 골짜기들이 겹겹으로 막고 있다. 가장 위에는 다섯 개의 대가 있어 경치가 훌륭하고 대마다 암자가 하나씩 있다. 가운데 한 암자에는 부처의 사리가 봉안되어 있다. 상당부원군 한무외韓無畏가 이곳에서 선도를 깨닫고 신선으로 화했는데, 연단할 복지를 꼽으면서 이 산이 제일이라고 했다.

예로부터 오대산은 전란이 침입하지 않았으므로 국가에서는 산 아래 월정사 옆에 사고를 지어 《조선왕조실록》을 갈무리하고 관리를 두어 지키게 했다. 오대산에 있는 상원사의 기록에 따르면 보천, 효명 두 신라 왕자가 중대 비로봉에서 1만 문수보살을 친견했으며, 왕위에 오른 효명태자(성덕왕)가 재위 4년 만인 705년 지금의 상원사 터에 진여원眞如院을 창건하면서 문수보살상을 봉안하고 이어 성덕왕 24년(725)에 동종을 주조했다는 설과 자장이 선덕여왕 14년(645)에 세웠다는 설이 있다. 또한

오대산 상왕봉

오대산 최고봉인 비로봉 다음으로 높은 상왕봉 기슭에는 북대사, 상원사, 중대사,
월정사 등이 있어 관광객과 등산객의 발길이 끊이지 않는다.

오대산 월정사

옛사람들이 '어떤 재앙이 닥쳐도 안전한 땅'이라고 믿었던 오대산이
불교의 성지로 발전하게 된 것은 매우 자연스러운 일이다.

조선 세조가 이곳에서 기도하던 중 문수보살을 만나 불치병을 고쳤다는 이야기가 전해져 온다. 세조는 친히 권선문을 작성하고 진여원을 확장했으며, 이름을 '상원사上院寺'라 바꾸고 원찰로 정하여 문수동자상을 봉안했다. 이후 몇 차례 중창되다가 1907년 수월이 방장으로 있을 때 크게 선풍을 떨쳤으며, 1951년 입적한 한암이 30여 년 동안 이곳에서 지냈다.

오대산은 예로부터 금강산, 지리산, 한라산과 더불어 나라 안에서 신령스러운 산에 들었다. 옛사람들이 '삼재가 들지 않는 명당터'라고 여겼던 곳이고 '어떤 재앙이 닥쳐도 안전한 땅'이라고 믿었던 곳이라서 불교의 성지로 발전하게 된 것은 매우 자연스러운 일이다.

우리 민족의 영산 태백산

대관령을 지난 백두대간은 강릉시 왕산면에서 정선군 임계면 임계리로 넘어가는 삽당령을 지나고 강릉과 임계를 연결하는 42번 국도가 지나는 백복령을 넘어 두타산에 접어든다. 백두대간은 다시 태백시에서 영월, 정선으로 넘어가는 38번 국도가 지나는 싸리재를 지나 태백산에 이르러 낙동정맥을 나눈다.《택리지》에는 다음과 같이 기록되어 있다.

태백산과 소백산도 흙산이지만 그 흙빛이 모두 수려하다. 태백산太白山 기슭에는 황지潢池가 있다. 산에는 들이 펼쳐져 두메 백성들이 모여 마을을 이루었다. 화전을 일구어 살고 있으나 지세가 높고 기후가 차가워서 서리가 일찍

내리므로 주민들은 오직 조와 보리를 심는다. 황지 위쪽 작약봉 아래에 금혈이 있다. 세상에 전해 오기를 나라에서 묘터를 잡아 놓았으나 장사를 지내지 않는 곳이라 한다. 산 아래 평지에 각화사覺化寺와 홍제암弘濟庵이 있는데, 가끔 불법이 높은 고승이나 이상한 무리들이 이곳에 와 살기도 한다. 예부터 삼재三災가 들지 않는 곳이라 하여 국가에서 이곳에 사고史庫를 설치했다.

《정감록鄭鑑錄》에 "곡식 종자는 삼풍三豊에서 구하고 사람의 종자는 양백에서 구한다"라는 대목이 있는데, 삼풍은 경상도 영주의 풍기와 전라도 무주의 무풍 그리고 충청도 괴산의 연풍이고, 양백은 태백산과 소백산이다. 예로부터 우리 민족의 영산이자 신령한 산으로 여겨져 온 태백산이 삼척읍지인《진주지眞珠誌》에는 "푸르고 푸른데 어찌 태백이라 했던가. 그 위에 당집을 짓고 천왕이라 이름했네. 신라와 고려 때부터 숭상하여 믿었고, 모두 무당과 박수의 도회로세. 저 동쪽을 바라보니 팽나무도 많고 저 남쪽을 돌아보니 크고 높은 언덕도 많네"라고 하여 태백산이 신라, 고려 때부터 토속신앙의 중심지였음을 말하고 있다.

고려 후기 문신 최선崔詵이 쓴 예안禮安 〈용수사기龍壽寺記〉에는 "천하의 명산이 삼한에 많고 삼한의 명승은 동남쪽이 가장 뛰어나며, 동남쪽에서 가장 두드러진 것이 태백"이라 했다. 김시습은 〈망태백산望太白山〉이라는 시에서 "멀고 아득한 태백산을 서쪽에서 바라보니, 기암괴석이 구름 사이에 솟아 있네. 사람들은 신령님의 영험이라 말하는데, 분명코 천지의 조화로세"라고 노래했다.

태백산은 오랫동안 '천天, 지地, 인人', 곧 하늘과 땅과 조상을 숭배

태백산

강원도 영월군과 태백시와 경상북도 봉화군의 경계에 있는 산이다.
예로부터 우리 민족의 영산이자 신령한 산으로 여겨져 왔다.

태백산 천제단

태백산은 설악산, 오대산 등과 함께 태백산맥의 영산으로 불린다.
산 정상에는 예로부터 하늘에 제사를 지내던 천제단이 있다.

해 온 고대 신앙의 성지였다. 《삼국사기三國史記》에는 신라 일성왕 6년 (139)에 10월 상달을 맞아 임금이 북쪽으로 나가 '태백'에 제사를 올렸다고 기록되어 있는데, 그 태백이 바로 태백산이다. 이 산은 토함산, 계룡산, 지리산, 팔공산과 함께 신라 오악에 들던, 서라벌의 북쪽 산이다.

《동국여지승람》에 따르면 이 산꼭대기에는 천옥당이라는 사당이 있었는데, 강원도와 경상도에 걸친 이 산기슭의 주민들이 봄과 가을에 소를 잡아 그곳에서 제사를 지냈다고 한다. 태백산 정상에는 예로부터 하늘에 제사를 지내던 천제단天祭壇이 있어 매년 개천절에 태백제를 열고 천제를 지낸다. 태백산 일출은 장관으로 꼽히며, 망경사 입구에 있는 용정은 우리나라에서 가장 높은 곳에서 솟는 샘물로서 천제를 지낼 때 이곳의 물을 이용한다.

태백산 자락인 봉화군 석포면 대현리에는 태백산 신이 된 단종의 전설이 전해 내려온다. 이 지역 사람들은 수양대군에게 왕위를 찬탈당한 단종을 무척 동정해 왔다. 세조 3년(1457) 가을 어느 저녁 무렵, 이 마을 주민들은 영월의 관아에 일이 있어 가던 길에 누각 앞에서 흰 말을 타고 오는 단종을 만났다. 주민들이 길가에 엎드려 인사하고 어디로 가는지 물어보았더니 단종은 말을 탄 채 태백산에 놀러 간다고 했다. 영월 관아에 도착한 마을 주민들은 그날 낮에 이미 단종이 죽임을 당했다는 사실을 들었다. 주민들은 조금 전에 길에서 만난 죽은 단종의 영혼이 태백산에 입산한 것이라 믿었다. 그 후 태백산에 단종의 영혼이 있다는 얘기가 전해지게 되었고 지금도 무속 신앙을 믿는 사람들은 태백산 정상 부근과 태백산 아래 춘양면 서벽리 등지에 단종의 화폭을 걸어 놓고 그 신령을 섬긴다.

작은 백산에서 유래한 소백산

태백산과 선달산을 지난 백두대간은 경상북도 영주시 단산면 마락리에서 충청북도 단양군 영춘면 의풍리로 넘어가는 고치령을 지난 뒤 소백산에 이른다. 조선 중기 천문지리학자 남사고南師古는 소백산을 보고 "허리 위로는 돌이 없고, 멀리서 보면 웅대하면서도 살기가 없고, 떠가는 구름과 같고 흐르는 물과 같아서 아무런 걸림이 없는 자유로운 형상"이라며 많은 사람을 살릴 산이라고 칭송했다. 소백산은 충청북도 단양군 가곡면과 경상북도 영주시 순흥면 사이에 있는 산이다. 태백산 부근에서 남서 방향으로 뻗은 백두대간에 있는 소백산은 높이가 1440미터에 이르며 북동쪽에 있는 국망봉과 험준한 연봉을 이룬다. 북서쪽으로는 비교적 경사가 완만하여 이른바 고위 평탄면을 이루는데, 그 위를 국망천이 흘러 남한강에 유입된다. 동남쪽으로는 비교적 경사가 급하다. 낙동강 상류의 지류인 죽계천이 이곳에서 발원한다.

소백산小白山의 '백산'은 '희다', '높다', '거룩하다' 등을 뜻하는 '붉'에서 유래하는데, 소백산은 여러 백산 가운데 작은 백산이라는 의미다. 예로부터 신성시한 산으로 삼국시대에는 신라, 백제, 고구려 3국의 국경을 이루어 수많은 역사적 애환과 문화유산을 지니고 있다. 소백산 남서쪽으로는 완만한 능선이 이어지는데, 이 길을 따라 내려가면 연화봉이 있고 이곳에서 약 4킬로미터 정도 더 내려가면 제2연화봉에 이른다. 이 산의 남쪽 4킬로미터 정도에 5번 국도와 중앙선 철도가 통과하는 죽령이 있다. 제2연화봉 동남쪽 기슭에는 선덕여왕 12년(643)에 두운이 창건했다는 유명한 희방사와 내륙에서 가장 큰 폭포인 희방폭포가 있다.

소백산 일대는 웅장한 산악 경관과 천연 삼림, 폭포가 많으며 주변에 부석사나 온달산성 등의 명승고적이 많아 1987년 12월에 소백산국립공원으로 지정되었다. 완만한 산등성이와 끝없이 펼쳐지는 운해 그리고 울창한 산림이 수려한 계곡과 어울려 장관을 이루어 많은 등산객이 찾아든다. 주요 등산로는 죽령의 가운데에 있는 희방사역을 기점으로 하여 희방폭포와 제2연화봉을 거쳐 올라가는 코스와 북쪽의 국망천, 남쪽의 죽계천 골짜기를 따라 올라가는 코스 등이 있다. 소백산 일대는 예로부터 산삼을 비롯하여 많은 약초가 자라 지금도 약초 채취가 활발하다. 이 약초들의 집산지가 바로 풍기다. 풍기는 또한 인삼으로 이름난 곳이다. 죽령과 제2연화봉 사이 산기슭에는 소백산천문대가 있다. 다음은《택리지》의 기록이다.

소백산에는 욱금동郁錦洞이라는 곳이 있는데, 바위와 샘의 훌륭한 경치가 수십 리에 걸쳐 있다. 그 위에 있는 비로전은 신라 때 지은 옛 절이다. 마을 입구에는 퇴계 이황을 모신 서원이 있다. 태백산과 소백산의 샘과 돌은 대부분 낮고 평평한 골짜기 안에 있고, 산허리 이상에는 돌이 없는 까닭에 산이 비록 웅장하여도 살기가 적은 편이다. 먼 데서 바라보면 봉우리들이 솟아나지 않아서 엉기어 있는 듯하다. 산은 구름이 가듯, 냇물이 흐르듯 하며 하늘에 닿아 북쪽이 막혔고, 때로는 자색 구름과 흰 구름이 그 위에 떠 있기도 하다. 옛 시절에 술사였던 남사고가 소백산을 보고는 갑자기 말에서 내려와 넙죽 절을 하며 "이 산은 사람을 살리는 산이다"라고 감탄했다. 남사고는 책에도 "병란을 피하

소백산

충청북도 단양군 가곡면과 경상북도 영풍군 순흥면 사이에 있는 소백산은
아름다운 골짜기와 완만한 산등성이, 울창한 숲 등이 뛰어난 경치를 이루는 곳이다.

는 데는 태백산과 소백산이 제일 좋은 지역"이라고 했다.

퇴계退溪 이황李滉은 이곳 소백산을 오르며 〈유소백산록遊小白山錄〉
을 지었다. 이황은 글에 "잠시 후에 견여가 마련되었다고 알려 왔는데, 간
단하게 만들어져 쓰기에 편리했다. 마침내 민서경과 헤어져서 나는 말을
타고 갔다. 응기와 중수 등 여러 승려가 앞뒤에서 혹은 인도하고 뒤를 따
르기도 했다"라고 썼다. 이 글에서도 사대부들은 대개 승려가 메는 가마
나 말을 타고 산을 올랐음을 알 수 있다. 이중환은 이어서 소백산을 다음
과 같이 평가했다.

백두산에서 태백산까지는 한 줄기의 영嶺으로 이어져 있어서 좌우에 다른
봉우리가 없다. 소백산 아래로는 자주 맥이 끊어지는데, 끊어져서 된 산은 속
리산이 처음이다. 감여가들은 속리산을 석화성石火星(암봉들이 불꽃처럼 일어서
서 산의 능선을 이루는 형상을 일컫는 말)이라 한다. 그렇지만 돌의 형세가 높고 크
며 겹친 봉우리의 뾰족한 돌 끝이 가지런히 모여서 마치 갓 피어난 연꽃 같고,
또 횃불을 멀리 세워 놓은 듯도 싶다. 산 밑은 모두 돌로 된 골이 깊게 감싸고
돌아서 여덟 굽이 아홉 돌림, 즉 '팔곡구요'라는 이름이 있다. 산이 빼어난 돌
로 이루어졌고, 샘물이 돌에서 나오는 까닭에 물맛이 맑고 차갑기 그지없다.
빛 또한 검푸른빛이어서 사랑스러운데, 이 물이 바로 충주에서 남한강으로 접
어드는 달천의 상류다. 온 산을 빙 둘러서 신비롭고도 넓은 골짜기가 많고, 그
윽한 샘과 기이한 돌이 묘하고 아늑한 형상은 금강산 다음이다.

이런 평을 한 것은 아마도 소백산의 형세가 토산土山(육산)이며 포근하고 산 아래를 흐르는 영춘과 단양 일대의 남한강 풍광이 빼어났기 때문이 아닌가 싶다. 단양군 대강면에서 경상북도 예천군 효자면으로 넘어가는 싸리재와 뱀재를 지난 백두대간은 하늘재에 이른다. 하늘재, 즉 계립령과 문경새재와 이화령을 지난 백두대간은 백화산, 시루봉, 운재, 대야산, 청화산을 지나 속리산에 이른다. 이 부근을 두고 '천 봉우리, 만 구렁이 깎아지른 듯 깊숙하여 사람들이 들어가는 길을 알지 못한다'고 했는데, 이 골짜기의 물이 합쳐져 들을 지나고 청화산 남쪽을 따라 동쪽으로 용추에 흘러드는데 이것이 병천이다.

《택리지》에 "병천 남쪽이 도장산이다"라고 기록되어 있다. 도장산은 상주시와 문경시의 경계에 있다. 도장산은 또한 속리산 북동쪽 문경시에 자리한 청화산과 맞닿아 있다. 경상북도 상주시 화북면 용유리 화산마을은 예로부터 산수가 아름답고 용추龍湫가 있으므로 용유동龍游洞이라는 이름이 붙었다 한다. 이곳의 평지는 모두 넓고 편평한 바위이며, 큰 냇물이 서쪽에서 북쪽으로 흐른다.《택리지》에는 용유동이 다음과 같이 기록되어 있다.

냇물이 돌 위에 펑퍼짐하게 펼쳐져 있는데, 돌이 깎아지른 곳을 만나면 작은 폭포가 되고, 돌이 비좁고 움푹한 곳을 만나면 작은 우물이 되고, 돌이 모나게 넓은 곳을 만나면 작은 못이 되고, 돌이 둥글게 구덩이 진 곳을 만나면 작은 우물이 되며, 평평한 곳을 만나면 물이 진주 발처럼 변하고, 거슬러 도는 곳을 만나면 물이 향연을 펼치는 것 같다. 돌의 모양새는 마치 구유통 같기도 하고 크고 작은 솥 같기도 하고 가마나 절구 같기도 하다. 혹은 석가산이나 작은 섬을 닮기도 하고 염소와 범 또는 닭과 개 형상 같은 것이 지극히 기괴하게 펼쳐져 있다. 그런 돌 위로 냇물이 빙빙 돌다가 다시 흐르면서 혹은 가득 넘치기도 하고 혹 치솟기도 하고 혹 괴어 있기도 하며, 혹 부딪쳐 쏘기도 하고 혹 거꾸로 쏟아지기도 한다. 산의 양쪽 언덕에는 수목이 쓸쓸하고, 골짜기 바람이 쌀쌀하니 거의 천하의 기이한 광경이라고 할 수 있다. 그 한가운데 송씨가 세운 정자가 있다.

신선이 있어야 이름이 날 수 있고

청화산 동북쪽에 있는 선유산仙遊山(지금의 대야산)은 정기가 높은 데 모여서 이루어진 형세라서 맨 꼭대기는 평탄하고 골이 매우 깊다. 그 아랫자락인 경상북도 문경시 가은읍 완장리는 대한제국 말의 의병장 이강년李康秊이 태어난 곳이고, 그 윗자락의 선유동은 불란치재 너머에 있는 충청북도 괴산군 송면리의 선유동계곡과 함께 백두대간이 지나는 길목에 위치한 1킬로미터에 이르는 아홉 개의 계곡으로 이름이 높다. 골이 깊고 수목이 울창하여 기이한 봉우리 사이로 맑은 물이 흘러 굽이마다 소와 폭포가 있는데, 이곳들이 아름다운 경치를 이루어 선유구곡이라 부른다. 그 위에 칠성대와 학소굴이 있다. 조선시대에 도를 닦았던 진인 최도와 도사 남궁두가 여기서 수련했다 한다.

남궁두南宮斗는 조선 중기 단학파丹學派의 한 사람으로 중종 21년

도장산 전망바위

상주시 화북면 용유리와 문경시 농암면 내서리의 경계에 있는
명산이다. 백두대간 자락의 마지막 비경 지대다.

(1526) 전라도 함열에서 태어났다. 명종 10년(1555) 진사과에 급제한 그
는 임피에서 살다가 애첩과 당질 간에 간통 사건이 일어나자 두 사람을
죽이고 승려가 되었다. 법명을 총지라고 지은 그는 지리산 쌍계사에서 은
거했다. 조선 후기 사람인 홍만종洪萬宗이 단학 설화를 수집하여 인물
별, 시대별로 펴낸 전기집인《해동이적海東異蹟》에 따르면 남궁두는 그
뒤 경상도 의령의 한 암자에서 도교의 방술인 부주, 상위, 감여, 추점 등
에 뛰어난 노승을 만나 신선술을 익혔다. 그는 먼저 정신 통일을 하기 위
해 잠을 자지 않는 법을 익혔다. 그다음은 곡기를 끊고 단학의 경전인《참
동계參同契》와《황정경黃庭經》의 묘리를 터득했으며, 이를 운용하여
내단內丹 수련의 극치인 신태神胎에 거의 도달했다고 한다. 이수광李睟
光이 지은《지봉유설芝峯類說》에 따르면 그는 아흔 살이 되었어도 늙지
않고 언제나 명산대찰을 떠돌아다녀 사람들은 그를 지선地仙, 즉 땅의
신선이라고 불렀다. 허균許筠이 쓴〈섭생월찬서攝生月纂序〉(이이화,《허
균의 생각》, 교유서가, 2014 재인용)에도 남궁두가 등장한다.

　　세상에서 신선을 얘기하는 사람들이 걸핏하면 꼭 수련화후의 방법을 일컬
　　으면서 번번이 말하기를, "나는 하늘로 올라가 신선이 될 수 있으며 나는 태색
　　胎息을 이룰 수가 있으며 나는 죽지 않고 영원히 살 수가 있다"고 한다. 그런데
　　도 적막하게 수백 년 동안 신선이 된 것을 본 사람들이 거의 없다. 이것은 얼굴
　　이 해만 따라다니다가 제발은 땅에 붙어 굳어진 해바라기와 같은 짓거리일 뿐
　　이다.
　　　내 일찍이 남궁두를 호남에서 보았는데, 나이가 아흔 살인데도 얼굴에 주름

118

살 하나 없었다. 왜 그런가 물어보니 때맞추어 음식을 적게 먹었을 뿐이라고
한다. 수련화후의 공부는 시작하기 쉽지 않은데, 밥을 먹거나 자고 일어날 적
에 몸을 튼튼히 하고 병에 걸리지 않도록 하는 데는 그날그날에 그 방법을 쓰
는 것이 가장 가까운 것이어서 효과도 가장 빨리 거둔 것일까?

지금도 지리산을 비롯해 신령스러운 산이라고 알려진 산에는 남궁두
의 후예들이 현대식 토굴에서 수련 중인데 그런 사람이 수만 명에 이른다
고 한다. 그렇다면 명상이나 수련하기에 알맞은 장소는 따로 있을까? 이
에 대해 프랑스 작가 장 그르니에는 자신의 산문집《섬》중 '상상의 인도'
(김화영 옮김, 민음사, 1993)에서 다음과 같이 말했다.

단 고팔 무케르지가 자기 동포인 간디를 찾아갔을 때 그는 간디가 이렇게 말
하는 것을 들었다. "우리 민족은 기후 때문에 명상을 하게 되었다." 그런데 이
말로 위상학적 결정론을 긍정한 듯한 간디는 즉시 그 성급한 결론을 부정했다.
"같은 기후 조건 속에 사는 민족들에게 다 같이 이 말이 적용된다고 생각하면
그건 결정론이 될 것이다. 그러나 아프리카 사람들은 우리와 비슷한 기온조건
속에 살고 있으면서도 명상은 하지 않는다. 히말라야 꼭대기 눈 덮인 굴 속에
사는 성인들은 신神에 대하여 명상을 한다. 따라서 기후가 영혼을 만든다고
말할 일은 아니다. 영혼이 기후를 이용할 뿐이다."

18세기 조선에는 남궁두의 뒤를 잇는 사람들이 많이 나타났다. 《해동
이적》에 보면 영조 4년(1728)에 용암포에서 뛰면 중국의 산둥반도에 떨

어진다고 장담한 묘향산 도사가, 영조 9년에 울릉도 모시개에서 말바위까지 날아갔다 온다 한 선인봉 도사가 높은 파도에 휩싸여 죽었다. 또한 정조 11년(1787)에는 속리산 문장대에서 법주사까지 뛰어내리다가 연달아 떨어져 죽은 젊은 도사 세 명이 있었다.

옛말에 "높다고 해서 다 산이 아니니 신선이 있어야 이름이 날 수 있고, 깊다고 해서 다 물이 아니니 용이 있어야 영험해질 수 있는 것이다"라고 했다. 우리나라 명산에는 예나 지금이나 도를 닦는 사람들이 많으니 그 신령스러움이 대대로 이어지는 듯하다. 선유동계곡의 물이 흘러내려서 낭풍원이 되고 다시 양산사 앞 골짜기 물과 합쳐지면서 가은읍 동쪽으로 내려가 문경의 큰 강인 영강으로 흘러든다.

칠성대 서쪽으로 백두대간을 넘으면 충청북도 괴산군 청천면 송면리에 있는 외선유동이다. 이곳 송면리는 조선 선조 때 붕당이 생기리라 예언한 이준경李浚慶이 장차 일어날 임진왜란을 대비하여 자손들의 피난처로 정한 곳이라고 한다. 선유동 입구 바위 절벽에는 '仙遊洞門'(선유동문)이라는 글씨가 새겨져 있다. 바위에는 천연 문이 뚫려 있고 이황이 이름을 지은 선유구곡이 펼쳐진다. 화양구곡에서 동쪽으로 14킬로미터 떨어진 화양천 상류에 있는 선유구곡은 신라 때 학자 최치원이 이곳을 소요하면서 선유동이라는 명칭을 남긴 데서 유래한 곳으로, 이후 이황이 칠송정에 있는 함평 이씨 집을 찾아왔다가 이곳의 비경에 사로잡혀 아홉 달을 돌아다닌 뒤 아홉 개의 이름을 지어 글씨를 새겼다고 한다. 주자학을 창시한 주희는 성리학을 탐구하기에는 굽이굽이 돌아가는 계곡이 이상적인 장소라고 보았다. 그는 그러한 형세를 갖춘 계곡을 중국 남부에서 발견한 뒤 '무이구곡武夷九曲'이라고 이름을 짓고 1곡에서 9곡에 이르는 물의 굽이마다 그 모양새에 합당한 이름을 붙인 뒤 성리학의 경지에 비유했다.

일반적으로 문경의 소금강이라 불리는 선유구곡은 '선유동문'이라는 글씨가 음각된 곳에서 시작하여 기암절벽으로 절경을 이룬 경천벽, 옛날 암벽 위에 청학이 살았다는 학소암, 계류변에 있는 바위 위 중앙이 절구통같이 생겼다는 연단로, 와룡이 물을 머금었다가 내뿜듯이 급류를 형성하여 폭포를 이룬 와룡폭, 방석같이 커다란 모양의 난가대, 바둑판 형상을 한 커다란 암반인 기국암, 거북같이 생긴 구암, 두 바위가 나란히 서 있고 뒤에는 큰 바위가 가로 놓여 그 사이에 석굴이 있는 은선암 등으로 이루어진다. 주위의 수석 층암과 노송이 어우러져 세속과는 거리가 먼 이상향의 분위기를 만들어 내는데, 그중 난가대와 기국암에는 다음과 같은 전설이 서려 있다.

조선 명종 때의 일이다. 한 나무꾼이 도끼를 가지고 나무를 하러 갔다가 바위에서 바둑을 두는 노인들을 발견하고 가까이 가서 구경했다. 그러자 한 노인이 "여기는 신선들이 사는 선경이니 돌아가게" 했다. 그 말에 정신을 차리고 옆에 세워둔 도끼를 찾았는데 도낏자루는 이미 썩어 없어진 뒤였다. 터덜터덜 집에 돌아오니 낯모르는 사람이 살고 있었다. 누구인가 물었더니 그의 5대 후손이었다. 그곳에 간 날을 헤아려 보니 그가 바둑 구경을 한 세월이 어느새 150년이나 흘렀던 것이다. 그때부터 도낏자루가 썩은 곳을 난가대라고 불렀고, 노인들이 바둑을 두던 곳을 기국암이라 부르게 되었다.

문경 선유동계곡

문경팔경의 하나로 꼽히는 선유동계곡은 백두대간의 대야산을 가운데 두고
10킬로미터 거리에 있는 괴산 선유동계곡보다 길고 화려하다.

괴산 선유동문

괴산 선유동문은 100척이 넘는 높은 바위에
그 이름이 새겨져 있고 새새마다 여러 구멍이 방을 이룬다.

송시열과 화양구곡

선유동에서 송면리를 지나 화양천을 따라 내려가면 화양구곡에 이른다. 《택리지》에는 화양동계곡에 대해 다음과 같이 실려 있다.

파곳 물이 여기에 와서는 더욱 넓어지고 돌과 바위도 더욱 기이하다. 우암 송시열이 주자의 운곡정사를 본떠서 그 가운데다 집을 지었다. 또 주자가 대의를 회복하던 일을 모방하여 이곳에서 명 신종 황제를 제사하다가 후일에는 사당을 세워 만동묘라고 이름 지었다. 송시열은 이곳에서 다음과 같은 시 한 수를 지었다.

푸른 물의 숙덕거림은 성난 것 같고
푸른 산의 잠잠함은 찡그리는 것 같구나

2014년 명승으로 지정된 화양동계곡은 원래 청주군 청천면 지역으로, 황양목(회양목)이 많으므로 황양동黃楊洞이라 불렸다. 그러나 효종 때 정치가 우암尤庵 송시열宋時烈이 이곳으로 내려와 살면서 화양동華陽洞으로 고쳐 불렀다. 1914년 행정구역을 개편하면서 화양리라 해서 괴산군 청천면에 편입했다. 화양구곡과 만동묘 그리고 화양동서원이 있는 이곳 화양동계곡은 사시사철 사람들의 발길이 끊이지 않는 곳이다.

송시열은 벼슬에서 물러난 후 이 골짜기에 들어앉아 글을 읽으며 제자들을 가르쳤다. 자신을 주자에 비유했던 송시열은 주자의 무이구곡을 본떠서 화양동계곡의 볼 만한 곳 아홉 군데에 이름을 붙이고 화양구곡이라 했다. 입구에서부터 거슬러 올라가면 1곡부터 9곡이 펼쳐진다.

제1곡인 경천벽擎天壁은 화양천 건너편에 높이 치솟은 바위벽으로 큰 바위가 공중에 높이 솟아 마치 하늘을 떠받친 듯하다 해서 붙여진 이름이다. 경천벽 아래쪽에 '華陽洞門'(화양동문)이라 쓴 송시열의 글씨가 큼지막하게 새겨져 있다. 다리를 넘어서면 화양구곡 중 제2곡인 운영담雲影潭이다. 계곡에서 빠르게 흘러 내려온 맑은 물이 잠시 고여 숨을 가다듬은 뒤 내려간다는 이곳 운영담의 바위 위에는 주자의 시 "천광운영공배회天光雲影共徘徊"에서 따온 '雲影潭'(운영담)이라는 글씨 석 자가 새겨져 있다.

제3곡인 읍궁암泣弓巖은 계곡을 향해 퍼져 누운 너부죽한 바위다. 송시열은 효종이 죽자 이 바위 위에서 새벽마다 통곡했다고 한다. '순 임금이 죽은 후 신하가 칼과 활을 잡고 울었다'는 고사에서 유래한 읍궁암을 지나면 하마비를 만나게 된다. 흥선대원군 이하응李昰應이 이곳을 지나는 길에 말에서 내리지 않아 패대기쳐졌다는 하마비가 있고 오른쪽에는 그 이름 높았던 화양동서원과 만동묘가 있다.

화양동서원은 이곳에서 후진을 양성했던 송시열을 제향하기 위하여 그의 문인인 권상하, 정호 등의 노론계 관료와 유생들이 힘을 합쳐 숙종 21년(1695)에 세운 서원이다. 온 나라에 걸쳐 44개소에 이르는 송시열 제향 서원 가운데서도 대표 서원이 된 화양동서원은 건립 당시 소론 측의 반대로 공사가 중단될 뻔하기도 했다. 노론 측의 강력한 요구와 임금의 특별 배려로 설립된 이 서원은 숙종 22년 대사성 이여가 사액의 필요성을 역설한 뒤 사액을 받았다. 영조 때 송시열이 문묘에 배향되자 이 서원의 위세는 날로 더해져 국가의 물질적 지원은 물론이고 유생들이 기증한 땅까지 더해져 강원도를 비롯한 삼남 일대에 토지가 산재했다고 한다. 이후 이 서원은 민폐를 끼치는 온상으로 변해갔다. 제수전 징수를 빙자하여 각 고을에 보내는 이른바 화양묵패華陽墨牌를 발행해 때로는 관령官令을 능가할 정도였다. '서원의 제수 비용이 필요하니 어느 날까지 얼마를 봉납하라'는 명령을 거부하는 수령에게는 통문을 보내 축출을 했고 복주호福酒戶와 복주촌福酒村을 운영하며 양민들에게 피역避役을 시켰다. 또한 그 대가로 돈을 거두어들이며 이를 잘 따르지 않는 사람들은 사형에 처하기도 했다. 이러한 폐습이 심화하자 철종 9년(1858)에 영의정 김좌근의 주청에 따라 복주촌을 영구히 폐지하고 고종 8년(1871)에는 노론 사림의 반대에도 서원을 철폐하기에 이른다.

화양동서원에 딸린 만동묘萬東廟는 임진왜란 때 우리나라에 원군을 보내온 명 신종과 명 마지막 황제 의종의 신위를 모시고 제사를 지내던 사당이다. 숙종 30년(1704)에 권상하權尙夏 등이 화양동서원 안에 건립한 만동묘는 경기도 가평군에 있는 조종암朝宗巖에 새겨진 선조의 어필인 '만절필동萬折必東'의 처음과 끝 자를 따서 이름을 지은 것이다. 영조 2년(1726)에 영조는 만동묘에 제전과 노비를 내렸고 그 뒤 예조에서 90명이 돌아가며 묘우를 지키게 하는 등 지원을 아끼지 않았다. 정조가 즉위(1776)하며 어필로 사액하고 순조 9년(1809)에는 허름한 건물을 헐고 다시 지었다. 헌종 때는 해마다 음력 3월과 9월에 충청도 관찰사가 정식으로 제사를 지냈다. 당시 만동묘는 신위를 봉안한 다섯 칸짜리 묘우와

괴산 화양동

조선 중기에 송시열이 산수를 사랑하여 은거한 곳으로,
넓게 펼쳐진 반석 위로 맑은 물이 흐르고 주변의 울창한 숲이 장관을 이룬다.

제관들의 숙소 그리고 유생들의 회합 등에 쓰이던 정침과 동서 협실로 이루어져 있었다.

만동묘에서 제사를 지낼 때는 유생 수천 명이 전국에서 모여들었다. 1년 내내 선비들의 발길이 끊이지 않았던 곳이 만동묘다. 그러나 이곳이 유생의 집합소가 되면서 화양동서원과 마찬가지로 폐단이 극심해졌다. 고종 2년(1865) 나라에서는 서울 대보단에서 명 황제들을 제사 지내므로 따로 제사할 필요가 없다는 이유를 들어 만동묘를 폐했다. 이후 흥선대원군이 권력을 잃은 뒤에 재건되었다. 그러나 1907년 조선총독부는 금지령을 공표하며 만동묘를 철폐하고 그 재산을 국가와 지방관청에 귀속해 버렸다.

제4곡인 금사담金沙潭은 화양구곡 가운데 절경으로 손꼽히는 곳이다. 깨끗한 물속에 잠긴 모래가 금싸라기 같다고 해서 지어진 이름인 금사담 위 높직한 암반에 송시열의 서재이자 별장이던 암서재巖棲齋가 있다. 암서재는 송시열이 굴피집을 짓고서 제자들을 가르쳤던 곳으로 좋은 경치를 정원으로 삼아 앞쪽에 난간을 둔 자그만 집인데, 이곳 이름 역시 주자의 운곡정사를 본떠서 지은 것이다. 암서재 앞 금사담 가 바위벽에는 '金沙潭'(금사담)이라는 이름을 비롯해 '忠孝節義'(충효절의), '蒼梧雲斷 武夷山空'(창오운단 무이산공)이라는 문구가 새겨져 있다. 창오산은 예로부터 중국에서 임금을 상징하는 산이고 무이산은 주자가 살던 산이다. 따라서 '창오산은 구름이 끊어지고 무이산은 비었다'라는 말은 명이 사라지고 오랑캐, 즉 청이 들어선 상황을 송시열의 입장에서 절박하게 표현한 것이다. 이곳 암서재 바로 옆에 환장암煥章庵이 있었다.

괴산 만동묘

친명반청주의자였던 송시열은 만동묘에서 임진왜란 때 조선에 원군을 보내온
명 신종과 명의 마지막 황제 의종의 위패를 모시고 제사를 지냈다.

조선 후기 문신 구수훈具樹勳의 《이순록二旬錄》에 따르면 이곳 환장암 승려는 화양동을 찾아드는 선비들의 행동거지만 보고도 그 선비가 노론인지 소론인지 또는 남인인지 북인인지 당색을 구별할 수 있었다고 한다. 환장암 승려는 동구에 들면서 좋은 경치에 취해 감탄하는 사람은 남인, 좋은 경치에 무심한 체하고 바쁘게 지나가면 북인, 만동묘 처마만 쳐다보아도 감회에 젖어 몸도 제대로 펴지 못하면 노론, 만동묘 앞을 지날 때 전혀 공경하는 마음 없이 산천 구경만 하는 사람은 소론이라 했다.

신선들이 술잔을 나르던 파천

암서재에서 내려와 화양3교를 지나면 그 옆에 화양구곡의 제5곡인 첨성대瞻星臺가 오른쪽 산 아래 있다. 수십 개의 바위가 엉켜 있는 경관이 별을 관측하기가 좋다고 해서 첨성대라고 불렀다는 이 바위벽에도 역시 여러 글씨가 새겨져 있다. '大明天地 崇禎日月'(대명천지 숭정일월)은 송시열의 글씨이고, '玉藻氷壺'(옥조빙호)는 명 신종의 글씨다. 이 글씨들에는 모두 명을 존숭하고 청을 배척한 북벌파 송시열의 결연한 의지가 담겨 있다.

제6곡은 큰 바위가 마치 구름을 뚫고 솟아오른 듯 우뚝하다고 하여 능운대陵雲臺라고 부른다. 다른 명소와 달리 물가에 있지 않은데, 바위가 구름을 뚫고 솟아올라 구름을 능멸한다고 해서 붙여진 이름이다. 나무숲 길을 걸어가면 제7곡인 와룡암臥龍巖이 길 아래 누워 있다. 약 5킬로미

130

괴산 파천

파천(파곶)은 사천과 같은 뜻으로, 뱀처럼 물이 굽이져 흐르는 모양을
이르는 말이다. 신선들이 술잔을 나누던 곳이라는 전설을 지니고 있다.

터에 달하는 바위가 용이 굼실거리는 듯 비스듬히 계곡을 질러 뻗었다. 길게 누운 바위 위에 솥바닥 같은 둥근 구멍들이 파였다. 화양구곡의 바위 글씨는 모두 단암丹巖 민진원閔鎭遠이 각자한 것인데, 사람들은 이 글씨를 명 의종의 친필로 알고 찾아온다고 한다.

제8곡인 학소대鶴巢臺는 계곡 가에 우뚝 솟은 바위벽으로, 깎아지른 벼랑에 늙은 소나무가 서 있어 옛날에는 여기에 푸른 학이 살았다고 한다. 이곳에서 조금 오르면 제9곡인 파곶巴串이다. 200여 평쯤 되는 협곡에 널찍한 반석이 펼쳐지고 그 위로 물살이 굽이져 흐른다. 신선들이 술잔을 나누던 곳이라는 전설이 있다. 《택리지》는 파천을 다음과 같이 묘사한다.

선유동에서 조금 내려가면 파곶이다. 깊숙한 골짝에서 흘러내린 큰 시냇물이 밤낮으로 돌로 된 골짜기와 돌 벼랑 밑으로 쏟아져 내리면서 천만 번 돌고 도는 모양은 다 기록할 수가 없다. 사람들은 금강산 만폭동과 비교해 보면 웅장한 점에서는 조금 모자라지만 기이하고 묘한 것은 오히려 낫다고 한다. 금강산을 제외하고 이만한 수석이 없을 것이니, 당연히 삼남의 제일이라 할 것이다.

청화산을 좋아한 이중환은 이 산기슭에서 여러 해를 머물렀다. 그런 인연으로 자신의 호를 '청화산인靑華山人'이라고 지었다. 《택리지》에는 청화산이 다음과 같이 기록되어 있다.

청화산은 내·외 선유동을 등지고 앞에는 용유동을 두었는데, 앞뒤 경치가 그처럼 아름다운 것은 속리산보다 훌륭하다. 비록 산의 높고 큰 것은 속리산에 미치지 못하지만 속리산처럼 험한 곳이 없고 흙으로 된 봉우리를 둘러싼 돌이 모두 밝고 수려하여 살기가 적다. 봉우리를 두른 돌이 모두 단정하고 좋으며 빼어난 기운이 나타나서 가린 것이 없으니 가히 복지福地라 일컬을 만하다.

《동국여지승람》이나《산경표》등에는 청화산이 아닌 화산으로 표기되어 있는데《택리지》가 쓰인 후부터 청화산으로 기록되었다. 전해 오는 이야기에 따르면 경상북도 상주와 충청북도 보은 사이 속리산 근처에 병화兵火가 침범하지 못한다는 신비한 마을 우복동牛腹洞이 있었다. 상상 속 마을 우복동은 그 터에 사는 사람이 당대에 벼슬에 오르고 은퇴한 후에도 큰 부자가 된다는 세상에 둘도 없는 명당자리다.

공자가《논어》에서 "위태로운 나라에는 들어가지 아니하고 어지러운 나라에는 살지 않으며 하늘 아래 도가 행해질 때는 자신을 드러내고 도가 없는 세상이 되면 숨어야 한다"라고 한 말을 따라서 은둔을 결심한 사람들이 숨어들었던 우복동은 청화산에서부터 흘러내린 계곡의 원적사圓寂寺 아랫자락에 있었다. 이곳에 살면 자손 대대로 호의호식하며 잘살게 된다는 바람 때문에 전국 각지에서 부자들이 구름처럼 몰려들었다. 그러나 그들은 물산이 부족하고 땅이 메마른 이곳에서 몇 년을 지내는 동안 가져온 재산을 모두 탕진하고 굶주림을 면치 못하기도 했다. 대한제국 말과 일제강점기에도 전국에서 수많은 사람이 이곳으로 밀려들었는데 그들이 숨어들었던 곳이 현재의 행정구역상 경상북도 문경시 농암면 내서리 광정마을 부근이다.

3

속리산에서 지리산으로 백두대간은 이어지고

높다란 사면 푸른 연꽃 같은 봉우리

청화산 건너편에 속리산俗離山이 있다.《신증동국여지승람》에 속리
산은 다음과 같이 기록되어 있다.

속리산은 고을 동쪽 44리에 있다. 봉우리 아홉이 뾰족하게 일어섰기 때문에
구봉산九峯山이라고도 한다. 신라 때는 속리악이라 불렀고 중사中祀(나라에서
지낸 대사大祀 다음가는 제사)에 올렸다. 산마루에 문장대가 있는데, 층이 자연적으
로 쌓여 높이 공중에 솟았고 그 높이가 몇 길인지 알지 못한다. 넓이는 3000명
이 앉을 만하고, 대臺 위에 큰 구멍이 가마솥만 하게 뚫려 있어 그 속에서 물이
흘러나와 가물어도 줄지 않고 비가 와도 불어나지 않는다. 이것이 세 줄기로
나뉘어서 반공중으로 쏟아져 내리는데, 한 줄기는 동쪽으로 흘러 낙동강이 되
고 한 줄기는 남쪽으로 흘러 금강이 되고 또 한 줄기는 서쪽으로 흐르다가 북
으로 가서 달천이 되어 김천金遷(지금의 충주시 남한강 상류)으로 들어간다.

《증보문헌비고》에는 "속리산은 산세가 웅대하여 기묘한 석봉들이 구름 위로 솟아 마치 옥부용玉芙蓉 같아 보이므로 속칭 소금강이라 부른다"라고 썼다. 조선 중기 시인 백호 임제가 "도는 사람을 멀리하지 않으나 사람이 도를 멀리하고, 산은 세속을 멀리하지 않으나 세속이 산을 멀리한다"라고 노래한 속리산은 백두산에서 비롯한 백두대간이 지리산으로 가는 길목인 보은군에 자리한다. 1970년에 국립공원으로 지정된 속리산은 천왕봉, 비로봉, 입석대, 문장대, 관음봉 등 기기묘묘하게 솟은 빼어난 봉우리를 자랑하며 국보급 문화유산들이 즐비한 법주사를 안고 있다. 《신증동국여지승람》에는 속리사가 속리산 서쪽에 있었다고 하나 그 흔적을 고려 후기 문신 김구용金九容의 시에서만 찾을 수 있다.

달마암達磨巖 곁에 등불 하나 밝았는데
문 열고 향 피우니 마음 다시 맑아라
혼자 깊은 밤에 잠 못 이루니
창 앞에 흐르는 물, 솔바람 소리에 섞여 들리네

속리산 하면 떠오르는 법주사를 두고 고려 충숙왕 때 문신 박효수朴孝修는 다음과 같은 시를 남겼다.

높다란 사면 푸른 연꽃 같은 봉우리
장갑長岬의 신령스러운 근원 몇 겹인고
문장대는 천고의 이끼 그대로 있고

138

우타굴于陀窟 그늘 만 그루 소나무일세

용이 탑 속으로 돌아가니 진골이 남았고

나귀가 바위 앞에 누웠으니 성종聖鐘을 찾네

길이 삼한을 복되게 하는 건 누가 주인인가

산호전珊瑚殿 위에 자금용紫金容(자금색의 부처의 몸빛)일세

법주사法住寺는 신라 진흥왕 14년(553)에 의신이 천축으로 구법 여행을 갔다가 돌아와 창건한 절이다. 혜공왕 12년(776)에 진표가 중창하면서 큰 절의 규모를 갖추게 되었다. 법주사에는 국내에 하나밖에 없는 오층목탑 형식의 팔상전과 석련지, 쌍사자석등을 포함한 국보 5점과 보물 21점 등 문화유산이 절 마당 곳곳에 자리 잡고 있다.

속리산 수정봉에는 거북바위 전설이 있다. 당 태종이 어느 날 세수를 하는데, 세숫물 속에서 거북 형상을 보고 이상히 여겨 술사에게 물었다. 그러자 술사가 답하기를 '당의 재화가 동쪽에 있는 나라로 빠져나가고 국운이 쇠퇴할 것'이라고 했다. 당 태종은 급히 사람들을 보내 이 거북바위를 찾아내 목을 자르게 했다. 그러자 이 바위에서 피가 솟아올랐고, 그 등에 석탑을 세워 다시 일어서지 못하게 했다.

속리산에는 세조와 관련해 몇몇 이야기가 전해 온다. 세조의 행렬이 보은을 지나 속리산 쪽 고개로 올라섰을 때 늙은 승려가 나타나 "오봉산 아래 행궁行宮을 짓고 쉬어 가시오"라고 말한 뒤 구름처럼 사라졌다. 세조는 그 말대로 그곳에 행궁을 짓고 북을 달아 백성들에게 시간을 알려 주게 했다. 이후 노인이 나타난 고개를 미륵불이 인간으로 모습을 보인 곳

속리산

속리산은 충청북도 보은군·괴산군과 경상북도 상주시에 걸쳐 있는 높이 1058미터의
산이다. 태백산맥에서 남서쪽으로 뻗어 나오는 소백산맥 줄기 가운데 있다.

보은 법주사 팔상전

우리나라 유일의 오층목탑이다. 벽의 사방에 각 면 두 개씩 모두 여덟 개의
변상도變相圖가 그려져 있어 팔상전이란 이름이 붙었다.

이라 하여 '미륵댕이고개'라 하고, 행궁을 지었던 곳을 '대궐터', 북을 달았던 곳을 '북바우'라고 부르게 되었다. 또 말티고개를 넘어온 세조 일행이 상판리에 도착했을 때의 일이다. 우산 모양의 소나무가 있었는데 세조는 그 소나무에 연輦(임금이 타는 가마)이 걸릴 것을 염려했다. 그러자 늘어져 있던 소나무 가지가 하늘로 들리더니 길을 비켜 주었다. 서울로 돌아갈 때도 이곳에 이르자 소나기가 내리기 시작해 이 소나무 밑에서 비를 피했다. 이를 기특하게 여긴 세조는 소나무에 정2품의 품계를 내렸고 이후 이 소나무를 '정2품소나무'라고 불렀다. 이곳 속리산을 올랐던 서경덕은 영욕을 멀리하면서 자연에서 얻은 인간의 기쁨을 다음과 같이 묘사했다.

지팡이 짚고 시 읊느라 다리는 절름거리나
행장은 간단하여 번거롭지 않네
티끌 속의 영욕을 사절하고는
만물 밖의 변화를 차지했네
산빛은 사람의 기쁨을 열어 주고
시냇물 소리는 세상의 원통함을 호소하네
유유한 아득한 예부터의 일들
홀로 서서 누구와 얘기한단 말인가

속리산 너머 추풍령으로

속리산 남쪽으로 내려온 산줄기는 상주시 화서면 하송리에서 신봉리 화령장으로 넘어가는 고개인 화령에 이른다. 화령은 상주시 화서면, 화동면, 화북면에 있던 고려시대의 군郡으로 조선시대에는 보은에서 이곳 화령을 거쳐 율현을 지나 상주에 이르는 도로가 발달해 있었다. 화령 부근에 창倉과 장림역이 있었고, 물줄기를 따라 영동으로 나갈 수 있었다. 백두대간은 그 뒤 일명 말랑재를 지나 추풍령으로 이어진다.

김천의 진산인 황악산을 지난 백두대간은 영동군 상촌면 물한리에 있는 삼도봉에 이른다. 충청북도, 전라북도, 경상북도에 걸쳐 있는 이 산자락 아래에서는 3도의 사투리와 풍속, 습관을 볼 수 있다. 3도의 사람들이 이 산 정상에 올라가 제각각 사는 쪽으로 돌을 던져 돌무더기가 많이 쌓인 곳이 성한다는 전설이 있다. 이 산에는 빈대가 많아서 절을 불태웠다는 전설만 있고 절다운 절은 없지만, 맑고 청정해 일명 한천계곡이라고 불리는 물한계곡이 있다.

민주지산에서 이어진 덕유산은 흙산으로 전라북도 무주군과 장수군, 경상남도 거창군과 함양군에 걸쳐 있는 산이다. 덕유산은 북덕유산(향적봉)과 남덕유산으로 나뉜다. 덕유산 아래 무주 구천동은 설천면에서 무풍, 김천으로 가는 나제통문을 기점으로 하여 남쪽으로 덕유산까지 100리에 걸친 계곡을 일컫는 것이다. 비경을 자랑하는 계곡 일대 33곳을 명승지로 지정해 무주 구천동 33경이라고도 한다. 이 계곡은 산이 중첩하여 구중천엽九重千葉 속 같고, 계류는 50리에 걸쳐 꾸불꾸불 흐른다. 특히 이

계곡은 사시사철 맑은 물이 흘러 금강으로 접어든다. 나제통문에서 백련담에 이르는 덕유산 중턱까지 50여 리의 계곡은 기암과 비경을 이루는 폭포와 소가 곳곳에 펼쳐져 선경을 이루는데, 특히 무지개다리가 가로놓인 주변은 절정을 이룬다. 신선들이 노닐었음 직한 한가로워 보이는 백련담은 높이 900미터 지점에 자리하는데, 한여름에도 솜이불을 덮어야 할 정도로 서늘한 곳이다. 덕유산은 봄 철쭉, 가을 단풍, 겨울 설경 중 그 어느 것 하나 명승지에 뒤지지 않는 장엄한 비경을 자랑한다. 덕유산 정상에는 태조가 등극했을 때 설치한 제단이 있으며, 무주 구천동에는 암행어사 박문수에 대한 설화가 전해 온다.

어느 해던가 초라한 차림의 어사 박문수朴文秀가 깊은 밤중에 구천동에 이르러 불이 켜진 외딴집을 찾았다. 마침 그 집에서는 주인인 듯한 한 노인이 젊은 사람을 향해 칼을 들이대며 찌르려 하고 있었다. 주인을 불러낸 박문수는 자초지종을 물었다.

친절하게 손님을 맞이한 주인은 자신은 구재서라는 서당 훈장인데, 천석두라는 마을 부자의 흉계 때문에 내일 오후에 아들과 며느리를 천석두에게 뺏기게 되어 욕을 당하느니 차라리 네 식구가 함께 죽으려는 것이라고 사정을 말했다. 박문수는 구재서를 안심시킨 뒤 그 길로 밤새 무주현을 향해 가서 황색, 청색, 흑색, 백색의 옷을 입힌 광대 넷을 데리고 다음 날 오후 구천동으로 되돌아왔다. 구재서의 집에 사모관대를 쓴 천석두가 나타나자 갑자기 누런 털이 달린 도끼를 치켜들고 귀신을 그린 깃발을 든 괴물이 들이닥쳐 혼례상을 치며 흉측한 저승사자 넷을 불러냈다. 이어 저승사자에게 옥황상제의 명을 받들어 천석두를 잡아가라고 하니 저승사자

덕유산 백련사

덕이 많아 넉넉한 산, 큰 산이라는 의미에서 덕유산德裕山이라는 이름이 붙었다.
무주 구천동 상류에 위치한 백련사白蓮寺는 통일신라시대에 창건된 사찰이다.

들이 결박을 지어 천석두를 데리고 바람처럼 사라졌다. 그 뒤 박문수는 천석두를 귀양 보내고 구재서에게는 아들과 며느리를 돌려보내 주었는데, 그 뒤부터 이 마을에 구씨와 천씨가 살았다고 하여 구천동이라 부른다.

무주군 적상면에 있는 적상산성은 조선 세종 때 축성된 성으로 알려졌는데 임진왜란이 끝난 광해군 4년(1612)에 실록을 보관할 '실록전'을 세웠고 광해군 6년에 평안도 묘향산에 있던 실록을 이곳을 옮겨 보관했다.

덕유산 남쪽은 함양군과 거창군이고, 북쪽은 무주군 설천면과 무풍면이다. 《택리지》에 "남사고는 무풍을 복지라 했다. 골 바깥쪽은 온 산이 비옥하여 넉넉하게 사는 마을이 많으니, 이 점은 또 속리산 위쪽의 산과 비교할 바가 아니다"라고 했는데, 그래서인지 나제통문 동쪽에 있는 무풍면은 풍수지리설에 따라 피난하기 알맞은 땅 열 곳, 즉 십승지지 十勝之地의 하나로 꼽던 곳이다. 임진왜란이나 병자호란과 같은 큰 전쟁이 났을 때 이곳으로 피난 온 사람이 많았다. 《무주군사》에 따르면 무주군민의 대부분이 그때 피난 온 이들의 자손으로서 무주군의 대표 성씨인 밀양 박씨, 안동 권씨, 문화 유씨를 비롯해 18개 성씨의 중시조가 모두 이곳으로 숨어들어 와 살았다. 덕유산을 지난 백두대간이 육십령과 영취산을 지나 남원시 인월면 팔량치를 거쳐 지리산에 이른다. 팔량치를 지나면 봄에 '지리산철쭉제'가 열리는 고리봉이고, 정령치를 지나 만복대를 넘어서면 노고단이 지척에 있다. 이 산이 지리산이다.

높다란 사면 푸른 연꽃 같은 봉우리

무풍

무풍은 평지를 이루는 현내리를 중심으로 산지로 둘러싸여 있는데, 동부는 삼도봉,
대덕산, 삼봉산으로 이어지는 백두대간의 높은 산줄기로 이루어져 있다.

147

민족의 성산 지리산

《택리지》에 실린 지리산을 보자.

　지리산은 남해 가에 있다. 이 산은 백두산의 큰 줄기가 다한 곳에 생긴 산으
로 다른 이름은 두류산이다. 세상에서는 금강산을 봉래산, 지리산을 방장산,
한라산을 영주산이라 하는데, 이른바 삼신산이다. 《지지地誌》에는 지리산을
태을선인太乙仙人이 사는 곳이며, 여러 신선이 모이는 곳이라고 한다. 계곡이
서로 얽혀 깊고 크다.

　지리산智異山은 백두산에서 비롯한 백두대간이 끝나는 산으로 높이
는 1915미터, 둘레는 800여 리에 달한다. 전라북도, 전라남도, 경상남도
등 세 개 도와 남원시, 구례군, 하동군, 산청군, 함양군 등 다섯 개 시나 군
에 걸쳐 있다. 동북쪽에 있는 주봉인 천왕봉을 중심으로 서쪽으로 칠선
봉과 덕평봉, 명선봉, 토끼봉, 반야봉, 노고단 등과 동쪽으로 중봉, 하봉,
싸리봉 등의 높은 산들로 이루어진 지리산은 노고단에서 천왕봉에 이르
는 주능선만 해도 42킬로미터쯤 된다. '지리'는 원래 산을 뜻하는 '두래'
에서 유래한 말이다. 이칭인 두류頭流는 백두산의 맥세가 흘러내려 이루
어진 산이라고 설명하는 사람도 있다. 서산대사 휴정은 이곳 지리산을 웅
장하나 수려함은 떨어진다고 표현한 반면에 이중환은 전국 12대 명산 중
하나로 꼽았다. 조선 전기 문신 이륙李陸은 〈유지리산록遊智異山錄〉에
서 지리산을 다음과 같이 논했다.

지리산은 또 두류산이라고 부른다. 영남과 호남의 두 길 사이에 굳세게 자리 잡아 높이와 넓이가 몇 백리인지 모른다. 목牧 하나, 부府 하나, 군郡 둘, 현縣 다섯, 속읍屬邑 넷이 산을 두르고 있다. 동쪽은 진주, 단성이요, 남쪽은 곤양, 하동, 살천, 적량, 화개, 악양이며, 서쪽은 남원, 구례, 광양이요, 북쪽은 함양, 산음이다. 산 위에 높은 봉우리가 두 개 있다. 동쪽은 천왕봉, 서쪽은 반야봉으로 서로 거리가 100여 리나 되는데, 항상 구름에 가려 있다. 천왕봉에서 조금 아래로 내려오면 서쪽에 향적사가 있고, 또 서쪽으로 50리쯤에 가섭대가 있다. 가섭대의 남쪽에 영신사가 있으며 서쪽으로 20여 리를 내려오면 넓게 트인 땅이 있는데, 평평하고 비옥하며 가로 세로의 너비가 모두 6, 7리는 됨직하다. 이따금 낮고 습한 땅이 있어 곡식을 심기에 알맞다. 늙은 잣나무가 치솟아 있으며 그 낙엽이 쌓여서 정강이까지 빠진다. 복판에 서서 사방을 둘러보면 끝없이 완전한 하나의 평야를 이루고 있다. 빙 둘러 남쪽으로 내려오면 시냇물을 따라 의신사, 신흥사, 쌍계사라는 세 절이 있다. 의신사에서 서쪽으로 꺾으면 20리 지점에 칠불사가 있다. 쌍계사에서 동쪽으로 고개 하나를 넘으면 불일암이 있다. 그 외 나머지 명사와 승찰은 이루 다 기록할 수가 없다. 산꼭대기에 자리한 향적사 등 몇몇 절은 모두 나무판자로 지붕을 덮었고 거주하는 승려는 없다. 오직 영신사만 기와를 사용했으나 거주하는 승려는 역시 한두 명에 불과하다. 산세가 아주 험준해 사람 사는 마을과 서로 닿지 않아 학덕이 높은 선사가 아니면 안주하는 자가 드문 곳이다. 물이 영신사의 작은 샘물에서 흘러나와 신흥사 앞에 이르면 벌써 큰 냇물을 이루어 섬진강으로 흘러드는데, 여기를 화개동천이라고 부른다. (…) 맛있는 나물과 진귀한 과실이 많아서 산에 가까운 수십 고을이 모두 그 혜택을 입는다.

이륙의 글에 등장하는 영신사나 신흥사 같은 절은 지금 그 어디에도 존재하지 않으니 세월이 얼마나 무상한 것인지를 미루어 짐작할 수 있다.

풍년과 흉년을 모르는 지리산

지리산은 흙이 두껍고 기름져서 온 산이 모두 사람 살기에 적당하다. 산속에는 100리나 되는 긴 골이 있다. 바깥쪽은 좁아도 안쪽은 넓어서 사람이 발견하지 못한 곳이 있고 나라에 세금도 바치지 아니한다. 땅이 남해에 가까워 기후가 온난하다. 그래서 산속에는 대나무가 많다. 또한 감나무와 밤나무가 많아 저절로 열렸다가 저절로 떨어진다. 기장이나 조를 높은 산봉우리 위에 뿌려 두어도 무성하게 자란다. 이런 것을 평지 밭에도 심어서 산중에는 마을 사람과 승려가 함께 산다. 승려나 주민들이 대나무를 꺾고 감이나 밤을 주워서 크게 노력하지 않아도 생활의 이익을 얻을 수 있으며, 농부와 공장工匠이 노력하지 않아도 살 만하다. 이리하여 이 산에 사는 백성은 풍년과 흉년을 모른다. 따라서 지리산을 부산富山이라 부른다.

이중환의 말처럼 지리산은 수많은 사람이 살 수 있는 우리나라의 대표 육산이다. 그래서 조용헌은 골산骨山과 육산肉山을 빗대어 "사는 것이 외롭다고 느낄 때는 지리산의 품에 안기고, 기운이 빠져 몸이 처질 때는 설악산의 바위 맛을 보아야 한다"라고 말했다.

지리산은 역사 속에서 수많은 사람이 숨어들었던 곳이다. 조선 중기 임

지리산 제석봉

지리산 제석봉의 고사목 광경이다. 지리산에서 천왕봉, 중봉에 이어
세 번째로 높은 제석봉은 천왕봉에서 서쪽으로 뻗은 첫 봉우리다.

진왜란이 일어난 뒤에는 《정감록》을 믿는 사람들이 찾아들었다. 이들은 병년과 흉년이 없는 피난과 보신의 땅을 찾아 지리산으로 들어왔다. 동학 농민운동이 끝난 뒤에는 혁명을 꿈꾸다 실패한 동학도들이 찾아와 후일을 도모하기도 했다. 이들은 지리산에 들어와 1차, 2차, 3차 의병 전쟁의 주역이 되었고 1923년에는 진주 형평운동을 배후에서 조종하기도 했다. 이들 중 김단야 같은 사람은 조선공산당을 만들기도 했다. 한국전쟁 당시에는 이현상이 이끄는 남부군이 지리산에 들어와 죽거나 포로가 되었다. 누군가의 말처럼 우리나라 지리산은 스페인 내전 당시 파르티잔(빨치산)들이 활동했던 무대와는 판연히 달랐는데도 지리산으로만 가면 살 길이 있다고 믿었던 사람들이 수없이 들어왔다가 죽고 만 한이 서린 산이다. 지리산은 한민족의 어머니와도 같은 산, 그 이상 어떤 말로도 표현할 수 없는 민족의 성산聖山이다.

지리산 남쪽에 하동군 화개와 악양동이 있다. 고려 인종 때 기인 한유한韓惟漢은 대대로 개성에 살며 벼슬을 지냈으나 이자겸李資謙의 횡포가 날로 심해지자 환란이 일어날 것을 예측하고 가족을 데리고 지리산으로 들어갔다. 조정에서 그의 재주를 아껴 사방으로 찾았으나 그는 세상에 나타나지 않았다. 세상 사람들은 그가 신선이 되었다고 했는데, 훗날 지리산의 화엄사, 연곡사, 신응사, 쌍계사 등에서 그의 흔적이 발견되었다. 그는 최치원의 도를 이어받아 세상 사람들이 삼신산이라고 부르는 금강산, 한라산, 지리산을 신선을 따라 오가면서 노닐었다고 하는데, 화개동과 악양동이 그의 피신처였다고 한다.

수많은 문신이 금강산과 더불어 지리산을 찾았다. 그중 조선 전기 학자

김종직金宗直은 〈유두류록遊頭流錄〉에서 천왕봉에 오른 일을 다음과
같이 적었다.

> 새벽, 동쪽에서 해가 올라오며 그 노을빛 같은 빛이 눈 부시다. (…) 새벽밥
> 을 재촉해 먹고 옷자락을 걷어붙인 후 석문을 거쳐 오르는데 밟히는 풀과 나무
> 마다 얼음이 맺혔다. 성모묘에 들어가 다시 잔을 올리는데 천지가 맑게 개어
> 산천이 활짝 열린 것을 사례했다. 그런 후 북쪽 봉에 오르니 비록 나는 기러기
> 라도 우리 위로 날지는 못할 것같이 높이 오른 것이다. 이때 마침 날이 막 개서
> 구름 한 점 없었고 창창하고 망망하여 끝이 보이지 않았다. 내가 말하기를 "먼
> 곳을 보는 데 요령이 없으면 나무꾼이 바라보는 것과 무엇이 다르겠는가. 그러
> 니 우선 북쪽을 본 후에 동쪽을 보고 그다음 남쪽, 서쪽을 보되 가까운 곳에서
> 먼 곳으로 눈을 옮기면서 보아야 할 것 같지 않은가?" 하니 혜공이 그 방도를
> 잘 지시해 주었다. 이 산은 북으로 남원에서 뻗어 여기까지 이른다. 첫 봉우리
> 가 반야봉이며 동으로 200리를 뻗어 우리가 서 있는 봉우리에 와서는 다시 북
> 으로 서리다가 끝난다. 그 사면이 솟고 뻗은 지붕과 골짜기는 아무리 셈을 잘
> 하는 사람이라 하더라도 셀 수가 없다. 끌리듯 둘러친 성은 함양의 성인 것 같
> 고 청황색이 혼란하게 섞인 가운데 마치 흰 무지개처럼 가로지른 것은 진주의
> 강물이며, 물고동이 점을 찍어 비끼듯 솟은 곳은 남해 거제의 여러 섬이 아닌
> 가 싶다. 산음, 단계, 운봉, 구례, 하동 등의 현은 산에 가려 보이지 않는다. (…)
> 여러 산은 혹 작은 언덕 같기도 하고 용이나 범 같기도 하며 혹은 음식 접시를
> 괴어 놓은 것 같기도 하며 칼날 같기도 한데, 그중 유독 동쪽의 팔공산과 서쪽
> 의 무등산만이 여러 산보다 약간 높게 보인다. 계립령 이북은 푸른 기운이 하

늘 가득하고 섬 이남에는 바다 기운이 하늘에 잇닿아 시력이 끝까지 미치지 못하여 더는 분별할 수가 없어 대충 알 만한 것을 극기에게 적어 놓게 하고는 "예로부터 이곳에 오른 자는 있었겠지만 오늘 우리처럼 유쾌하게 본 사람이 있겠는가" 하며 자축했다.

이후 김일손, 조식, 유몽인 등 수많은 사람이 지리산을 답사한 뒤 기행문을 남겼는데, 서경덕도 그중 한 명이다. 서경덕은 지리산 반야봉에 올라 그 정상에서 하룻밤을 묵으며 다음과 같은 글을 남겼다.

반야봉은 지리산 최고봉이다. 이날은 청명하여 엷은 구름까지도 모두 씻은 듯하여 만 리가 탁 틔었는데, 해는 저물고 길은 멀어서 마침내 봉우리 위에 묵게 되었다. 밤에는 별과 은하수가 깨끗하고 맑았으며, 조각달이 밝아 나무 우거진 골짜기를 맑게 비치어, 맑은 기운이 자욱하게 솟아나는 듯했다. 동편에 아침 해가 뜰 무렵이 되자 희미하던 여러 산봉우리가 점점 모두 드러나서, 태초에 자욱하던 기운에서 천지 만물이 생겨나던 때도 반드시 이와 같았을 것으로 생각하여 이에 시 한 수를 지었다.

지리산은 우뚝이 동녘 땅을 다스리고 있어
올라가 보매 마음눈이 끝없이 넓어지네
험한 바위는 장난하는 듯 솟아 봉우리들 빼어났으니
아득히 넓은 조물주의 공을 그 누가 알리
땅에 담긴 현묘한 정기는 비와 이슬 일으키고

154

지리산 천왕봉

지리산 최고봉인 천왕봉은 경상남도 산청군 시천면과 함양군 마천면 경계에
솟아 있다. 높이가 1915미터로 남한에서 한라산 다음으로 높다.

하늘에 머금은 순수한 기운은 영웅을 낳게 하네

산은 다만 나를 위하여 구름과 안개 맑게 했으니

천리 길을 찾아온 정성이 통한 것일세

근현대에 접어들어서도 지리산은 이병주의 《지리산》, 문순태의 《달궁》, 서정인의 《철쭉제》, 조정래의 《태백산맥》 등 숱한 소설 속 배경이 되었다. 김지하, 고은, 이시영 등은 지리산을 주제로 많은 시를 남겼다.

지리산으로 오르는 길은 여러 갈래가 있다. 그중 한 곳이 화엄사에서 노고단으로 오르는 길인데, 10킬로미터에 이르는 그 길은 험하기로 유명하다. 빼곡하게 들어선 나무숲에 가려지면서 끝없이 이어지는 산길은 팍팍하다. 1970년대 말 가을, 화엄사에서 그다지 멀지 않은 산길을 오르다 떡 벌어진 으름들이 빼곡하게 열린 으름 밭을 만났다. 그런데도 사람들은 올라가기에 바빠서 그런지 눈길 한번 안 주고 부산하게 오르기만 했다. 그 가운데 우리 일행만이 처지는 것도 개의치 않고 으름을 배가 부르게 따서 먹었다. 가슴 답답하고 힘겹게 오르다 노고단에 올라서 바라보는 끝없이 펼쳐진 백두대간과 지리산 아래를 흐르는 섬진강의 위용은 성삼재에 금세 올라 바라보는 풍경과는 사뭇 다른데도 사람들은 편리에 길들어 힘든 그 길을 오르려고 하지 않는다.

높다란 사면 푸른 연꽃 같은 봉우리

섬진강

지리산이 빚어낸 가장 아름다운 풍경을 꼽으라면 손에 꼽기에
모자람이 없는 것이 바로 섬진강이다.

깨달은 사람이 들어가는 산

지리산은 우리 역사 속에서 여러 가지 모습을 보여 준 가장 한국적인 산이다.《택리지》에서 지리산에 관한 이야기는 다음과 같이 이어진다.

지리산의 서쪽에는 화엄사와 연곡사가 있고 남쪽에는 신응사와 쌍계사가 있다. 절에는 신라의 고운 최치원의 비문과 화상이 있다. 시냇가 석벽에는 고운이 쓴 글씨가 많이 새겨져 있는데, 세상에 전해 오기로는 고운이 도통하여 지금도 가야산과 지리산 사이를 왕래하며 살고 있다고 한다. 선조 신미년 (1571)에 한 승려가 바윗돌 사이에서 종이 하나를 주웠는데 시 한 수가 적혀 있었다. "동쪽 나라 화개동은, 항아리 속의 별다른 천지여라. 신선이 옥 베개를 밀치며 잠을 깨니, 세상은 벌써 천년이 지났네." 글자의 획이 금방 쓴 듯하고 필법은 세상에 전해 오는 고운의 필체와 같았다. 예로부터 전해 오는 말에 지리산에는 만수동과 청학동이 있다고 한다. 만수동은 오늘날의 구품대九品臺이고, 청학동은 현재의 매계梅溪로 근래에 비로소 인적이 조금씩 통한다.

청학동에 대한 기록은 선조 때 문인 조여적趙汝籍이 쓴《청학집青鶴集》의 신선에 대한 기록에서 비롯했다. 이인로李仁老는《파한집破閑集》에서 청학동을 찾아 나선 일을 다음과 같이 기록했다.

지리산은 두류산이라고도 한다. 금 영내의 백두산에서부터 시작하여 꽃 같은 봉우리와 꽃받침 같은 골짜기가 면면히 죽 이어져 대방군에 와서는 수천 리를 서려 맺혔다. 10여 개의 고을이 산을 두르고 있는데, 그 주위를 다 구경하려면 한 달이 넘게 걸린다.

늙은이들이 서로 전하는 말에 따르면 "그 안에 청학동이 있는데 길이 매우 좁아서 사람이 겨우 다닐 정도다. 엎드려서 몇 리를 가면 넓게 트인 지역에 들어선다. 사방이 모두 기름진 땅이어서 곡식을 뿌려 가꾸기에 알맞다. 푸른 학이 그 안에 살고 있어서 '청학동'이라고 부른다. 옛날에 속세를 등진 사람이 살던 곳으로 무너진 담과 해자가 아직도 가시덤불 속에 그대로 남아 있다"고 한다.

오래전에 나는 세상과의 인연을 끊고 은둔 생활로 일생을 보내고자 최상국과 함께 청학동을 찾기로 했다. 소 두세 필에 살림살이를 싣고 들어가 속세와 연락을 끊으려고 했다. 드디어 화엄사를 지나 화개현에 이르러 신흥사에서 묵었다. 지나는 곳마다 선경 아닌 곳이 없었다. 천만 바위가 다투어서 솟았고 온갖 골짜기에는 맑은 물이 소리 내어 흐르며 대나무 울타리와 떼를 입힌 집들이 복숭아꽃, 살구꽃에 어리어 정말 인간이 사는 곳이 아닌 듯했다. 그러나 청학동이라고 불리는 마을을 끝내 찾지 못하고 바윗돌에 시를 남겨 놓고 돌아올 수밖에 없었다. "두류산은 높고 석양의 구름은 낮은데, 천만 골짜기와 봉우리는 회계산會稽山(중국 남방의 산)과 비슷하다. 막대를 짚고 청학동을 찾아가고자 하는데, 건너편 숲속에서는 부질없이 원숭이 울음소리만 들린다. 누대에서는 삼신산이 아득히 멀리 있고, 이끼 긴 네 자의 글자만 희미하다. '도원이 어디냐' 물으려 했더니, 낙화유수만 사람을 어지럽게 할 뿐이다."

이인로가 청학동을 찾고자 했다가 되돌아 나온 뒤 김일손이 지리산을 올랐다. 김일손은 〈속두류록〉에서 다음과 같이 말한다.

쌍계에서 동쪽을 타서 다시 지팡이를 짚고 들길을 올라 벼랑을 옆으로 두고 두어 마장을 가니, 하나의 동부洞府가 나오는데 자못 너그럽고 평탄하여 경작할 만하다. 세상이 여기를 들어 청학동이라고 한다. 생각해 보니 우리도 여기까지 왔는데 이인로는 어찌하여 오지 못했던가. 이인로가 여기를 오고도 기억을 못 했던가, 아니면 청학동이란 본래 없는 것을 세상에 있다고 전해 오는 것인가.

그 뒤 청학동은 류성룡柳成龍의 형인 류운룡柳雲龍의《겸암일기謙菴日記》에 나온다.

하동의 화개천 등촌에서 사흘 먹을 양식을 마련해 노숙하면서 사흘 가면 석문에 이른다. 지금 쌍계사 입구의 석문이다. 이곳에서 40리 길을 올라가면, 천석의 논과 몇 섬지기 밭곡식을 낼 만한 평원에 이르는데, 그곳에는 1000호쯤 살 만하다. 그곳에 한 돌샘이 있는데 그 돌에는 20여 년간 속세와 단절하고 살았다던 고려 때 거사 이청연의 비기가 적혀 있다. 그 내용은 "이곳은 병화兵火가 이르지 못하고 공경公卿, 영재英才, 현사賢士가 많이 태어날 풍수혈이지만, 이李, 정鄭, 류柳, 장張, 강姜의 각기 다른 다섯 성姓이 함께 살아야만 발복을 한다"라고 했다.

류운룡이 말한 지역을 유추해 보면 지금의 세석평전인 듯하다. 현재 청학동이라고 알려진 마을은 지리산 삼신봉의 동쪽 기슭에 있다. 행정구역상 하동군 청암면 묵계리 학동마을인 이곳은 예로부터 천석泉石이 아름

청학동

지리산 삼신봉의 동쪽 기슭에 자리 잡은 마을이다.
이곳은 예로부터 천석이 아름답고 청학이 서식하는 승경의 하나로 꼽혀 왔다.

답고 청학이 서식하는 승경의 하나로 꼽혀 왔다. 주민 전체가 갱정유도更 定儒道를 믿는데, 이들이 청학동에 들어온 것은 오래전 일이 아니다. 전 라도 순창과 남원 일대에서 이 종교를 믿던 사람들이 입암산과 변산 등지 를 돌아다니다가 청학동으로 들어온 것이다.

전라북도 순창에서 출생한 강대성이 1945년에 창시한 갱정유도교는 일명 '일심교一心敎'라고도 하는데, 이 신흥종교의 정식 이름은 '시운기 화유불선동서학합일대도대명다경대길유도갱정교화일심 時運氣和儒佛 仙東西學合一大道大明多慶大吉儒道更定敎化一心'이라는 긴 이름이 다. 집단생활을 하는 이들의 가옥은 전통 초가집 형태를 띠며 의생활도 한복 차림을 고수했다. 미성년 남녀는 머리카락을 자르지 않고 길게 땋아 늘어뜨리며 성인 남자는 갓을 쓰고 도포를 입었다.

자녀들을 학교에 보내지 않고 마을 서당에 보냈다. 마을 사람들은 농 업 외에 약초나 산나물 채취, 양봉, 가축 사육 등으로 생계를 꾸려 나갔 다. 그러다가 청학동이 언론을 통해 널리 알려지면서 수많은 사람이 찾아 오기 시작했다. 그러한 시간의 흐름 속에서 청학서당이 몇 개인지도 모를 만큼 무수히 생겨났으며 관광지화되었다가 세월의 흐름 속에 다 떠나고 말았다.

한편 《어우야담於于野譚》을 지은 유몽인柳夢寅의 〈유두류산록遊頭 流山錄〉에는 다음과 같은 글이 나온다.

내원內院에 이르렀다. 두 줄기 시냇물이 합쳐지고 꽃과 나무가 산을 이룬 곳에 절이 세워져 있었다. 마치 수를 놓은 비단 속에 들어 있는 듯했다. (…) 수

염이 센 늙은 선사가 승복을 갖추어 입고 앉아 불경을 펴 놓고 있었다. 그의 생활이 맑고 깨끗하리라 여겨졌다. (…) 드디어 지팡이를 내저으며 천왕봉에 올랐다. (…) 아, 덧없는 세상에서 삶은 가련하구나. 술 항아리 속에서 태어났다 죽는 초파리 떼는 다 긁어모아도 한 움큼도 되지 않는다. 우리 인생도 이와 같거늘, 조잘조잘 자기만 내세우며 옳으니 그르니 기쁘니 슬프니 하며 떠벌리니 어찌 크게 웃을 만한 일이 아니겠는가. 내가 오늘 본 바로는 천지도 하나의 손가락일 뿐이다. 하물며 이 봉우리는 하늘 아래 하나의 작은 물건이니, 이곳에 올라 높다고 하는 것이 어찌 거듭 슬퍼할 만한 일이 아니겠는가.

유몽인이 올랐던 천왕봉을 오르는 사람들은 지금도 끊이지 않는데 당시 천왕봉 정상에는 성모사聖母祠라는 사당이 있었다. 성종 20년(1489) 4월 22일 정여창鄭汝昌과 함께 중산리 법계사를 지나 천왕봉에 오른 김일손은 성모사에 대해 "정상에 진루가 있어 겨우 한 칸의 판옥板屋을 용납하고 판옥 안에는 부인의 석상이 안치되어 있었다. 천왕天王이라 부른다. 여기저기에 신에게 바치는 지전紙錢이 요란하게 걸려 있다"라고 했다.

이승휴李承休가 지은 《제왕운기帝王韻紀》에는 천왕봉에 있는 석상은 고려 태조 왕건의 어머니인 위숙왕후라고 기록되어 있는데, 이는 고려 사람들이 옛날 중국에서 들어온 신선 사상에서 유래한 선도성모仙桃聖母 설화를 믿어 이를 고려 임금의 혈통으로 삼고자 만들어 세운 것이라고 했다. 전해 오는 또 다른 얘기로는 성모상은 태초에 옥황상제의 명을 받고 지리산을 수호하러 왔던 지리산의 주신主神인 마야부인이라는 설도 있는데, 성모상은 우여곡절 끝에 현재 중산리의 천왕사에 모셔져 있다.

실상사와 백장암

전라북도 남원시 산내면 지리산 자락에 자리한 실상사實相寺는 신라 구산선문 중 최초의 산문인 실상산파의 본사로서 우리나라 불교사상 중요한 위치를 점하고 있다. 단일 사찰로서는 가장 많은 문화유산을 보유한 실상사는 신라 홍덕왕 3년(828) 홍척 증각대사가 구산선문을 개산하면서 창건했다. 홍척은 도의선사와 함께 당나라에 들어가 선법을 깨우친 뒤 귀국 했는데, 도의는 장홍 가지산에 보림사를, 홍척은 지리산에 실상사를 세운 뒤 선종을 전파했다. 풍수지리설에는 이곳에 절을 세우지 않으면 우리나라의 정기가 일본으로 건너간다 하여 실상사를 건립했다 한다. 그 후 2대조인 수철화상을 거쳐 3대조 편운에 이르러 절이 중창되었으며 더욱 선풍을 떨치게 되었다.

그러나 세조 14년(1468)에 화재를 입은 후로 200여 년 동안 폐허로 남아 있었고 승려들은 백장암에 기거하며 근근이 그 명맥을 이어가다가 숙종 5년(1679)에 벽암이 3창했다. 숙종 16년에 침허를 비롯한 300여 명의 승려가 절의 중창을 조정에 건의하여 숙종 26년(1700)에 36동의 건물을 세웠다. 그 뒤 순조 21년(1821)에 의암이 다시 중건했지만 고종 19년(1882)에 함양 출신 양재묵과 산청 출신 민동혁이 사적인 감정으로 불을 질러 아까운 건물들이 불타 버리는 수난을 겪은 뒤 그 이듬해 승려들이 10여 동의 건물을 지어 오늘에 이르렀다. 현존하는 건물로는 보광전을 비롯하여 약사전, 명부전, 칠성각, 선리수도원, 누각이 있으며 요사채 뒤쪽으로 극락전과 부속 건물이 있다.

남원 실상사

지리산 자락에 자리한 실상사는 신라의 구산선문 중
최초의 산문인 실상산파의 본사다.

만세루에 들어서면 절 마당에 삼층석탑 두 기 서 있고 그 가운데에 석등과 보광전이 있다. 보광전 양옆으로 약사전과 칠성각이 있으며 석등 양옆으로는 명부전과 요사채가 있다. 멀리 천왕봉을 바라보며 지리산의 여러 봉우리를 꽃잎으로 삼은 꽃밥에 해당하는 자리에 절을 지었다는 실상사는 다른 지역의 절들과 달리 평지에 펼쳐져 있다.

실상사 산 내 암자인 백장암은 수청산 중턱에 있다. 실상사와 비슷한 시기에 창건된 백장암에는 전형적인 석탑 양식에 구애받지 않고 자유롭게 만들어진 삼층석탑(국보)과 석등(보물)이 있다. 통일신라 때 작품인 삼층석탑은 화려하고 섬세한 조각이 눈부시게 아름답다는 평가를 받고 있다.

《택리지》는 "지리산에서 서남쪽으로 뻗은 크고 작은 산줄기들은 모두 섬진강 상류에서 끝나게 된다. 물에는 장기瘴氣가 많고 온 산에 청명한 기운이 적으니 이것이 단점이다"라고 하면서 지리산에 대한 설명을 마무리한다.

4

백두대간을 따라 이어지는 명산

백두산 일지맥이 동으로 흘러나려

귀신의 솜씨로 빚은 칠보산

《택리지》에 이중환은 백두산에서 비롯하는 백두대간이 지리산까지 뻗어 내려오다 만난 산, 즉 금강산, 설악산, 오대산, 태백산, 소백산, 속리산, 덕유산, 지리산을 일컬어 "지금까지 돌아본 여덟 개의 산이 우리나라 중심에 자리한 산 중에서 가장 빼어나다"라고 했다. 이중환은 이어서 "이 산들을 떠나서 명산을 말한다면 함경도는 산이 모두 크기만 하고 계곡이 황량하여서 명산이라 부를 만한 것이 없다. 오직 명천에 있는 칠보산七寶山이 동해 가에 위치하여 골짜기에 들어가면 돌의 형세가 깎아지른 듯하며, 그 기묘한 형상은 거의 귀신의 솜씨인 듯하다"라고 했다.

칠보산은 함경북도 명천군 보촌리에 위치한다. 높이 906미터인 이 산은 원래 일곱 개의 산이 하늘을 찌를 듯이 서 있으므로 칠보산이라고 이름 붙였다고 한다. 그러나 여섯 개의 산은 바다에 가라앉고 하나만 남았다는 전설이 내려온다. 함북팔경 중 하나인 칠보산에는 고려 때 창건된 개심사開心寺가 있다. 개심사 동쪽에 있는 '제1강산'이라고 쓰인 바위에

169

서면 온 산을 한눈에 굽어볼 수 있다. 개심사에는 주대명의 탄생 설화가
전해 내려온다.

400여 년 전쯤, 칠보산 개심사 주지가 아침을 먹으려는데 큰 거미가 밥
상 위에 앉아 있었다. 이상하게 여긴 주지가 밥을 주어서 키웠더니 자꾸
배가 불러왔다. 어느 날 새벽이었다. 거미가 산통 끝에 아이를 낳고 사라
졌는데, 그 남아 있는 거미줄을 따라가 보니 백두산 정상까지 이어졌다.
아기는 '거미 주蛛' 자에서 '충虫' 자를 떼고 '주朱'로 성을 하고 이름을
대명이라고 지었는데, 그 뒤 그 자손이 금의 황제가 되고 청의 황제가 되
었다고 한다. 한편 명태에 얽힌 설화도 있는데, 태 씨 성을 가진 어부가
처음 보는 고기를 많이 잡아 명천明川의 '명明' 자와 '태太' 자를 합해서
명태라고 부르게 되었다고 한다.

예로부터 칠보산은 '관북의 금강산', '함북의 금강산', '제2의 금강산'
이라 불린 아름다운 산이다. 이름처럼 금, 은, 진주, 산호 등 일곱 가지 보
석이 묻혀 있다고도 하는 이 산에서 그 누구도 보물을 캐낸 사람은 없다
고 한다. 칠보산은 이름 그대로 칠보처럼 아름다운 산으로, 마음을 여는
절 개심사와 함께 나한봉, 천불봉 등 산봉우리들의 이름에서도 불교적 정
취를 느낄 수 있다.

영조 42년(1766) 8월 29일 칠보산을 유람한 박종朴琮이 지은 〈칠보산
유록七寶山遊錄〉에는 동행한 김 영감이 시를 지으라고 하자 다음과 같
이 대답하는 장면이 나온다.

"대개 산수를 구경할 때 눈으로 좋아하는 자도 있고 마음으로 좋아하는 자

©이종원

칠보산(함경북도)

일곱 개의 산이 하늘을 찌를 듯이 가지런히 솟아 있다 하여 칠보산이라 했는데,
여섯 개의 산은 바다에 가라앉고 이 산만 남았다는 전설이 있다.

도 있으며 정서로 느끼는 자도 있는데, 눈으로 좋아하는 것이 마음으로 즐기는 것만 못하고 마음으로 즐기는 것이 정서로 느끼는 것만 못합니다. 내 지금 나의 정서를 표현할 말마저 잊었거니 하물며 시를 지을 수 있겠습니까?"라고 했더니 김 영감이 "그대의 산 유람이야말로 비로소 참된 경지에 들어갔음을 알겠습니다" 하기에 "나는 산수를 알았거늘 김 영감은 또 나를 알았으니, 어찌 서로 즐겁지 않겠습니까?" 하며 나는 웃었다.

박종의 글을 보면 옛사람들은 산을 오르며 마음으로 보는 것을 즐겼고 무엇보다 동행한 사람과의 합일을 추구했음을 알 수 있다. 명산에는 사대부뿐만이 아니라 관가의 유람객도 많이 찾아왔으므로 관청에서는 그들의 숙식을 해결하기 위해 향청鄕廳을 지었다. 그러나 예나 지금이나 손님 접대란 만만찮은 일이었나 보다. 박종이 금장사金莊寺에 있는 승려에게 들은 바로는 관행官行이 산에 들어오면 침해와 폭행이 빈발하여 승려 중에는 곤장을 맞아 죽는 이도 있었다. 이 때문에 많은 승려가 환속하기도 하고 도망치기도 하여 오래지 않아 절은 폐사되고 말 것이라고 금장사 승려는 말했다. 길손에도 급수가 있으니 도대체 함께 길을 가는 도반道伴은 어떤 방법으로 찾을 것인가? 《법구경法句經》에는 "나그넷길에서 자기보다 뛰어나거나 비슷한 사람을 만나지 못했거든 차라리 혼자서 갈 것이지 어리석은 자와는 길벗이 되지 마라"라는 말이 있다.

칠보산은 천태만상의 기암괴석이 우뚝우뚝 솟아 절경을 이룬다. 북한은 1976년에 이 일대를 명승지로 지정했다. 이 산에서 기이한 것으로는 금강굴 아래에 있는 샘물이 으뜸이고, 이상한 것으로는 푸른 산 중에 외로운 배같이 서 있는 선암과 빈집의 만 권 서적 같은 책암冊嵒을 으뜸으로 꼽는다. 칠보산에는 만사봉, 종각봉, 노적봉 등이 있는 오봉산과 맹수봉, 조아봉, 우산바위, 토끼바위, 기와집바위 등 기암이 널려 있다. 내칠보는 산세의 특징과 등산로에 따라 만사봉, 제1명산, 상매봉으로 구분한다. 외칠보는 명천읍의 북쪽 동해 황진리에 해당하는 지역으로 내칠보에서 바다 쪽에 위치한 해칠보로 내려가는 16킬로미터 구간에 펼쳐진 명승지다. 외칠보에는 내칠보의 수려하고 당당한 모습에 비해 좀 더 웅장하면서도 기이한 봉우리가 많다. 이곳엔 처녀바위, 형제바위, 노적봉 등 경승지와 옥류폭포 등 일곱 개의 폭포가 있으며, 황진리에는 황진온천이 있다. 외칠보는 심원탑 구역, 만물상 구역, 노적봉 구역으로 구분된다.

단군이 태어난 석굴이 있다는 묘향산

《택리지》에 실린 묘향산에 대한 기록을 보자.

평안도 묘향산妙香山은 바깥쪽은 모두 흙산이고 멧부리는 모두 토성土星이다. 다만 산허리 이하는 모두 기이한 바위와 빼어난 돌이며 또 험하지 아니하다. 안쪽은 평지와 큰 냇물이 그 사이에 넓게 펼쳐져서 거의 들판 가운데에 있는 촌락과 같다. 산줄기와 골이 돌며 겹친 모양이 성곽을 닮았다. 오직 서남쪽 수구를 따라서만 들어가야 하는데 겨우 한 사람만 지나갈 수 있을 정도로 좁다. 옛말에 이르기를 태백산 위에 단군이 태어난 석굴이 있다 한다. 산속에는 큰 절이 세 개고 작은 암자는 아주 많다. 승려들은 이 암자에서 선정에 들거나 불도를 강론한다.

묘향산은 평안북도 영변군·회천군과 평안남도 덕천군의 경계에 있는 산으로, 예로부터 동금강東金剛, 남지리南智異, 서구월西九月, 북묘향北妙香이라 하여 우리나라 4대 명산의 하나로 꼽혔다. 서산대사 휴정은 이 4대 명산을 일컬어 "금강산은 빼어나지만 웅장하지 못하고, 지리산은 웅장하지만 빼어나지 못하다. 구월산은 빼어나지도 웅장하지도 못한데, 묘향산은 빼어나기도 하고 웅장하기도 하구나"라고 했다.

묘향산은 일명 태백산太白山(太佰山) 또는 향산香山이라고도 부른다. 묘향은 불교 용어로 기향奇香을 말하는데, 이는《증일아함경增一阿含經》에 나오는 말이다. 묘향에는 다문향多聞香, 계향戒香, 시향施香이 있다. 이 삼향은 역풍이나 순풍이 불 때 반대 방향에서도 냄새를 풍기는 절묘한 향기다. 이 산에는 향목, 동청 등 향기로운 나무가 많아 고려시대 이전부터 묘향산이라 칭했다. 목은牧隱 이색李穡은〈향산운필암기香山潤筆菴記〉에 "향산은 압록강의 남쪽 평양부의 북쪽에 위치하여 요양과 경계를 이루고 있는데, 산이 웅장해서 더불어 비할 데가 없으니 바로 장백산맥이 뻗어 내려 나뉜 곳이다. 그곳에는 향나무를 위시해서 사철나무가 많이 자라고 있는 데다 선도와 불도의 옛 자취가 서려 있어서 향산이라는 이름이 붙여지게 되었다"라는 기록이 있다.

묘향산을 부르는 또다른 이름인 태백산에서 '백' 자는 광명, 양명을 뜻하는 '붉' 자에서 나왔으며,《삼국유사》에 "태백산을 묘향산이라고도 부

김정일 선물관에서 바라본 묘향산

향나무와 측백나무가 뿜는 그윽하고 묘한 향기에서 그 이름의 유래를 알 수 있다.
묘향산의 산세와 풍경 소리는 선경을 연상케 하고 절경을 연출한다.

른다"라고 주석해 놓은 데서 확인된다. 조선 후기 실학자 이긍익李肯翊
은《지리전고地理典故》에 "묘향산은 태백산이라고도 한다. 밝은 흙산이
나 봉우리의 허리 위는 모두 기암 수석이다. 동부는 겹겹으로 둘러 있어
성곽과 같고, 큰 냇물이 그 사이에 넓게 퍼져 있다. 위에 단군이 화생化生
했다는 석굴이 있다"라고 기록했다.

묘향산은 단군신화가 펼쳐지는 주요 무대로서 매우 신비하게 여겨졌
다. 곧 단군의 아버지인 환웅이 천제인 환인의 허락을 받아 인간 세상을
다스리기 위해 하늘에서 묘향산 정상으로 내려왔다 한다. 그리고 그 산에
있는 신단수 아래 신시를 열어 정사를 베풀었다는 것이며, 이것이 이른바
우리 민족의 기원으로 해석된다. 이 묘향산에 보현사가 있다.

휴정과 유정이 수도한 묘향산

묘향산은 유독 승려와 관련한 이야기가 많이 전해진다. 김부식金富軾
의 〈혜음사신창기惠陰寺新創記〉에 따르면 고려 예종 때 호랑이로 인한
피해가 심한 한 교통 요지에 그 피해를 없애고 원활한 교통로를 확보하기
위해 절을 세우게 되었는데 그 부역을 묘향산 승려들이 맡았다. 민간의
부역을 없애고 선행한다는 뜻에서 규합된 이들은 처음에 그 일을 제안한
승려가 일부러 묘향산을 찾아가 "옛날 승려들이 곤란한 처지에 빠진 것
을 보면 반드시 두려워하지 않는 희생정신을 발휘했는데, 누가 나를 따라
저곳에 가서 일을 해보겠는가?" 하고 말하자 모두들 쾌히 응하여 혜음사

라는 절을 짓게 되었다 한다. 이런 얘기로 볼 때 묘향산은 희생정신을 발휘한 승려들의 수도처로서 상징적 의미를 지닌 곳이었다. 이규보의 〈묘향산의 보현사 당주인 비로자나여래의 장륙소상기妙香山普賢寺堂主毗盧遮那如來丈六塑像記〉에 따르면 "비구比丘인 학주는 참으로 거짓 없이 성실한 자다. 그는 일찍이 묘향산 보현사에 거하여 초의를 입고 한가히 앉아 홍진을 멀리한 지 오래였다. 보현사는 세속을 떠나서 진리를 탐구하는 집결 장소다"라고 했다. 이 역시 묘향산이 고승대덕들의 수도처나 은거지였음을 알려 주는 글이다.

임진왜란 때 승병을 이끌고 왜적을 물리치는 데 앞장섰던 휴정과 유정이 바로 이 묘향산에서 수도했다. 〈임진록壬辰錄〉에 "임진란이 일어나고 왜적들이 평양성을 점령하여 임금이 의주로 몽진하자 나라를 위하여 왜적을 물리칠 결심을 한 서산대사는 묘향산에 있는 중 1500명에게 활쏘기, 창 쓰기, 칼 쓰기를 가르치고 병서도 대강 가르쳤다. 팔도의 승병을 일으킬 계획이었다"라는 글이 보인다. 그 밖에도 묘향산과 고승과 관련한 민담들이 문헌에 전한다. 주로 묘향산에서 한 범상치 않은 승려를 만났는데, 비록 스스로 남루한 걸객 노릇을 하지만 겉모습일 뿐이며 행동거지가 범속한 것이 중 같지가 않아 이상히 여기고 후일 다시 찾아가 보니 이미 흔적도 없이 사라져 버렸다는 식의 이야기 구조가 많다.

〈향산록香山錄〉은 작자와 연대 미상의 조선 후기 가사로 총 184구에 달하는데, 묘향산의 절경을 노래한 기행가사다. 작품 서두에서 우리나라 산악의 흐름과 묘향산의 지리적 배경을 노래했다.

천지개벽하고 산천이 생겨시니

오악은 조종이오 사해난 근원이라

백두산 일지맥이 동으로 흘러나려

묘향산 되여시니 북방의 제일이라

일국지 명산이오 제불지 대찰이라

'북방의 제일'이고 '일국지 명산'이며 유명한 보현사가 있으니 '제불지 대찰'임을 밝힌 다음 시는 이렇게 이어진다.

평생의 먹은 마암 향산 보쟈 원이더니

춘삼월 호시절의 친구벗과 기약하고

행장을 급히 차려 낙양성 버들길노

청려장 들너집고 북향산 차자가니

그 밖에도 묘향산을 주제로 쓴 글이 많은데, 초정楚亭 박제가朴齊家의 〈묘향산소기妙香山小記〉를 보자.

외로운 등불 고요할 제 범패梵唄 소리 들린다. 돌 시내는 콸콸, 나무숲은 더 북더북, 달빛은 뜰에 찼는데 누각은 말없이 섰구나! 이때 나는 외로이 앉아 홀로 생각하노라. 온갖 새들은 제각기 나무에 의지해 깃들어 자거늘, 날리는 서릿발이 둥지를 엄습하니 그 것이 응당 차리로다! 새들도 오히려 심란하거든 하물며 사람이랴! (…) 15일 갑오 조반 후에 길잡이 중을 데리고 담여에 올라

178

앉아 동으로 떠났다.

박제가 같은 실학자도 승려를 길잡이로 부리며 답사한 것을 보면 당시 불교와 승려들의 위치가 어떠했는지를 미루어 짐작할 수 있다. 〈묘향산소기〉에 실린 담여에 관한 구절을 보자.

> 담여의 멜빵은 삼으로 엮어 만들었으며, 그 멍에목(교자채 끝의 가름대)은 등藤을 휘어서 만들었다. 담여를 메는 법이 길이로 서서 메는 것이고 옆으로 갈라서지 않는다. 그리하여 앞사람은 끌고 뒷사람은 따라간다. 꼬부라진 길에도 잘 들어갈 수 있음은 멜빵이 길기 때문이며 언덕에서도 잘 오를 수 있음은 앞사람을 믿기 때문이다. 앞이 들릴 때는 앞을 늦추고 뒤를 들며 숙일 때는 앞을 들고 뒤를 늦추었다. 기울면 팔로 조절하고 발을 맞추는 것이다. 이리하여 교자를 항상 안정하게 한다. 그러나 나는 굽어보아 멘 사람의 어깨가 홈처럼 자리가 나고 등에 굵은 땀방울이 맺히게 될 적마다 가끔 쉬게 했으니 차마 그대로 앉아 있을 수가 없었다.

이러한 기행문을 읽을 때마다 조선시대 승려의 생활은 삶이 아니라 그저 살아갈 수밖에 없는 날의 연속이었을 것으로 생각할 따름이다. 현대에 접어들면 묘향산은 소설가 황석영의 대하소설 《장길산》에 등장한다. 《장길산》에서는 장길산과 뜻을 같이하는 이들이 구월산에서 첫 모임을 한 이후 역질과 흉황과 침학과 굶주림의 고통에 놓여 있는 백성들을 구하고자 지역별로 조직을 확산, 정비하게 되는데 그 과정에서 묘향산은 그들의 중요한 하나의 거점, 곧 북쪽 산채로 등장한다. 또한 장길산이 자신의 아버지임이 틀림없다고 생각한 명근 스님을 만나러 갔을 때도, 또 명근 스님을 만나 직접 아버지임을 확인하게 되는 과정에서 명근 스님으로부터 "허, 잔망스러운 것! 묘향산에 와서 묘향산을 못 보는 놈이로다. 그런 놈이 어찌 무엇을 새로 바꾸겠단 말이냐" 하는 꾸지람을 듣게 되는 상황에서도, 산에서 내려오면서 "길산이 묘향산 내원계곡을 돌아 내려오는데 향산천 긴 물은 이리 굽고 저리 굽어서 폭포로 탕탕되어 흘러내리고 때로는 탕수로 되어 용용 솟구치나니 이들 물소리가 한없이 노래하는 듯하였다"라고 묘사한 데서도 묘향산이 나온다.

묘향산은 산수가 아름다울 뿐만 아니라 수많은 사찰이 있었던 것으로도 유명하다. 묘향산에는 369개의 암자가 있었다고 《동국여지승람》에 전한다. 묘향산에는 우리 민족의 시조인 단군이 환생했다는 단군굴과 임진왜란 때 승병을 일으켰던 휴정과 유정의 원당이 있으며, 산의 동남쪽 영변군에는 보현사, 윤필암, 안심사, 금강굴 등이, 북쪽인 희천군에는 원명사, 광제사 등이 있는데 모두 고려 때부터 있었던 대표 사찰이다.

보현사普賢寺는 광종 19년(968)에 창건되었다. 창건 당시 작은 규모의 사찰이었으나 현종 19년(1028) 탐밀과 굉학이 증축하면서 묘향산을 대표하는 절이 되었다. 일설에는 행인국荇人國(지금의 백두산인 태백산 동남쪽에 있었던 국가로 기원전 32년에 고구려 시조 동명성왕이 오이와 부분노에게 명하여 치게 했다)이 도읍한 유지라 하고 이곳에 옛날 보현보살이 머물렀다는 설화에 따라 보현사라고 했다고 한다.

광복 이후 남과 북으로 나뉘면서 우리는 갈 수 없게 된 묘향산을 2003년

평창 오대산 월정사 팔각구층석탑

묘향산의 보현사 십삼층탑은 오대산 월정사나 원각사지의 탑을 연상시킨다.
월정사 탑은 고려 초기의 작품으로 추정되며 팔각형의 기단이 이채롭다.

181

10월 2일 어렵사리 방문할 기회를 얻었지만 한정된 곳만 갈 수 있었다. 그러나 안내원이 촉촉한 목소리로 묘향산과 보현사를 설명해 주니 아쉬운 마음은 사라져갔다. "반갑습네다. 우리들이 꿈결에도 선생님들을 그리워했던 것처럼 선생님들도 우리들을 꿈결에서조차 그리워했을 것입니다." 어쩌면 이렇게 서정적이며 정이 듬뿍 담긴 인사말을 건넬 수 있을까? 설레는 마음으로 따라나선 보현사는 남한에 있는 어느 절보다 깨끗하게 정돈되어 있었다. 수령 400여 년이 넘었다는 보현사의 뽕나무도 그렇고, 오대산 월정사나 원각사지의 탑과 너무도 흡사한 보현사 십삼층석탑은 어찌나 아름다운지! 게다가 남과 북의 승려들이 이야기를 나누는 모습이 정감 넘쳤다. 안내원의 말은 다시 이어졌다.

이 절은 고려 정종 때 세운 절로 6·25 때 불타 버렸습니다만, 아직 유물이 1만여 점 남아 있습니다. 팔만대장경을 보관했던 이 절은 용수봉 아래에 있고 석가모니 진신사리를 모시고 있습니다. 좌청룡, 우백호가 펼쳐진 이 절 앞 향산천 건너에 있는 산이 마이산입니다. 산내 암자로는 상원암, 능인암, 부용암이 있고 만폭동 지구에 단군사와 단군이 계시던 (길이가) 20여 미터쯤 되는 단군굴이 (있는데) 너비와 높이는 4미터쯤 됩니다. 단군대 그리고 단군이 여기서 계시다 구월산을 향해 달려가던 천주석이 있는데 구월산에 가셨던 단군께서 다시 날아와 발부리에 걸려 돌아왔다는 곳이 바로 이곳입니다. 법왕봉, 향로봉, 원만봉, 비로봉, 하비로골, 보현대를 오늘은 시간 관계상 갈 수가 없으니, 마음속으로 상원암에도 올라 보시고 천태봉에도 올라 보시고 그리고 이마에 주름살을 펴고 가시기 바랍니다. 이곳 묘향산은 마음 나쁜 사람들이 오셨다 할

지라도 갈 때는 선한 마음을 얻어 간다고 합니다.

안내원의 말에 묘향산을 전부 다 보고 떠나는 느낌에 젖기도 했다. 나처럼 단풍이 아름다운 가을에 유람을 떠난 박제가에게 이덕무李德懋가 시 한 수를 보내는데, 여기에는 다음과 같은 구절이 있다. "묘향산 온갖 나무에 단풍이 들거들랑, 어서 돌아와서 긴긴 회포를 풀어 주게." 박제가는 묘향산의 퇴락한 상원암을 보고 다음과 같이 가슴 아린 글을 남겼다.

나는 일찍이 옛일이란 어떤 것이건 매양 찾을 데 없음을 한하여 오던 터다. 이제 가을산 조각돌이 거친 풀, 찬 이슬 속에서 옛일을 말하고 있지 않은가. 옛것이 나와 더불어 무슨 상관이 있기에 이를 대하여 서글프고 심란해서 저춤저춤 머뭇머뭇 오랫동안 가지를 못하는가! 빈산, 떨어지는 해, 끊어진 다리, 흐르는 물, 이곳은 예로부터 회고의 정서를 하염없이 자아내게 하는구나!

가야산에는 정견모주 신이 산다

이중환은 《택리지》에 "경상도에는 석화성石火星이 없다. 오직 합천 가야산만이 뾰족한 돌이 줄을 잇달아서 불꽃 같으며, 공중에 솟은 듯 극히 높고 또 빼어나다"라고 기록했지만, 돌아다니다 보면 경상도 지역에도 그러한 산이 의외로 많다. 경상남도 합천군 가회면의 황매산이나 문경의 봉암사가 있는 희양산, 가야산 건너편의 매화산 등은 꽃송이 모양 바위들이 밤하늘의 운석처럼 펼쳐진 산들이다.

해인사 들목에 홍류동과 무릉교가 있는데 바위에 부딪히는 시냇물과 반석이 수십 리에 걸쳐 뻗어 있다. 전해 오는 말에 최치원이 여기에 신을 남겨 두고 떠났는데 누구도 그가 간 곳을 모른다 한다. 최치원이 돌 위에 새긴 큰 글자는 지금도 금방 쓴 것같이 완연하다. 최치원은 〈제가야산독서당題伽倻山讀書堂〉이라는 시로 이곳을 노래하기도 했다.

겹친 바위 사이를 미친 듯 흐르는 물이 산을 보고 포효하니
지척 사이인데도 사람의 소리를 분간하기 어려워라
세상 시비하는 소리가 들릴까 염려하여
짐짓 흐르는 물소리로 하여금 산을 다 덮게 했다

《택리지》에 "임진왜란 때 금강산, 지리산, 속리산, 덕유산은 모두 왜적의 전화戰火를 면치 못했으나, 오직 오대산, 소백산과 이 산에는 닿지 않았다. 그런 까닭에 예부터 삼재가 들지 않는 곳이라 한다"라고 기록되어 있는 가야산伽倻山은 경상남도 합천군 가야면을 중심으로 거창군과 경상북도 성주군 및 고령군의 경계에 있는 산이다. 주봉인 상왕봉, 두리봉, 남산, 단지봉, 남산 제1봉, 매화산 등 높이 1000미터 내외의 연봉과 능선이 둘러 있고 그 복판에 우리나라 3대 사찰 가운데 하나인 해인사가 있으며, 매화산 자락에 청량사와 그 부속 암자들이 자리하고 있다. 가야산 일대에서 해인사에 있는 치인리 골짜기로 모이는 물은 급경사의 홍류동 계곡을 이루고, 동남쪽으로 흘러 내려와 가야면 황산리에서 낙동강의 작은

합천 매화산

가야산 건너편으로 보이는 합천 매화산은 가야산의 지맥으로
가야남산 또는 천불산이라고도 부른다. 천불산은 1000개의 불상이
능선을 뒤덮고 있는 모습과 같아 붙여진 이름이다.

지류인 가야천이 된다. 가야산은 예로부터 '조선팔경' 또는 '12대 명산'의 하나로 꼽혔다. 1966년 해인사가 자리한 가야산 일대가 사적 및 명승으로 지정되었고 1972년 10월에 다시 가야산국립공원으로 지정되었다.

가야산은 우두산, 설산, 상왕산, 중향산, 기달산 등 여러 이름으로 불렸다고 한다. 《택리지》에 가야산은 태백산맥과 소백산맥에 있지 않으면서도 그 높고 수려함과 삼재가 들지 않는 영험함으로 명산으로 불렸다고 했다. 우리나라 명산에는 산신山神이 있는데, 가야산에 있는 가야산신은 정견모주正見母主라는 신이다. 《동국여지승람》에 따르면 가야산신 정견모주는 천신 이비가지에 감응해 뇌질주일과 뇌질청예를 낳았는데, 뇌질주일은 대가야의 시조 아진아시왕, 뇌질청예는 금관가야의 시조 수로왕의 별칭이라 했다. 따라서 가야산의 산신 정견모주는 가야 지역의 신이었을 것이다. 《신증동국여지승람》에 "가야산은 형승이 천하에 뛰어나고 땅 기운이 해동에는 짝이 없으니 참으로 수도할 곳이다"라고 실려 있다. 우리나라 대부분의 큰 절이 그렇지만, 특히 해인사는 창건 뒤 여러 차례 중창했는데 그때마다 국가의 각별한 지원이 있었다. 신라의 애장왕이 그러했고, 고려 태조 왕건과 조선을 건국한 태조 이성계의 발원 그리고 세종, 세조, 성종의 중창 지원은 각별했다. 해인사는 민족의 고귀한 문화유산인 팔만대장경판을 600여 년이 넘게 보전함으로써 법보사찰의 명성을 누리고 있다. 가야산 해인사는 또 국가가 환란에 처했을 때 일어난 호국불교 전통의 중심지였다. 불가사의하게도 민족의 보물인 고려 팔만대장경판과 이를 봉안한 장경각만은 한 번도 화를 입지 않고 옛 모습을 고이 간직하고 있다. 《택리지》에는 해인사에 대해 다음과 같이 쓰여 있다.

가야산

옛날 가야국이 있던 이 지역에서 가장 높고 훌륭한
산이었기 때문에 자연스레 '가야의 산'이라고 불리게 된 것이라 전한다.

가야산 안쪽에 해인사가 있다. 신라 애장왕이 죽어서 염까지 마쳤는데 다시 깨어나서 명부의 관원에게 발원하기로 약속했다 하며, 사신을 당에 보내 팔만대장경을 구입해 배에 싣고 오게 했다. 그리고 그 내용을 목판에다 새겨 옻칠하고 구리와 주석으로 장식한 다음, 장경각 120칸을 지어서 보관하게 했다. 그 뒤 긴 세월이 지났어도 판은 새로 새긴 것 같으며, 날아가는 새도 이 집을 피해서 기와지붕에 앉지도 않는다고 하니 이것은 실로 이상한 일이다. 유가儒家의 경전은 아무리 대궐 안에 간직한다 해도 나는 새가 집 위를 지나가지 않을 리가 만무한데 불교 경전은 이와 같이 신기하니 이는 아무리 생각하여도 이해할 수 없는 일이다. 절 서북쪽에 있는 가야산 상봉은 돌의 형세가 사면으로 깎아지른 듯하여 사람이 올라갈 수 없다. 그 위의 평탄한 곳이 있는 듯하나 사람들은 알지 못한다. 그 꼭대기에는 항상 구름기가 자욱하게 덮여 있다. 나무꾼과 목동이 산봉우리 위에서 들려오는 풍악 소리를 가끔 듣는다 한다. 해인사 승려에 따르면 짙은 안개가 끼면 산 위에서 말발굽 소리가 들린다고 한다.

조선 중기 학자 한강寒岡 정구鄭逑는 〈유가야산록遊伽倻山錄〉에 가야산에 대한 감상을 다음과 같이 적었다.

계곡의 물줄기가 어지러운 바위틈에서 쏟아져 시끄럽게 흐르는데 마치 천둥 치듯 울리고 밝은 대낮에 날리는 물방울이 숲속의 나무다리에 흩뿌리는가 하면, 혹은 한 굽이에 머물러 빙빙 돌며 흐르는데 그 깊이를 측량할 수 없었다. 산봉우리는 드높고 골짝은 깊은데 소나무와 전나무가 울창하고 바위 비탈이 웅장했다.

팔만대장경을 간직한 해인사는 통도사, 송광사와 함께 삼보 사찰 중 하나다. 《삼국유사》에 기록된 대로 통도사에는 석가모니의 사리가 모셔져 있고, 해인사에는 석가모니 가르침의 총화라고 할 수 있는 팔만대장경이 봉인되어 있으며, 송광사에서는 고려 이래로 국사를 지낸 열여섯 명의 고승들이 배출되었다. 그런 연유로 세 절을 각각 불보佛寶, 법보法寶, 승보僧寶 사찰로 꼽는데, 법보 사찰인 해인사가 창건된 것은 신라 애장왕 3년(802)이다. 최치원은 신라 가야산 〈해인사선안주원벽기海印寺善安住院壁記〉에서 해인사의 창건 과정을 다음과 같이 밝혔다.

조사인 순응대덕은 신림대사에게서 공부했고 대력(766~779) 초년에 중국에 건너갔다. 조각배에 의지하여 몸을 잊고 고승이 거처하는 산을 찾아가서 도를 얻었으며, 교학을 탐구하고 선의 세계에 깊이 들어갔다. 본국으로 돌아오자 영광스럽게도 나라에서 선발함을 받았다. (…) 정원 18년(802) 10월 16일에 동지들을 데리고 이곳에 절을 세웠다. (…) 이때 성목왕태후께서 천하의 국모로 계시면서 불교도들을 아들처럼 양육하시다가 이 소문을 듣고 공경하며 기뻐하시어 날짜를 정하여 귀의하시고 좋은 음식과 예물을 내리셨다. 이는 하늘의 도움을 받은 것이지만 사실은 땅에 의하여 인연을 얻은 것이다. 그런데 제자들이 안개처럼 문으로 모여들 때 순응대덕이 갑자기 세상을 떠나셨다. 그리하여 이정선백利貞禪伯이 뒤를 이어 공사를 진행했다. 중용의 도리에 입각하여 주지의 아름다움을 극진히 하고, 대장의 괘를 참고하여 뛰어난 건축을 빛나게 하니 구름이 솟아오르듯, 노을이 퍼지듯 날마다 새롭고 달마다 좋아졌다. 이로부터 부처가 성도한 터전과 걸맞게 가야의 승경이 이루어졌음은 물론이요, 해인의 보배가 연성의 가치보다 빛을 발하게 되었다.

이 절을 세운 뒤 의상의 법손인 순응은 화엄종지華嚴宗旨에 따라서 해인사라고 이름 지었는데, 해인海印은 '세계 일체가 바다에 그림자로 찍히는 삼매'를 말하는 불교의 화엄 정신을 나타낸다. 화엄종의 근본 경전인《화엄경》, 곧《대방광불화엄경大方廣佛華嚴經》에 나오는 '해인삼매海印三昧'라는 말로, 화엄경의 세계관은 일심법계一心法界라고 할 수 있다. 온갖 것에 물들지 않은 진실과 지혜의 눈으로 바라본 세계가 일심법계인데, 일심법계에는 물질적 유기 세계, 중생들의 세계, 바른 깨달음에 의한 지혜의 세계가 있는 그대로 다 나타난다. 세차게 불던 바람에 드높던 파도가 어느새 그치고 바다가 고요해지면 거기에 우주의 수만 가지 모습이 남김없이 드러나는 것, 이러한 경지를 해인삼매라고 한다. 해인삼매는 부처가 이룩한 깨달음의 내용이며, 일체의 것들이 돌아가야 하는 근원이자 본래의 모습이다.

도는 어제보다 깊으나 앞산은 더욱 첩첩하고

가야면 소재지에서 해인사 들목에 이르는 홍류동계곡은 봄에는 꽃으로, 가을에는 단풍으로 물이 붉게 흐른다 하여 '홍류동紅流洞'이란 이름이 붙었다. 해인사 들목까지 뻗어 내려온 이 골짜기는 그 언저리의 울울창창한 숲도 숲이지만 속세의 소리를 끊어 버릴 기세로 우렁차게 흘러내

가야산 남서쪽에 우리나라 삼보 사찰 가운데 하나인 해인사가 자리하고 있다.
불보 사찰인 통도사, 승보 사찰인 송광사와 더불어 법보 사찰로 유명하다.

리는 물소리가 유별난 정취를 안겨 주는 곳으로 유명하다. 계절에 따라 진달래와 철쭉꽃이 한 폭의 그림처럼 피어나고 녹음과 단풍의 계절 뒤에는 눈꽃이 정취를 일깨워 준다. 두 개의 폭포와 푸른 소가 기암절벽과 어우러진 곳에 농산정이라는 아담한 정자가 있는데, 이곳에서 최치원이 말년을 보냈다고 한다. 그러나 지금의 농산정은 조선 후기에 다시 지은 것이다.

고운孤雲 최치원崔致遠은 신라 말엽인 헌안왕 원년(857)에 태어났다. 열두 살 때 당 유학길에 오른 최치원은 그곳에서 과거에 급제하여 여러 벼슬을 지냈다. 천재로 널리 알려졌던 그는 28세에 귀국하여 신라에서 아찬이라는 벼슬을 받지만 기울어 가는 신라 조정의 어지러운 권력 다툼에 환멸을 느끼고 벼슬자리를 그만두었다. 최치원은 지리산을 비롯해 산수가 좋은 곳들을 찾아다니며 유유자적하다가 38세에 가족들을 데리고 가야산에 들어왔다. 그 후 최치원은 어느 날 가야산에서 갓과 신만 남겨 놓고 신선이 되어 홀연히 사라졌다는 이야기가 전해진다.

그 뒤 조선시대 선비 김종직은 무릉교에서 다음과 같은 시로 홍류동의 급한 물살을 노래하며 고운 최치원의 생을 애석해했다.

그림 같은 무지개다리 급한 물결에 비치는데
다리 위 지나는 사람 발길을 조심한다
나의 옷 걷고 물 건너려는 것 그대는 웃지 마소
고운이 어찌 위태로운 길 밟았던가

합천 농산정

최치원이 벼슬을 지낸 뒤 전국을 유랑하다가 들어와
수도하던 곳이다. 가야산국립공원 해인사 홍류동에 있다.

해인사 일대에는 고운 최치원에 얽힌 일화가 많은데, 해인사의 여관촌이 있는 치인리도 최치원의 이름을 딴 '치원리'에서 비롯한 이름이라고 한다.

《택리지》는 "골짜기 바깥 가야천 가는 논이 대단히 기름져서 종자 한 말을 뿌리면 소출이 120~130두나 되며 아무리 적더라도 80두 아래로는 내려가지 않는다. 물이 넉넉하여 가뭄을 모르고 밭에는 목화가 잘되어서 이곳을 의식衣食의 고장이라 일컫는다. 가야산 동북쪽의 만수동萬水洞도 깊고 긴 골짜기라서 복지福地라 하며, 세상을 피해서 살 만하다"라고 했는데, 가야천은 고령읍에서 회천과 몸을 합한 뒤 흘러내려 오광대의 고장 율지나루에서 낙동강으로 들어간다.

가야산 북서쪽에 자리한 수도산修道山에는 우리나라 풍수지리학의 원조인 도선의 일화가 서려 있다. 도선이 청암사를 창건한 후 수도처를 찾아 수도산 내를 헤매다가 지금의 수도암 터를 발견하고 어찌나 마음이 흡족했는지 7일 밤낮을 덩실덩실 춤을 추었다고 한다. 옛사람들은 명산 중에서도 절이 있는 산이 좋은 산이자 좋은 터라고 했다. 그때나 지금이나 수행자들이 끊임없이 몰려드는 이 산에 수도암이 있다. 조선 숙종 때 학자 우담愚潭 정시한丁時翰은 《산중일기山中日記》(신대현 옮김, 혜안, 2005)에서 수도암을 "암자 터는 평탄하고 바른 것이 마치 가야산으로 책상을 삼은 듯하다. 봉우리 꼭대기에는 흰 구름이 왔다갔다 하여 무상한 느낌을 주는데, 앞문을 열어젖혀 놓고 종일토록 바라보니 무궁한 것이 실로 절경이었다"라고 했다.

수도암 터는 풍수지리상 옥녀직금형玉女織錦形, 즉 옥녀가 비단을 짜는 형국이다. 멀리 보이는 가야산 상봉은 실을 거는 끌개 돌이 되고 뜰 앞의 동쪽과 서쪽에 위치한 탑은 베틀의 두 기둥이 되며 해인사 대적광전에 불상이 놓인 자리는 옥녀가 앉아서 베를 짜는 자리가 된다는 것이다.

수도암은 한국전쟁 때 공비 소탕 작전으로 전소된 뒤 최근 들어 크게 중창했다. 절 건물로는 대적광전과 약광전, 나한전, 법전 등이 있으며 문화유산으로는 보물로 지정된 약광전석불좌상과 삼층석탑 2기, 석조비로자나불좌상이 남아 있다.

단정하면서 밝고 엄숙한 청량산

《택리지》는 청량산을 이렇게 설명한다.

안동 청량산은 태백산 산줄기가 들로 내려오다가 예안강禮安江 가에서 우뚝하게 맺힌 것이다. 밖에서 바라보면 다만 흙으로 덮인 봉우리 두어 개뿐이다. 그러나 강을 건너 골짜기에 들어가면 사면에 석벽이 둘러 있고, 모두 만 길이나 높아서 험하고 묘한 모습이 형용할 수가 없다. 그 안에 위치한 난가대爛柯臺는 고운이 바둑을 두던 곳으로, 모난 돌에 바둑판 줄이 그어진 듯하다. 그 곁에 있는 석굴에 노파상 하나를 안치했는데, 전해 오는 말로는 고운이 이 산에 살 때 음식을 지어 올리던 계집종이라 한다.

이 산에 있는 연대사蓮臺寺에는 신라 때 명필 김생金生이 쓴 불경이 많다. 근래 한 선비가 절에서 글을 읽다가 불경 한 권을 훔쳐 집으로 갔다가 곧 염병에 걸려 죽었다. 그래서 그 가족이 두려워하여 불경을 즉시 절에 돌려주었다 한다.

낙동강 상류에 자리한 청량산을 조선시대 주세붕周世鵬은 〈유청량산록遊清凉山錄〉에서 다음과 같이 예찬했다.

해동 여러 산 중에 웅장하기는 지리산만 한 게 없고 청절하기는 금강산만 한 게 없으며 명승으로는 박연폭포와 가야산 골짜기만 한 게 없다. 그러나 단아하면서도 엄숙하고, 밝으면서도 깨끗해서 가까이할 수 없는 것은 오직 청량산뿐이다.

주세붕보다 여섯 살 아래이며 이곳 예안이 고향인 이황은 청량산의 아름다움에 반하여 스스로 호를 '청량산인'이라 짓고 이렇게 노래했다.

청량산 육륙봉을 아는 이는 나와 백구白鷗로다
백구야 어떠하랴 못 믿을 손 도화로다
도화야 물 따라 가지 마라 뱃사공 알까 하노라

이곳 청량산은 진성眞城 이씨라고도 부르는 진보眞寶 이씨의 종중산이다. 그런 연유로 이황은 청량산의 내청량사 가는 길옆에 청량정사清涼精舍 오산당吾山堂을 짓고 제자들을 가르쳤다. 조식曺植과 함께 한 시대를 풍미한 이황은 조식과 달리 벼슬길에 여러 차례 나갔다. 정치가라기

청량산

태백산맥의 줄기인 중앙 산맥에 솟아 있는 높이 870미터의 산이다.
산 아래로 낙동강이 흐르고 산세가 수려하여 예로부터 소小금강이라 불렀다.

보다 학자였기에 임금이 부르면 벼슬길에 나갔다가도 다시 고향으로 내려오기를 몇 차례, 그동안에 풍기 군수와 대사성 부제학, 좌찬성 벼슬에 올랐는데, 그가 마지막으로 귀향했을 때 나이가 예순여덟이다. 이황은 도산서원을 마련하기 전까지 이곳에서 학문을 닦으며 후학을 가르쳤다.

연화봉 기슭에 자리한 내청량사와 금탑봉 기슭에 자리한 외청량사는 문무왕 3년(663)에 원효가 창건했다고도 하고, 문무왕 때 의상이 창건했다고도 한다. 하지만 창건 연대를 보면 당시 의상은 중국에 있었으므로 원효가 창건했다는 설이 맞을 듯싶다. 이후 오랫동안 폐사로 남아 있다가 법장 고봉이 중창했다고 하는데, 창건 당시 승당 등 27개의 부속 건물을 갖춘 큰 사찰이었다는 기록만 전해져 온다. 이 두 절은 비록 거리는 다소 떨어져 있지만 상호 밀접한 관계를 지니고 있다. 연화봉 아래 내청량사의 법당은 유리보전이고, 금탑봉 아래 외청량사의 법당은 응진전이다.

경상북도 유형문화유산으로 지정된 청량사의 유리보전은 정면 3칸에 측면 2칸의 자그마한 건물이다. 유리보전은 동방 유리광琉璃光 세계를 다스리는 약사여래를 모신 전각이라는 뜻이다. 유리보전 안에는 약사여래상이 있고, 힘찬 필체의 유리보전 현판은 고려 공민왕의 글씨라고 전해지지만 확실하지는 않다. 유리보전 앞에는 가지가 세 갈래인 소나무가 한 그루 서 있다.

《봉화군지》에 따르면 명호면 북곡리에 사는 남민이라는 사람의 집에 뿔이 세 개 달린 송아지가 태어났는데 힘이 세고 성질이 사나워서 연대사 주지가 데려가 짐을 나르게 했다. 소는 절이 완성되자 힘이 다했는지 죽어 절 앞에 묻혔다. 그 후 무덤에서 가지가 세 개인 소나무가 나왔기 때문에 '세 뿔 송아지 무덤'이라고 부르게 되었다. 이 절에는 크게 내세울 만한 문화유산은 없지만 바위 봉우리가 연꽃잎처럼 벌어져 있고 그 가운데 들어앉은 청량사 터는 대단한 명당임이 분명하다. 조선 전기 문인 권호문權好文은 〈유청량산록遊淸凉山錄〉에 청량산 열두 봉우리와 열아홉 개 암자를 다음과 같이 기록했다.

열두 봉우리가 있으니 연화봉蓮花峰, 자소봉紫霄峰, 탁필봉卓筆峰, 연적봉硯滴峰, 경일봉擊日峰, 금탑봉金塔峰, 장인봉丈人峰, 선학봉仙鶴峰, 자란봉紫鸞峰, 축융봉祝融峰, 문수봉文殊峰, 향로봉香爐峰 등이다. 암자가 열아홉 개 있으니 백운암白雲庵, 만월암滿月庵, 원효암元曉庵, 몽상암夢想庵, 보현암普賢庵, 문수사文殊寺, 진불암眞佛庵, 연대사蓮臺寺, 별실암別室庵, 중대암中臺庵, 보문암普門庵, 상하대승암上下大乘庵, 상하청량암上下淸凉庵, 김생암金生庵, 치원암致遠庵, 극일암克一庵, 안중사安中寺 등이다. 봉우리 이름은 신재 주세붕이 지었고, 암자의 이름은 불자들이 지었다.

신라 때 명필 김생이 10여 년 동안 수도하며 글씨 공부를 했던 곳이 김생굴이다. 금탑봉 아래 외청량사 응진전에는 공민왕과 노국공주의 영정이 남아 있다. 청량사에서 마주 보이는 건너편의 청량산성은 공민왕 때 개축된 것이다. 10만 명의 홍건적이 압록강을 건너 쳐들어오자 노국대장공주를 데리고 이천을 거쳐 이곳에 온 공민왕은 청량산 근처에 솟아오른 축융봉 아래 청량산성을 쌓고 1년간 숨어 지냈다. 청량산의 아름다움이 가장 잘 보이는 축융봉에는 공민왕이 숨어 지냈다는 공민왕당과 군창

봉화 청량사

663년 원효가 창건한 사찰이다. 청량산도립공원 내
연화봉 기슭 열두 암봉 한가운데 자리 잡고 있다.

청량산 하늘다리

청량산 현수교는 높이 800미터 지점의 선학봉과 자란봉을 연결하는
다리다. 산악 지대에 설치된 보도형 교량 중 가장 길고 가장 높은 곳에 있으며,
하늘과 가장 가깝다 해서 '하늘다리'라는 이름이 붙었다.

의 흔적이 있다. 이곳에는 그때 새긴 바둑판이 아직도 남아 있다고 하지만 정작 그 바둑판을 본 사람은 아무도 없다. 안동시 도산면의 마을에서는 요즘도 마을의 안녕과 무병을 기원하기 위해 마을 공동으로 매년 정월 대보름과 칠월 백중에 공민왕당에서 제사를 지낸다.

조선의 4대 명산 구월산

이중환은 함경도의 칠보산, 평안도의 묘향산, 경상도 합천의 가야산과 봉화의 청량산이 백두대간에 자리한 여덟 산과 함께 나라 안에서 큰 명산이라고 하면서 구월산에 대해 다음과 같은 글을 남겼다.

구월산도 회룡고조回龍顧祖(산의 지맥이 삥 돌아서 본산과 서로 마주하는 지세)의 형국이다. 서북쪽은 바다를 면했고, 동남쪽으로는 평양과 재령 두 곳의 강물을 거슬러 받는데 두 강물에는 조수가 통하여 어염魚鹽으로 황해도 전체의 이익을 모두 차지한다. 남쪽으로 5리 되는 지점에 또 기름진 100리 들판(재령평야와 안악평야)이 있다. 수세水勢와 험한 지리 그리고 논과 밭의 기름진 것은 계룡산보다 훨씬 낫고, 톱니 같은 돌산의 형상은 오관산이나 삼각산에 뒤지지 않는다. 온 산을 돌아가며 절이 10여 군데나 되며, 산 위에는 산성을 쌓아 천연 요새지를 만들었다. 세상에 전해 오는 말에는 단군의 자손이 기자를 피해 이곳에다 도읍을 옮겼다고 하는데 이곳이 장장평莊莊坪이다. 아직도 단군 3대의 사당이 있고, 나라에서 봄가을마다 향을 내려 제사한다. 단씨는 이 산의 한 편만 차지하여 이 지역의 훌륭함을 다 차지하지 못했으나 이곳이 언젠가 한 번은 도읍지가 될 것이다.

판소리 〈변강쇠타령〉에 "동 금강 석산이라 나무 없어 살 수 없고, 북 향산 찬 곳이라 눈 쌓여 살 수 없고, 서 구월 좋다 하나 적굴(도적 소굴)이라 살 수 있나. 남 지리 토후하여 생리가 좋다 하니 그리로 살러 가세"라고 나오는 구월산은 우리나라 5대 명산 중 하나다. 아사달산, 궁홀산, 백악, 증산, 삼위, 서진 등으로도 불린다.

일찍이 최남선은 《조선의 산수》에 다음과 같이 썼다.

신천, 안악을 거쳐 구월산에 다가가 보라. 멀리서는 정다워 보이고 가까이 가면 은근하고 전체로 보면 듬직하고 부분으로 보면 상큼하니, 빼어나지 못하다고 했지만 옥으로 깎은 연꽃 봉오리 같은 아사봉이 있고 웅장하지 못하다고 하지만 일출봉, 광봉, 주토봉 등이 여기저기 주먹들을 부르쥐고 천만인이라도 덤벼라 하는 기개가 시퍼렇게 살아 있는 산이 구월산이다.

구월산의 최고봉인 사왕봉에서 사방을 둘러보면 안악, 신천, 재령 등의 평야 지대와 평안남도 남포까지 한눈에 들어온다. 옛날에 단군이 하늘에서 처음 내려온 곳은 묘향산이고 조선을 세운 단군이 도읍지로 정한 곳은 평양이었다는데, 단군은 다시 구월산 아래 장당경藏唐京(장재이벌)으로 도읍지를 옮겼고 이곳에서 1500년 동안 나라를 다스린 후 마지막으로 구월산에 들어가 신령이 되었다고 한다. 그래서 단군을 모시는 산도 묘향산에서 점차 산신이 된 구월산으로 옮겨지게 되었다는 것이다.

높이 954미터인 이 산의 본래 이름은 궁홀산弓忽山이었으나, 후에 궐구闕口 또는 삼위산이라 하다가 다시 현재의 이름으로 개칭했는데, 단군이 도읍을 옮긴 후 은퇴한 아사달산이 바로 이 산이라는 설도 있다. 구월산이라는 이름은 단군이 아사달에서 9월 9일에 승천하여 신이 되었으므로 구월산이라고 일컫게 되었다는 이야기가 전해져 온다. 그런 연유로 구월산에는 단군이 머물렀다는 장당경, 환인·환웅·단군을 모시는 삼성사, 단군이 올라가 나라의 지리를 살폈다는 단군대, 활쏘는 데 사용했다는 사궁석 등이 있다.

이 산에는 고려 때 쌓은 구월산성이 있는데, 1920년 황해도 지방에서 활동했던 항일 독립운동 단체인 구월산대가 군자금 모금 활동을 시작했던 곳이자 한국전쟁 때 반공 의용군이 이곳을 본거지로 삼아 북한 공산군에 대항하여 유격전을 벌인 전적지이기도 하다.《신증동국여지승람》에는 구월산성이 다음과 같이 기록되어 있다.

구월산성은 고을 동쪽 10리에 있다. 돌로 쌓았는데 둘레가 1만 4386척이며 높이는 15척이다. 성의 모양이 큰 배 같고, 남쪽과 북쪽에는 길이 없으며 동쪽과 서쪽에만 나무다리 길이 있다. 성안에는 나무가 묶어 세운 것같이 빽빽하며, 물이 여러 골짜기에서 나와 한 시내를 이루고 성 서쪽에 와서는 양쪽으로 산이 높이 솟아서 문 같으며, 물이 문밖으로 나와서 폭포가 된다. 성안 좌우에는 창고가 있는데, 문화, 신천, 안악은 좌청에 속하고, 은률, 풍천, 송화, 장연, 장련은 우창에 속한다.

구월산은 조선시대 3대 도적 중 하나인 임꺽정의 주요 근거지였다. 기축옥사(1589)의 주인공 정여립이 휘하의 승려 의연, 도잠, 설청 등과 자주 왕래를 했던 곳이 구월산이었다. 정여립은 이 지역의 승려들과 함께 역모를 꾀했다는 혐의를 받기도 했다.

구월산은 특히 유적과 전설과 꽃이 많아서 삼다三多의 산이라 불리며, 꽃 중에서도 장미와 두견화 그리고 나리꽃이 유명하다. 구월산의 풍취는 '아사봉 천궁에 귀 기울여 보고, 단군대에 올라 천신의 유적도 더듬어 보고, 월산폭포에 몸을 씻고, 덕바위 위에서 사슴고기를 구우며 구월산 영지술에 취하는 것'이라고 한다.

방랑 시인 김삿갓은 구월산을 두고 다음과 같은 시를 남겼다.

간 해에도 구월에 구월산 구경하고

올해에도 구월에 구월산 구경하고

해마다 구월에 구월산 구경하네

구월산 경치가 언제나 구월이네

단군의 유적이 많은 구월산은 고려시대에는 불교의 중심지로 부각되어 많은 절과 암자가 들어섰다. 대표적인 절로는 패엽사와 월정사가 있다. 패엽사貝葉寺는 우리나라 31본산 중 하나로 황해도 내의 25개 사찰을 관장했다. 신라 애장왕 때 고승 구업이 창건하여 구업사具業寺라 했다는 설이 있다. 월정사月精寺는 패엽사의 산내 말사였다.

한편 문학예술종합출판사에서 1994년에 발간한 《구월산 전설》에는

205

"구월산은 원래 아사달이라 일컬어졌다고 고기古記는 밝히고 있다. 아사는 아침이란 이두 말이고 달은 산이란 뜻이니 아사달이 바로 구월산이다"라고 기록되어 있다. 안악이라는 지명은 구월산 안자락이란 뜻으로 아낙네라는 말이 이곳 구월산에서 유래했다는 설화가 전해 온다. 다산茶山 정약용丁若鏞은 《대동수경大東水經》에서 구월산에서 흐르는 물의 이동 경로를 다음과 같이 말했다.

구월수는 문화현 구월산에서 발원한다. 구월산은 또 아사달산이라고 하는데 단군이 세상을 버린 곳이다. 구월수는 동남으로 흘러 (…) 북으로 운계산수雲溪山水와 마명수馬鳴水, 영진迎津, 절양해絶瀁海의 우두주牛頭州를 합한다. 구월수는 동남으로 흘러 온정원을 지나 갈산에 이르러서는 정지수를 이루며, 또 문화현 북쪽을 지난다. 문화현은 본래 고구려의 궐구현인데, 고려 초기에는 유주라 했고, 후에 문화현이라고 했는데 우리나라에서는 그대로 따랐다. 구월수는 북으로 운계산수와 합하여 마명수를 이루고, 오른쪽으로는 영진과 합류하며 또 북으로 흘러 절양해로 들어간다.

마음을 열고 기다리는 산

앞에서 살펴본 산들 외에도 나라 안에서 명산이라고 알려진 산들이 있는데, 그중 하나가 춘천에 있는 청평산淸平山이다. 청평산은 다섯 봉우리가 연달아 있다고 해서 '오봉산'이라고도 부른다. 춘천은 고대 소국가인 맥국貊國이 도읍했던 곳이다. 맥국은 원래 예濊와 한韓과 더불어 우리 민족의 고대국가 중 한 곳으로 주周 동북방에 있었다는 기록이 《시경詩經》과 《서경書經》 등에 나타난다. 맥국이 춘천에 있었음을 밝힌 기록은 《삼국사기》에 나온다. 당나라 사람 가탐賈耽이 쓴 《고금군국지古今郡國志》를 인용하여 "고구려의 남동쪽 예의 서쪽이 옛 맥의 땅인데, 지금 신라의 북쪽이 삭주(지금의 강원도 춘천)이며 선덕여왕 6년(637)에 우수주를 두었다"라는 기록이 《삼국사기》에 있다. 《삼국유사》에도 "춘주는 옛 우두주로 옛날의 맥국인데"라고 쓰여 있다. 현재 춘천시 신북읍 발산 아래에는 맥국의 대궐터였다는 궐터마을이 있다.

이중환은 《택리지》에 "안동 학가산鶴駕山은 두 강 사이에 있으며 산세가 오관산이나 삼각산과 흡사하지만 돌 봉우리가 적은 것이 유감스럽다. 산 밑에 풍산豊山 들이 있어서 어떤 사람은 도읍이 될 만하다 하나, 이 세 곳의 산은 모두 위에서 말한 네 산만 못하다"라고 했다. 학가산은 경상북도 안동시 서후면·북후면과 예천군 보문면에 걸쳐 있는 산으로 학이 나는 형세다. 이 산에는 공민왕이 쌓았다는 학가산성이 있으며 학가산 산자락 석탑리에는 돌무더기로 쌓은 네모난 탑이 있는데, 이 탑에 전설이 내려온다. 이곳에서 200리 떨어진 영주 부석사에 3000여 명의 승려가 있었는데, 학가산에서 도를 닦던 능인이 공양 밥을 훔쳐 간다는 말을 듣고 능인을 죽이기 위해 석탑리까지 돌을 들고 몰려왔다고 한다. 부석사 승려들을 이미 기다리고 있던 능인이 그들의 행동을 꾸짖자 비로소 깨달음을 얻은 승려들이 능인을 죽이고자 가지고 온 돌을 쌓은 것이 지금의 학가산 석탑이라고 한다. 그러나 《영가지永嘉誌》에는 이 산의 한 굴에 능인이 숨어 지내며 세속을 멀리했는데, 부석사 승려 1000여 명이 찾아왔으나 끝내 그를 만나지 못하자 각각 돌을 모아서 쌓은 탑이라고 기록되어 있다.

이중환은 "평야에 내려앉은 평지돌출의 산으로 비록 큰 힘은 없으나 기이한 경치는 적어 놓을 만한 것이 많다"라며 《택리지》를 이어 간다.

이중환에 따르면 지금의 원주 치악산인 적악산赤岳山은 "토산土山이다. 그러나 그 산에 골짜기와 계곡이 많고 동서쪽에 이름난 마을이 많다. 또한 신의 영험이 깃들어 있어 적악산에서는 사냥꾼들이 감히 짐승을 잡지 못한다."

원주의 진산인 치악산에서 멀지 않은 곳에 자리한 사자산은 강원도 영월군 무릉도원면 법흥리와 평창군 방림면 운교리 및 횡성군 안흥면 상안리 사이에 있는 산이다. 서쪽에 삿갓봉, 서남쪽에 배향산, 남쪽에 연화봉, 동쪽에 백덕산 등이 솟아 있는데, 이중환은 《택리지》에서 "주천강酒泉江이 사자산에서 발원한다. 산 남쪽에 있는 도화동과 무릉동은 모두 시내와 샘물이 지극히 뛰어나 역시 복지라고 일컬어지며 진실로 세상을 피할 만한 곳이다"라고 했다. 주천강은 무릉리의 요선정을 지나 선암마을에서 한반도 모양의 산을 돌고 청령포를 지나 영월읍에서 동강과 합류한 뒤 남한강으로 들어간다.

이중환은 이어서 "공주 무성산과 천안 광덕산은 서로 접해 있는데 모두 흙산이다. 그러나 두 산 남쪽과 북쪽에 긴 골짜기가 매우 많다. 절과 암자만이 골짜기를 차지한 것이 아니고 골짜기마다 여염집과 밭고랑이 서로 뒤섞여서 긴 숲과 시냇물에 숨바꼭질하듯 하니 마치 하나의 도원과

청평사 구성폭포

강원도 춘천시 오봉산에 위치한 폭포다. 아홉 가지 소리를 낸다고 해서
붙여진 이름이며 이 폭포를 지나면 청평사가 나온다.

치악산 구룡사

의상이 668년에 세운 절로, 이름에 얽힌
아홉 마리 용의 전설이 전해 내려오는 곳이다.

치악산 정상

치악산은 원주시 소초면과 영월군 수주면의 경계에 있다.
차령산맥의 줄기로 영서 지방의 명산이며 강원도 원주시의 진산이다.

도 같다"라고 했다. 무성산茂盛山은 우성면, 정안면, 사곡면 경계에 있는 산이다. 무성산에는 조선시대의 3대 도적으로 알려진 홍길동이 쌓았다는 무성산성(일명 홍길동성)과 그가 거처했다는 굴이 남아 있다.

공주시를 흐르는 유구천은 유구면 탑곡리에서 발원하여 우성면 옥성리에서 금강으로 들어간다. 해월리는 원래 유구천이 마을 앞에서 휘돌아 흘러 휘여울이라고 부르던 것이 변하여 해월리가 되었다. 공주시 유구면 신영리의 여드니마을은 북서쪽에 장산과 서남쪽에 녹산이 높게 둘러서 있어 해가 늘 덜 비치므로 어두니라 했는데, 이곳에서 공주, 예산, 온양이 80리가 된다고 해서 여드니로 변했다.

광덕산은 천안시 광덕면 광덕리와 아산시 송악면 마곡리 사이에 있는 산으로 금북정맥에 있다. 산세가 풍요롭고 후덕해 보인다고 해서 광덕산廣德山이라는 이름이 붙은 이 산에는 신라 제27대 왕인 선덕여왕 때 자장율사가 창건한 광덕사가 있다. 광덕산 장군바위 서쪽에 있는 이마장골은 동학농민운동 당시 2만여 명이 피난을 왔던 곳이라 하고, 안심대는 골짜기가 아늑하여 아무리 어지러운 세상이라도 살 만한 터라고 해서 지어진 이름이다. 광덕사 위쪽에는 순조 연간의 인물인 김이양金履陽과 그의 소실이자 여류 시인이자 명기로 이름이 높았던 김부용의 무덤이 있다.

《택리지》의 기록은 다음과 같이 이어진다.

해미 가야산의 동남쪽은 흙산이고 서북쪽은 돌산이다. 동쪽에 있는 가야사의 골짜기는 곧 상고上古 때 상왕의 궁터이고, 서쪽에는 수렴동이 있는데 바위와 폭포가 매우 기이하다. 북쪽에는 강당동과 무릉동이 있는데, 수석이 아름답고 마을과 가까워서 살 만한 곳이다. 비록 합천 가야산보다는 못하지만 바닷가의 경치를 즐기기에는 충분하다.

가야산은 예산군 덕산면과 서산시 해미면 그리고 운산면에 걸친 산이다. 석문봉, 옥양봉, 원효봉 등의 봉우리들이 솟아 있어 경치가 매우 아름답다. 조선시대에는 이 산에서 봄과 가을에 충청도 고을 관찰사들을 시켜 제사를 지내게 했는데, 이 산자락에 마음을 씻고 가는 절이라는 뜻의 개심사開心寺가 있다.

개심사는 가야산의 한 줄기가 북쪽으로 뻗어 내려 만들어진 상왕산의 남쪽 기슭에 세워진 전형적인 산지 가람으로, 백제 의자왕 14년(654)에 혜감이 창건했다고 한다. 본래 이름은 개원사였으며, 고려 충정왕 2년(1350)에 처능이 중창하면서 개심사로 불리기 시작했다. 그 뒤 조선 성종 6년(1475)에 중창했으며 17세기와 18세기에 한 차례씩 손을 보았다.

우리나라에서 솔숲이 가장 아름다운 절을 꼽으라면 청도 운문사와 합천 해인사, 법흥사 적멸보궁 가는 길, 그다음이 서산시 운산면에 자리한 개심사일 것이다. '세심동洗心洞'(마음을 닦는 골짜기)이라 쓰인 표석을 지나서 소나무 숲길을 따라 한참을 올라가면 연못이 나오고, 연못에 놓인 나무다리를 건너 돌계단을 오르면 안양루가 보이고 근대 명필로 이름을 남긴 김규진金圭鎭이 예서체로 쓴 '象王山 開心寺'(상왕산 개심사)라는 현판이 한눈에 들어온다. 근래 들어 건축가들로부터 건물에 비해 글씨가 너무 크다는 평가를 받는 안양루를 돌아서면 개심사 대웅보전에 눈이 멎는다.

개심사는 우리나라의 사찰 중 보기 드물게 임진왜란 때 전화를 입지 않

서산 가야산

가야산은 평야와 구릉 지대가 넓게 펼쳐진 충청남도 서북부에 높게 솟아 있는
산으로, 서산시, 당진군, 예산군, 홍성군의 경계 역할을 한다.

예산 일대산

예당저수지와 덕산온천을 품고 있는 가야산 자락의 예산은 구릉과 산맥이
연결되어 있으며, 무한천과 삽교천이 북으로 흘러 기름진 예당평야를 형성한다.

았다. 그래서 조선시대 건축사 연구에 귀중한 자료가 되는 건물들이 여러 채 남아 있다. 보물로 지정된 대웅보전은 수덕사의 대웅전을 축소해 놓은 듯한 모습이다. 정면 3칸, 측면 3칸의 주심포 양식의 맞배지붕으로 우리나라의 건축이 천축식(인도식)에서 다포집으로 이행하는 과도기적 건물로서 중요한 위치를 차지하고 있다. 그보다 더욱 이 절의 아름다움을 널리 알려 주는 건물은 '심검당'이라는 요사채다. 대웅보전과 같은 시기에 지어지고 부엌채만 다시 지은 것으로 추정되는 이 건물은 나무의 자연스러운 멋을 잘 살린 아름다운 건축물이다.

1962년에 해체, 수리할 때 발견된 심검당 상량문에 따르면 성종 8년(1477)에 3중창되었고 영조 때까지 여섯 번 중창을 거쳤다. 상량문에는 시주한 사람들의 이름과 박시동이라는 목수의 이름까지 들어 있어 사료 가치가 매우 높다. 개심사 심검당은 경상북도 경산시 하양읍에 있는 환성사環城寺의 심검당과 함께 초기 요사채의 모습을 보여 주는 귀중한 건축물이다. 여기에 더해 안양루의 너른 창문 사이로 내다보이는 범종루의 기둥들 또한 휘어질 대로 휘어져서 보는 이의 눈을 놀라움으로 가득 채운다.

5

사람들이 가까이하여 즐겨 찾는 산

한가함을 틈타서 마음 놓고 등반했노라

《택리지》에 따르면 "남포 성주산은 남쪽과 북쪽 두 산이 합쳐져서 큰 골을 만들었다. 산속은 평탄하고 시내와 산이 밝고 깨끗하며, 물과 돌이 맑고 시원스럽다. 산 밖에서 나는 검은 돌로 벼루를 만들면 기이한 물건이 된다. 옛날에 매월당 김시습이 홍산 무량사에서 죽었다고 하는데 그곳이 바로 이 산이다. 시내와 물 사이에 또한 살 만한 곳이 많다." 성주산聖住山은 충청남도 보령시 성주면과 청라면 경계에 있는 산이다. 무연탄광인 성주탄광이 있었으며 예로부터 성인과 선인이 살았다고 해서 성주산으로 불렸다고 한다.

그러나 매월당 김시습이 말년을 보내고 입적한 절은 부여군 외산면의 무량사無量寺다. 무릇 산이 크고 높아야 골짜기가 깊고, 골이 깊어야 수량이 풍부하다. 성주산 성주사에 수많은 승려가 살아서 쌀 씻은 물이 10리를 흘렀다고 한다. 물이 있어야 도시가 들어설 수 있고 골짜기가 깊어야 전답이 생기므로 사람이 살만한 곳이라고 여겼을 것이다. 《택리지》는 변산

219

으로 이어진다.

　노령의 한 줄기가 북쪽으로 부안에 와서 서해 가운데로 쑥 들어갔다. 서쪽과 남쪽과 북쪽은 모두 큰 바다고 산 안쪽에는 수많은 봉우리와 골짜기가 있는데, 이것이 변산邊山이다. 높은 봉우리와 깎아지른 듯한 산꼭대기, 평평한 땅이나 비스듬한 벼랑을 막론하고 모두 큰 소나무가 높이 솟아 해를 가릴 정도다. 골짜기 바깥은 모두 소금을 굽거나 고기를 잡는 사람의 집이고, 산중에는 기름진 밭들이 많다. 주민이 산에 오르면 땔감을 마련하고 산에서 내려오면 물고기를 잡거나 소금을 굽는 것을 업으로 하여 땔나무와 조개 따위는 값을 주고 사지 않아도 될 정도로 풍족하다. 단지 샘물에 장기가 있는 것이 아섭다.

　변산은 바깥에다가 산을 세우고 안을 비운 형국이다. 그래서 해안선을 따라 98킬로미터에 이르는 코스를 '바깥변산'이라 부르고, 수많은 사찰과 암자가 있어 한때는 사찰과 암자만을 상대로 여는 중장이 섰다는 산의 안쪽을 '안변산'으로 부르기도 한다. 의상봉을 중심으로 신선봉, 삼신산, 쌍선봉, 옥녀봉, 관음봉 등 산악 지형과 직소폭포, 봉래곡, 와룡소 등 하천이 어우러져 있다. 호남의 5대 명산으로 불리는 변산은 능가산, 영주산, 봉래산 등 여러 이름으로 불려왔다. 《신증동국여지승람》은 변산을 다음과 같이 소개하고 있다.

　변산은 보안현에 있다. 지금 현과의 거리는 서쪽으로 25리인데 능가산으로도 불리고, 영주산으로도 불린다. 혹 변산卞山이라고도 하는데, 말이 돌아다

한가함을 틈타서 마음 놓고 등반했노라

안변산은 행정구역상으로는 부안군 변산면 중계리와
상서면 청림리 지역에 해당하며, 백천의 단일 수계를 이룬다.

니다가 변邊이 되었다고 한다. 변한卞韓의 이름을 얻은 것이 이 때문이라 하나 그런지 아닌지 알지 못한다. 봉우리들이 100여 리를 빙 둘러 높고 큰 산이 첩첩이 싸여 있으며 바위와 골짜기가 깊숙하여 궁실과 배의 재목은 모두 여기서 얻어 갔다. 전하는 말에는 호랑이와 표범들이 사람을 보면 곧 피했으므로 밤길이 막히지 않았다 한다.

큰 산이 첩첩이 솟았고

봉래구곡, 직소폭포, 선제폭포 같은 빼어난 절경이 산재한 변산은 산이 깊고 숲이 울창하여 예로부터 약초나 버섯을 재배하거나 벌도 많이 쳤다. 특히 안변산의 훤칠하게 자란 소나무는 곧고 단단해서 고려 때부터 궁궐을 지을 재목과 목선의 재료로 많이 쓰였다. 《신증동국여지승람》에 따르면 이규보는 "변산은 나라 재목의 보고다. 소를 가릴 만한 큰 나무와 찌를 듯한 나무줄기가 언제나 다하지 않았다. 층층의 산봉우리와 겹겹의 산등성이에 올라가고 쓰러지고 굽고 펴져서 그 머리와 끝의 둔 곳과 밑 뿌리와 옆구리의 닿은 곳이 몇 리나 되는지 알지 못하겠으나 옆으로 큰 바다를 굽어보고 있다"라고 했다. 그런 연유로 원元이 일본 원정을 할 때도 변산에 있는 나무들로 전함을 만들었다.

원종 15년(1274) 정월 원 조정에서 일본을 함락하러 가는 데 필요한 전함 800척을 3월까지 만들어 내라며 고려의 조정에 총감독으로 홍다구를 보냈다. 홍다구는 고려 사람으로 원에 귀화한 홍복원의 아들이다. 홍

한가함을 틈타서 마음 놓고 등반했노라

직소폭포

변산에는 직소폭포, 선제폭포 같은 빼어난 절경이 있다. 그중 직소폭포는
선인봉의 동쪽 산자락에 형성되어 옥수담에 떨어지는 것으로, 변산팔경의 하나로 꼽힌다.

다구는 원의 장수가 된 후 원이 고려를 치는 데 앞장선 인물이다.

부안의 변산과 장흥의 천관산이 배를 만들 곳으로 정해졌지만 석 달 동안에 300척의 배를 만들기란 불가능한 일이었다. 변산과 천관산에서 3만 500명쯤의 목수와 인부들이 밤낮으로 일했지만 일정을 맞출 수 없었다. 홍다구는 미친 듯이 인부를 다그쳤다. 당시 상황이 《고려사高麗史》에는 "이 때문에 역마가 끊기지 않고 각종 업무가 지극히 번거로웠으며 마치 번개나 우레처럼 기한을 재촉하므로 백성들이 크게 고통을 겪었다"라고 기록되어 있다. 예정보다 석 달을 넘겨 6월에 애초 목표한 300척이 아닌 900척의 배를 이끌고 원은 일본을 1차 침략했으나 배는 일본 땅에 닿기도 전에 태풍을 만나 모두 부서지고 말았다. 변산의 삼림 상황은 현재 어떠한가? 충청도 안면도의 솔숲과 더불어 목재의 생산지로서 손꼽히던 변산은 마구잡이 벌목으로 인하여 솔숲은 없어지고 잡목만이 무성하다.

변산에 내소사가 있다. 이색의 아버지이자 고려 말 문장가였던 이곡李穀이 그의 시에서 "높고 뛰어난 해안산海岸山이라 일찍 들었는데, 한가함을 틈타서 마음 놓고 등반했노라. 사람들은 하늘에서 내려오는 듯 사다리가 천 척이요, 중은 구름과 반 칸 집을 나누었다. 고요하게 있어도 아직껏 얽맨 세상 벗지 못했으니, 세상의 인연을 어찌 감히 상관할쏘냐. 푸른 산속 어느 날에나 내 머무름 용납할까, 대지팡이 짚신으로 날마다 왕래한다"라고 내소사를 노래했다.

일주문을 지나 아름답기로 소문난 전나무 길을 800미터쯤 걸어가면 그림처럼 나타나는 내소사來蘇寺는 부안군 진서면 석포리에 자리한 절로 백제 무왕 34년(633) 혜구두타가 소래사蘇來寺라는 이름으로 창건했

내소사 전나무숲.

변산은 계곡과 울창한 수림, 사찰 등이 경승을 이룬다. 내소사 일주문을 지나 아름답기로
소문난 전나무 길을 800미터쯤 걸어가면 그림처럼 내소사 가람이 나타난다.

다. 창건 당시에 '대大소래사'와 '소小소래사'가 있었는데 지금의 내소
사는 예전의 소소래사라고 한다. 그 뒤 인조 11년(1633)에 청민이 중건하
고 1902년 관해가 중창한 뒤 오늘에 이르고 있다. 소래사가 내소사로 언
제부터 바뀌었는지는 분명하지 않다. 다만 중국의 소정방이 석포리에 상
륙한 뒤 이 절을 찾아와서 시주했기 때문에 내소사로 바뀌었다는 말이 있
지만 근거는 없다. 내소사는 선계사, 실상사, 청림사와 더불어 변산의 4대
명찰로 불렸지만 다른 절들은 전란 때 모두 불타 버리고 말았다.

국보로 지정된 내소사 동종은 고종 9년(1222) 변산 청림사에서 만든
종으로 청림사가 폐사되면서 땅속에 묻혔던 것을 철종 4년(1853)에 내소
사로 옮겼다. 내소사 동종은 몸체에 음각으로 새겨진 주종기가 남아 있어
동종의 역사적 변천을 살필 수 있다는 점에서 사료적 가치가 크다.

범종각을 지나 봉래루를 지나면 대웅보전 앞에 다다른다. 내소사 대웅
보전은 자연석으로 쌓은 축대 위에 낮은 기단과 다듬지 않은 주춧돌을 놓
고 세운 정면 3칸, 측면 3칸의 단층 팔작지붕집이다. 조선 중기 이후에 유
행했던 다포계 건물로, 공포의 짜임은 외 3출목과 내 5출목이고 기둥 위
에는 물론 주간에도 공간포를 놓았다. 법당 내부의 제공提栱 뒤 뿌리에
는 모두 연꽃 봉오리를 새겼고 우물반자를 댄 천장에 꽃무늬 단청이 있다.

내소사 대웅보전 건물은 못을 하나도 쓰지 않고 나무토막들을 깎아 끼
워 맞춘 건물로 유명하다. 내소사를 중창할 당시 대웅보전을 지은 목수는
3년 동안 나무를 목침덩이만 하게 토막 내어 다듬기만 했다고 한다. 나무
깎기를 마친 목수는 그 나무를 헤아리다가 하나가 모자라자 자신의 실력
이 법당을 짓기에 부족하다며 법당 짓기를 포기하고자 했다. 그러자 사미

승이 감추어 두었던 나무토막을 내놓았지만 목수는 부정한 나무토막은 쓸 수 없다며 끝내 그 토막을 빼놓고 대웅보전을 완성했다고 한다. 그런 연유로 지금도 대웅보전 오른쪽 안 천장은 왼쪽에 비해 나무토막 한 개가 부족하다고 한다. 또 법당 내부를 장식한 단청에도 단청이 그려지지 않은 곳이 한 군데 있다.

내소사의 제일가는 아름다움은 내소사 대웅보전의 정면 3칸, 8짝의 문살을 장식한 꽃무늬일 것이다. 연꽃과 국화꽃이 가득 수놓인 문짝은 말 그대로 화사한 꽃밭을 떠올리게 한다. 원래는 형형색색으로 채색되었을 꽃살문이 나뭇결로만 남아 있어 오히려 더 아련한 아름다움을 전해 준다. 한 곳 한 곳을 지극한 정성으로 파고 새긴 옛사람들의 불심에 새삼 고개가 숙여지는데, 이 문살의 꽃무늬는 간살 위에 떠 있으므로 법당 안에서 보면 꽃무늬 그림자는 보이지 않고 단정한 마름모꼴 그림자만 보인다.

변산에 있는 불사의방장不思議方丈은 《신증동국여지승람》에 따르면 "신라 때 승려 진표眞表가 살던 곳인데, 100척 높이의 나무사다리가 있다. 사다리를 타고 내려오면 곧 방장에 이를 수 있고 그 아래는 모두 무시무시한 골짜기다. 쇠줄로 그 집을 잡아당겨서 바위에 못질했는데, 세상에서는 바다의 용이 한 짓이라고 한다." 고려 때의 문인 이규보는 "무지개 같은 사다리 밑바닥이 기다랗구나. 몸을 돌려 곧장 내리면 만 길 넘는다. 지인至人(도덕이 극치에 이른 사람)은 이미 가고 자취 없는데, 옛집은 누가 붙들었기에 아직도 쓰러지지 않았나. (…) 완산完山에 이은吏隱하는 세상 일 잊은 나그네, 손 씻고 와서 한 조각 향을 태운다"라고 불사의방장을 노래했다.

변산을 휘돌아가면 개암사開巖寺가 나온다.《개암사지》에 따르면 개암사 터는 변한의 왕궁터였다고 전해지는데, 기원전 282년 변한의 문왕이 진한과 마한의 난을 피하여 이곳에 와서 성을 쌓았다고 한다. 문왕은 우와 진 두 장수를 보내 감독하게 했으며, 좌우 계곡에 왕궁과 전각을 지은 후 동쪽의 것은 묘암, 서쪽의 것은 개암이라고 이름 지었다고 한다. 그 뒤 백제 무왕 35년(634)에 묘련이 변한의 궁전을 절로 고쳐 짓고 개암사와 묘암사라 불렀고, 통일신라 문무왕 때 원효와 의상이 중창했다. 고려 충숙왕 때 원감이 중창하고 조선 태종 때 선탄이 중수했지만 임진왜란 때 불타고 말았다.

지금의 대웅전은 인조 14년(1636)에 계호가, 효종 9년(1658)에 밀영과 혜징이 중건했다. 울금바위를 배경으로 지어진 모습이 참으로 아름답다. 정면 3칸, 측면 3칸의 팔작지붕 다포식 건물인 대웅보전의 닫집 안에 아홉 마리의 용이 뒤엉켜 물을 토해 내는 모습의 조각이 있고 대웅보전 현판 위에는 도깨비 얼굴 둘이 붙어 있다. 특히 울금바위에는 신라의 고승 원효가 수도했다는 원효방이 있다. 백제부흥운동 당시 군사들을 입히기 위해 베를 짰다는 베틀굴도 있다. 백제 멸망 이후 백제의 장군이었던 복신과 도침이 의자왕의 넷째 아들 풍왕을 불러들여 백제부흥운동을 벌였지만 복신이 도침을 죽이고, 풍왕이 복신을 죽이는 지도부의 내분으로 백제군의 사기는 떨어지고 말았다. 나당연합군이 신라 문무왕 3년(663) 7월에 주류성을 공격해 오자 지원하러 왔던 일본군이 패망하고 풍왕은 고구려로 도망하고 말았다.

《일본서기》에 백제의 패잔병들은 9월 7일 주류성이 함락되자 "백제의

적벽강

적벽강은 송나라 소동파가 노닐던 중국의 적벽강을 닮았다고 하여 붙여진 이름이다.
이름의 강江은 지형적 강이 아니고 중국의 특정 지역과 관련되어 붙여졌다.

이름은 오늘로 다했다. 고향 땅을 어찌 다시 밟으리오" 하는 뼈아픈 탄식
을 남긴 채 일본으로 떠나고 말았다고 한다. 그 뒤 몇백 년의 세월이 흐른
뒤 백제의 유민이었던 경상도 문경 사람 견훤이 백제의 맥을 잇겠다고 전
라도 전주에 도읍을 정하고 백제를 건국했지만 결국 역사의 뒤틀림으로
패망하고 말았다.

일몰이 아름다운 선운산 낙조대

변산에서 줄포만을 건너면 보이는 산이 선운산이다. 선운산의 본래 이
름은 도솔산이었다. 백제 때 창건한 선운사가 있어 선운산으로 불리게 되
었다. 고려 우왕 때 문신 윤진尹珍이 "옛길이 숲 사이에 뚫렸는데 돌이
험하고, 겹친 산이 절을 싸안았는데 물이 맴도네. 양쪽 벼랑에 나무 빽빽
한데 평상에 바람 일고, 시냇가 누각에 잠깐 올라가 한바탕 웃네"라고 선
운산과 선운사를 노래했다. 선운산은 흔히 선운사의 뒷산인 수리봉을 가
리키지만 실제로는 1979년 전라북도에서 지정한 도립공원 범위인 선운
계곡을 둘러싼 E 자 모양의 산 전체를 선운산으로 보는 게 옳다. 가장 높
은 경수산과 청룡산, 구황봉, 개이빨산이 독립된 산처럼 솟아 있고, 이 산
에서 모인 물이 인천강(인냇강)을 이루어 곰소만으로 들어간다.

구름 속에 누워 선도를 닦는다는 뜻을 지닌 선운산禪雲山에는 바위들
이 많다. 구황봉 마루에는 탕건을 닮았다는 탕건바위가 있고 구암리에는
별바위와 형제바위, 오암마을 뒤에는 자라처럼 생겼다 해서 자라바위, 용

암마을 뒷산에는 용처럼 생긴 용바위, 아산초등학교 뒤편에는 사자바위가 있다. 학전리 앞에는 개구리가 입을 벌리고 있는 형상이었던 바위가 낙뢰로 깨졌다고 해서 깨진바우가 높이 30여 미터로 솟아 있다.

고려 명종 때 문신 김극기金克己는 선운산을 "산숲이 앞뒤 사면을 둘렀는데, 하나의 천당이 절에 그려졌으니, 자수紫綬(정3품 이상이 차던 호패의 자줏빛 술)는 어찌 늘어진 것을 자랑하랴. 현묘한 기틀에는 다만 부처의 진리를 엿보고자 하네. 폭포 소리 옥 부수듯 단풍 진 골짜기에 울고, 산 경치는 소라를 모아 놓은 듯 푸른 하늘에 솟았네. 마주 앉아 조용히 옥진玉塵을 날리니 웃으며 이야기하는 끝에 맑은 바람 문득 이네"라고 노래했다.

《신증동국여지승람》에 보면 선운산에 중애사, 참당사 등의 절이 있었다지만, 지금은 선운사에 딸린 몇 개의 절만 있을 따름이고 낙조대 아래에는 용문굴이 있다. 선운사를 창건할 당시 검단이 연못을 메울 때 쫓겨난 이무기가 급하게 서해로 도망가기 위해 뚫어 놓은 것이라는 용문굴은 규모 면에서 대단히 큰 굴이면서 신비하기 짝이 없고 시원스럽다.

암벽타기를 즐기는 산악인들이 연습장으로 활용하는 바위벽을 돌아가면 도솔암으로 오르는 길옆 절벽에 고려 초기 지방 호족들이 새겼다고 추정하는 마애여래좌상이 있다. 이 동불암지 마애여래좌상은 결가부좌한 자세로 양 끝이 올라와 있고 입도 역시 꾹 다문 모습이기 때문에 부처다운 부드러움이나 원만함 없이 위압감을 준다는 평가를 받는다. 마애불의 머리 위에 누각식의 지붕이 달려 있었는데 인조 26년(1648)에 무너져 내렸다고 한다. 동불암지 마애여래좌상의 배꼽 속에는 신비스러운 비결이 하나 숨겨져 있는데, 그 비결이 세상에 나오는 날에는 한양이 망한다는 전설이 끈질기게 전해져 왔다. 동학 접주를 지낸 오지영이 1940년에 펴낸《동학사東學史》에 기록된 비결의 탈취 과정은 다음과 같다.

지금 고창군(당시 무장현) 아산면 선운사 동남쪽 3킬로미터 지점에 도솔암이란 암자가 있고, 그 암자 뒤에 50여 척 높이의 층암절벽이 솟아 있는데, 그 절벽에 미륵이 하나 새겨져 있다. 이 미륵상은 3000년 전에 살았던 검당선사 진상이란 것으로, 그 미륵의 배꼽에 숨겨져 있는 신비한 비결이 세상에 나오는 날에는 한양이 망한다는 것이다. 이 비결을 1892년(임진) 8월 무장 접주 손화중과 동학 지도자들이 밤중에 꺼내게 되었다.

이 사건으로 동학 지도자들이 여러 형태로 피해를 받았지만 그 비결을 꺼낸 손화중이 왕이 되어 세상이 뒤집어질 것이라는 소문이 줄을 이었다. 그러자 곧 무장 접주 손화중의 교구에 사람들이 몰려들었고 그들이 결국 동학농민운동의 주역으로 활동하게 된다.

바라볼수록 마애불과 잘 어울리는 한 그루 소나무 뒤편에 도솔암이 있다. 깎아지른 절벽과 푸른 나뭇잎이 손짓하는 듯한 정경 속에 자리한 도솔암 내원궁內院宮에는 보물로 지정된 금동지장보살좌상이 있다. 남해 금산의 보리암만큼이나 영험하기로 소문이 난 금동지장보살좌상은 선운사 관음전에 있는 것과 크기나 형식이 비슷하지만 그보다 훨씬 더 세련되고 아름답다.

선운사 도솔암 내원궁

상도솔암이라고도 불리는 도솔암 내원궁은 천인암이라는
험준한 바위 위에 세운 법당이다. 통일신라 때 지었다고 전하지만 지금의
내원궁은 1511년에 다시 짓고 이후 수차례 고친 건물이다.

233

광주의 진산 무등산

《택리지》에 따르면 "광주 무등산은 산 위에 긴 바위가 가지처럼 뻗은 것이 수십 개나 배열되어 있어 훌륭한 홀 같고 산세가 지극히 준엄하여 온 도를 위압한다." 무등산은 광주광역시 북구와 전라북도 화순군 이서 면과 전라남도 담양군 가사문학면의 경계에 있는 산이다. 무등산無等山 의 이름은 높이를 헤아릴 수 없고 견줄 만한 상대가 없어 등급을 매기고 싶어도 매길 수 없다는 뜻을 지니고 있다. 이는 불교와 인연이 있는 말인 데,《반야심경》에서 부처가 절대 평등의 깨달음, 곧 '무등등無等等'을 말 한 대목에서 유래한 듯하다. 절대 평등의 무등은 평등이란 말을 쓸모없게 하는 완전한 평등을 뜻한다.

무등산은 어느 방향에서 바라보든 그저 하나의 봉우리로 이루어진 듯 하지만 올라가서 내려다보면 사방으로 가지를 뻗고 큰 골짜기들이 여러 갈래로 나 있다. 무등산에는 증심사계곡, 용추계곡, 원효계곡 등이 있으 며 계곡마다 폭포와 암반들이 절경을 이룬다.

《신증동국여지승람》는 "일명 무진악 또는 서석산이라고 한다. (…) 이 산 서쪽 양지바른 언덕에 돌기둥 수십 개가 즐비하게 서 있는데 높이가 100척이나 된다. 산 이름 서석은 이로 말미암은 것이다"라고 무등산의 유래를 밝혔으며, 임진왜란 때의 의병장이었던 고경명高敬命도 무등산 을 서석산이라 했다. 조선 전기 문신 권극화權克和는 무등산에 대해 다 음과 같이 기록했다.

광산光山의 진산을 무등산 혹은 서석산이라고 하는데, 그 형세가 웅장하여 모든 산에 비길 바가 아니다. 산 동쪽에 암자가 있어 이를 규암圭庵이라 하고 그 곁에 서석瑞石이 겹겹이 서 있는데 우러러보는 모양, 굽어보는 모양, 누운 모양, 일어난 모양이 있고 또 무더기로 있는 모양과 혼자 서 있는 모양이 있어 높이가 수백 척이나 되고 사면이 옥을 깎은 듯하다. 서석이니, 규봉이니 한 것은 뜻이 대개 이것을 취한 것이리라. 물이 잔잔하게 돌눈에서 쏟아져나와 마르지 않는다. 옛날 의상이 이를 보고 기이하게 여겨 비로소 정사精舍를 세웠고, 후에 보조와 진각이 공부하여 도를 얻어서 그 꽃다운 자취가 아직도 남아 있다. 그 모습은 삼존석三尊石과 십이대十二臺를 보면 쉽게 상상할 수 있다.

무등산이 사람들에게 아름답다고 알려진 이유는 펑퍼짐한 육산이면서도 산등성이 곳곳에 기기묘묘한 바위들이 있기 때문이다. 천왕봉 남동쪽의 규봉(삼존석)과 남쪽의 입석과 서석은 다른 산에서는 찾아보기 힘든 비경이다. 장불재 북동쪽 약 400미터 지점에 위치한 입석대는 선돌을 수백 개 모아 놓은 듯 오묘한 모습이다. 특히 입석대는 옛날부터 제천단으로서 가뭄이나 전염병이 극심할 때 제를 지내던 신령스러운 곳이다. 장불재 북쪽 약 800미터 지점에 솟아 있는 서석은 저녁노을이 물들 때면 수정처럼 반짝인다 하여 수정병풍이라고도 불린다.

무등산 정상은 '정상 3대'라 불리는 천왕봉, 지왕봉, 인왕봉 세 개의 바위봉으로 이루어진다. 천왕봉에 올라서면 무등산의 최고봉답게 전라북도 순창뿐 아니라 광주, 담양, 영암, 나주 등 호남 일원이 한눈에 들어오며 맑은 날엔 지리산까지도 보인다. 비로봉이라고도 불리는 지왕봉 꼭대

235

무등산

광주의 진산인 무등산은 광주시 북구와 화순군, 담양군의 경계에
자리하고 있다. 높이는 1187미터이며 산세가 웅대하다.

무등산 입석대

약 4500만~8500만 년 전 화산활동으로 형성된 주상절리다.
고경명은 벼슬 높은 신하가 관을 쓰고 공손히 읍하는 모습 같다고 했다.

기의 뜀바위에는 임진왜란 때 의병장인 김덕령 金德齡 장군이 무술을 연마하고 담력을 키우기 위해 뜀바위를 건너뛰고는 했다는 이야기가 전한다. 반야봉이라고도 불리는 인왕봉은 세 개의 봉우리 중 가장 낮다. 이렇듯 무등산은 빼어나게 아름다운 덕에 예로부터 시인 묵객의 발길이 끊이지 않았다. 이은상은 〈무등산기행〉에서 "해금강을 바다의 서석산이라고 하면 해금강을 본 이는 짐작할 것이다. 돌을 돌이라 부르지 않고 서석이라고 부른 것은 예찬의 뜻이 벌써 거기를 표한 것이지만 나는 그 예찬을 과하게 보려는 자가 아니요, 도리어 부족하게 보고 있다"라고 격찬했다.

산 우는 소리가 수십 리까지 들리고

《신증동국여지승람》을 보면 무등산은 "날이 가물다가 비가 오려고 할 때나 오랫동안 비가 오다가 개려고 할 때 산이 우는데 수십 리까지 들린다"라고 쓰여 있다. 그리고 이어서 《신증동국여지승람》은 '무등산 신사'라고 하며 다음과 같이 소개한다.

신라 때는 소사小祀를 지냈으며 고려 때는 국가의 제祭를 올렸다. 동정원수 김주정이 각 관청의 성황신에게 제사를 지낼 때 차례로 신의 이름을 불러 신의 기이함을 경험했다. 그런데 광주의 성황신이 큰 기의 방울을 올린 것이 세 번이었다. 그래서 김주정이 조정에 보고하여 작위를 봉했다. 본조에 와서도 춘추로 본읍에 명하여 제사를 올리도록 했다.

신라 때부터 존재한 이 신사와 밀접한 연관이 있는 게 무등산 천제단이다. 신라와 고려 때는 국가적 차원에서 산신제를 지냈으며, 조선시대에는 읍제를 지냈다. 그러다가 17세기 후반 잦은 기근으로 민간의 기복 신앙이 성행하며 정부 차원에서 천제를 시도했다. 무등산 천제단은 산신제를 지내던 신사 자리로, 조선 후기에 천제 거행 욕구에서 등장한 것으로 보고 있다. 정조 13년(1789)《광주목지》에 따르면 "천제단은 주의 동쪽 15리 무등산에 있고, 신사는 주의 동쪽 15리 무등산 아래에 있다"라고 되어 있다. 이후 읍지에 빠지지 않고 기록되어 있는데, 일제강점기인 20세기 초에 와서 일제가 강제로 철거했다. 광주청년회에서 천제단 터는 보존했으나 천제는 사라졌다. 그러나 1965년 이래 매년 10월 3일에 민간단체들이 개천제를 지내고 있으며, 1988년 이후 광주민학회에서 집전하고 있다.

무등산은 고경명이 지은 〈유서석록遊瑞石錄〉에는 "천관, 팔전, 조개, 모후의 산들이 눈 밑에 있다"라고 되어 있고, 《신증동국여지승람》에는 "제주도의 한라산, 경상도의 남해, 거제도 등이 모두 눈 속에 들어온다"라고 쓰여 있다. 이렇듯 빼어난 경관을 자랑하는 무등산에는 불교와 유교의 문화유산들이 산재해 있다. 증심사와 원효사 등 사찰과 수많은 암자가 있는데, 무등산 최대 사찰인 증심사에는 보물로 지정된 철조비로자나불좌상을 비롯한 여러 문화유산이 있다. 원효사는 이름 그대로 원효가 신라 때 창건한 절로 알려졌지만 한국전쟁 당시 공비 소탕 작전으로 소실되었다가 얼마 전에야 복구되었다. 무등산 북쪽을 '가사문화권' 또는 '정자문화권'으로 부르는데 소쇄원과 식영정 등 누정들이 즐비하다.

6

누구에게나 오름을 허락하는 산

마음 맑게 하는 곳 여기에 있으니

달은 청천에서 뜨지 않고

《택리지》에 영암 월출산月出山은 "뾰족한 돌 끝이 날아 움직이는 듯한 것이 도봉산이나 삼각산과 같으나 바다에 너무 가깝고 골짜기가 적은 것이 아쉽다"라고 쓰여 있다. 월출산은 평지돌출 산으로 기암괴석이 많아서 남도의 소小금강산으로 불린다. 산의 최고봉은 천황봉이며 구정봉, 도갑산, 월각산, 장군봉, 국사봉 등이 연봉을 이룬다. 대체로 영암군 쪽에 속하는 산은 날카롭고 가파른 돌산이며, 강진군 쪽에 속하는 산은 육산이다. 《동국여지승람》에 따르면 월출산을 신라 때는 월나산月奈山, 고려 때는 월생산月生山이라 불렀다.

월출산은 그 아름다움으로 인하여 시인 묵객의 칭송을 들었다. 김극기가 월출산을 노래한 시에는 "월출산의 많은 기이한 모습을 실컷 들었거니, 흐림과 갬 그리고 추위와 더위가 서로 알맞도다. 푸른 낭떠러지와 자색의 골짜기에는 만 떨기가 솟고, 첩첩한 봉우리는 하늘을 뚫어 웅장하며 기이함을 자랑하누나"라는 시구가 있다. 김시습은 "남쪽 고을의 한 그림

가운데 산이 있으니 달은 청천에서 뜨지 않고, 이 산간에 오르더라"라고
했다.

무위사는 전라남도 강진군 성전면 월하리의 월출산 동남쪽에 있는 사
찰로 대흥사의 말사다. 고적하면서도 그 아름다움이 빼어난 무위사는《사
지寺誌》에 따르면 신라 때 원효가 창건하여 관음사라 했고, 헌강왕 원년
(875)에 도선이 중창하여 절 이름을 갈옥사로 바꾸면서 수많은 승려가 머
물렀다. 그 뒤 고려 정종 원년(946)에 선각이 3창하면서 모옥사로 개명
했고, 조선 명종 5년(1550)에 태감이 4창하면서 인위나 조작이 닿지 않
은 맨 처음의 진리를 깨달으라는 뜻의 무위사無爲寺라는 이름을 붙였다.
조선 전기 선종 사찰에서 태고종 사찰로 바뀐 무위사는 사찰 통폐합 와중
에도 이름난 절에 들어 그 위세를 유지했는데, 이는 죽어서 제 갈 길로 가
지 못하고 떠도는 망령들을 불력으로 거두는 수륙재 水陸齋를 지내는 수
륙사로 지정되었기 때문이다. 절의 건물로는 극락보전, 명부전, 벽화보존
각, 해탈문, 분향각, 천불전, 미륵전 등이 남아 있어 58동에 이르렀다는
옛 절의 모습을 그나마 보여 주고 있다.

무위사의 시초인 관음사를 중창한 도선이 실제 인물이 아니라는 주장
이 있다.《조선불교통사朝鮮佛教通史》를 지은 이능화나 이마니시 류 같
은 학자들은 "도선국사는 실제 인물이 아니고 형미대사의 행적을 바탕으
로 몇 사람의 행적을 보태어 꾸며 낸 가공의 인물일 것"이라는 주장을 폈
다. 고려의 승려 굉연은 〈도선전〉에서 도선을 이렇게 말한다.

도선의 어머니 최씨가 한 자 넘는 오이를 따 먹고 처녀로 임신하여 도선을

월출산

무등산 줄기에 속하는 월출산은 809미터로 높지 않지만 산체가 매우 크고
수려하다. 깎아지른 듯한 기암절벽이 많아 예로부터 영산이라 불렸다.

낳았으며 아비를 모르는 자식이라 하여 그 친정 부모가 화를 내고 대밭에 버렸다. 그러자 비둘기와 매들이 날아와서 날개를 펼쳐 아기를 보호했으므로 다시데려가 길러 출가를 시켰다. 그는 당으로 건너가 일행선사로부터 풍수도참설을 전수받았다.

도선의 출현 이후 이 땅에는 수많은 풍수가가 나타나 현대에까지 지대한 영향을 미치고 있다.

느티나무와 팽나무가 그늘을 드리운 무위사 정면에는 소박한 아름다움이 어떤 것인지를 보여 주는 극락보전이 단아하게 서 있다. 김제 귀신사의 대적광전이나 예산 수덕사의 대웅전, 부석사의 조사당과 안동 봉정사의 극락전 같은 조선 전기의 맞배지붕 겹처마에 주심포집인 무위사의극락보전은 바라보면 볼수록 단정하면서도 엄숙한 조선 선비의 전형을보는 듯하다.

극락보전은 1962년에 국보로 지정되었다. 1982년에 해체, 복원 공사중 중앙 칸에서 발견된 명문名文에 따르면 극락보전은 조선 세종 12년(1430)에 지어졌다. 또한 1956년에 극락전 수리 공사를 하던 중 본존불뒤쪽의 벽화 아래 서쪽에서 발견한 묵서명에 따르면 성종 7년(1476)에후불벽화(아미타여래삼존벽화)가 그려졌음을 알 수 있다. 조선 전기를 대표할 만큼 뛰어난 아미타여래삼존좌상(보물)이 언제 조성되었는지는 확인할 수 없으나 극락보전 안쪽 벽에 그려진 많은 벽화는 1974년에 해체, 보수하다가 그 벽화들을 통째로 들어내 벽화 보존각을 지어 따로 보관하고있다.

고려 불화의 맥을 잇는 전통 아미타여래삼존벽화는 신필에 가깝다. 이 벽화에 얽힌 일화는 이렇다. 법당이 완성된 뒤 이 절을 찾아온 한 나이든 거사가 벽화를 그릴 것이니 49일 동안 법당을 들여다보지 말라고 했다. 마침내 49일째 되던 날 무위사 주지가 문에 구멍을 뚫고 법당 안을 들여다보자 파랑새 한 마리가 입에 붓을 물고 마지막으로 후불벽화의 관음보살 눈동자를 그리고 있었다. 갑자기 인기척을 느낀 새는 어디론가 날아가버려 지금도 이 후불벽화의 관음보살상에는 눈동자가 없다. 극락보전 옆에는 선각대사탑비와 삼층석탑이 서 있고 미륵전에는 마음씨 좋은 동네 아줌마 형상을 한 미륵불이 모셔져 있으며 그 옆에는 산신각이 있다.

월출산 아랫자락 길을 넘어가다 보면 사시사철 푸르게 펼쳐진 차 밭이 나오고 고개를 올려다보면 불꽃처럼 뾰족뾰족한 바위 능선이 한눈에 들어온다. 다산 정양용은 강진 땅으로 유배를 가다 월출산 자락을 보며 다음과 같은 시 한 편을 남겼다(유홍준,《나의 문화유산답사기 1》, 창비, 1993 재인용).

누리령 산봉우리는 바위가 우뚝우뚝

나그네 뿌린 눈물로 언제나 젖어 있네

월남리로 고개 돌려 월출산을 보지 말게

봉우리 봉우리마다 어쩌면 그리도 도봉산 같아

월출산을 배경으로 강진군 성전면 월남마을에 월남사지가 있다.《동국여지승람》에 따르면 이 절은 고려 중기 송광사에 주석하면서 수선결사

강진 무위사 극락보전

무위사는 한때 58동에 이르는 대사찰이었으나 화재 등으로 축소되었다.
국보로 지정된 극락보전이 소박한 아름다움을 보여 주며 단아하게 서 있다.

강진 무위사 미륵불

무위사는 617년 원효가 창건했다고 알려진 고찰이다. 미륵전에 모셔진
미륵불은 마음씨 좋은 동네 아줌마 형상을 하고 있다.

修禪結社 운동을 펴다가 입적한 보조의 뜻을 이은 진각국사 혜심이 창건
했다고 전하지만 창건 이후 중창에 관한 기록은 없다. 다만 《가람고伽藍
考》 등에 이 절이 있다고 기록된 것으로 보아 조선 후기에 폐사되었을 것
이라고 추측할 뿐이다. 이곳에 보물로 지정된 월남사지 삼층석탑이 있다.
이 삼층석탑은 정읍 은선리 삼층석탑이나 부여 정림사지 오층석탑을 연
상시킨다. 연구자 대부분은 이 석탑을 벽돌 모양으로 만든 모전석탑이라
고 부르는데 실상은 그렇지 않고 백제 탑을 모방한 고려 탑이라고 볼 수
있다. 월남사지 삼층석탑에서 100미터쯤 가면 동백나무 숲속에 진각국
사비가 있다. 비문에 그의 제자였던 최이, 최항 등 고려 무신정권의 핵심
인물들이 기록되어 있지만, 역사는 무상한 것이라서 깨진 비석을 등에 진
용머리 형상의 거북만 남아 그 옛날을 증언할 뿐이다.

천관산에는 봉수대가 남아

이중환이 《택리지》에 "돌 모양이 기이하고 훌륭하며, 항상 산 위에 붉
은 구름과 흰 구름이 떠 있다"라고 기록한 장흥 천관산은 전라남도 장흥
군 대덕읍과 관산읍에 자리한 산이다. 천관산의 연대봉에는 그 이름에서
짐작되는 바와 같이 왜적이 침입했음을 알리기 위한 봉수대가 있다. 고려
의종 3년(1149)에 처음 쌓아서 개축해 오다가 왜적이 침입했을 때 장흥
의 억불산과 병영의 수인산과 교신했던 천관산 봉수대는 오랜 세월이 흐
르는 동안 기단석만 남았던 것을 1986년 3월에야 쌓아 올렸다.

강진 월남사지 삼층석탑

월남사지는 월출산을 배경으로 강진군 성전면 월남마을 중앙에 있는 절터다.
월남사지 삼층석탑은 백제의 옛 땅에 위치한 지리적 특성상 백제 양식을 많이 따르고 있다.

《신증동국여지승람》에서는 천관산의 이름과 산세에 대하여 "천관산은 예로부터 천풍산 또는 지제산으로 불렸는데 산세가 몹시 높고 험하여 가끔 흰 연기와 같은 기운이 서린다"라고 했다. 조선 후기 실학자 존재 存齋 위백규魏伯珪는 《지제지支提志》에서 "천관산은 극히 작은 산이다. 그러나 예로부터 특히 신령스럽고 기이하다고 해서 비록 두류산이나 서석산이 높고 크다고 하나 천관산보다 자랑할 수가 없다고 했는데 사실이 그러하다" 했다.

곳곳에 기암괴석이 많고 정상 부근에 바위들이 비죽비죽 솟아 있는데 그 바위들이 주옥으로 장식된 천자의 면류관처럼 보여서 천관산天冠山이라 부른다. 이 산을 대덕이나 관산에 사는 사람들은 그저 큰 산이라고 부르는데, '큰 산에 비 몰려온다'라거나 '큰 산으로 소풍 간다' 또는 '큰 산이 울었다'라고 말한다. 산의 서남쪽에 위치한 대덕 사람들과 산의 동쪽에 위치한 관산 사람들 사이에는 이 산의 정기를 독점해서 누리고자 다툼도 많았다고 한다.

특히 날이 가물어 기우제를 올릴 때면 심한 편싸움이 벌어지는데 고을마다 서로 번갈아 기우제를 지내고는 산중의 분묘를 파헤쳤다. 큰 산에 누군가가 묘를 잘못 써서 화기를 돋워 수액을 말려 버린 탓이라 여겼기 때문이다. 내장산, 월출산, 변산, 두류산과 더불어 호남의 5대 명산으로 불리는 천관산은 가을에 억새숲이 절경을 이루어 해마다 가을철에는 천관산억새 축제가 열린다.

이 큰 산에는 엄청난 규모의 큰 절이 있었다고 전해지는데 그 절이 대덕으로 내려가는 길목에 있는 탑산사일 것이라고 하지만, 한편에서는 천관사가 큰 절이라는 말도 전해 온다. 이렇듯 전설 속의 큰 절(탑산사)이 실재했음을 알려 주는 보물한 점이 있는데 바로 탑산사명 동종이다. 이 종은 임진왜란 때 큰 절이 불타 없어진 뒤에 해남의 대흥사에 옮겨져 보관되고 있다. 탑산사명 동종은 종신에 새겨진 문양이나 명문 그리고 기법으로 보아 고려 때의 것으로 추정한다.

대략 40여 개가 넘는 기암괴석 중에서도 천관산 제일봉이라는 구룡봉에는 아홉 마리의 용이 기어 나왔다는 흔적이 있고 용의 발자국이라는 웅덩이가 있으며 서쪽에는 지장봉, 석선봉, 촛대바위가 있다. 천관사로 하산하는 그 가파른 길에도 종봉, 선재봉, 관음봉, 대세봉, 독성암, 연봉 등이 사열하듯 서 있다.

천관보살이 살았다는 데서 절 이름이 유래한 천관사의 창건 설화를 《신증동국여지승람》은 "영통화상이 일찍이 꿈을 꾸니 북쪽 곳이 땅으로부터 솟아오르는데 화상이 가지고 있던 석장錫杖이 날아 산꼭대기를 지나 그 북쪽 곳에 이르러 내리꽂혔다. 그곳이 지금의 천관사다"라고 소개한다. 하지만 장흥 지역의 향토지에는 또 다른 창건 설화가 전해져 온다. 이 기록에 따르면 천관사의 본래 이름이 화암사로서 신라 성덕왕 4년(705) 보현사의 정천암을 크게 개창한 뒤에 그 절 이름을 화암사로 개칭하고 교종의 승려였던 영변과 그의 동료 다섯 명이 절을 운영하면서 화엄경을 설법했다 한다. 89개의 암자를 거느렸다는 그 옛날의 영화는 찾을 길 없지만, 천관사에는 천관보살을 모셨던 극락보전이 남아 있다.

《택리지》에 따르면 광주 백운산白雲山은 "도선이 도를 닦던 곳으로, 경치가 매우 아름답다." 백운산은 전라남도 광양시에 있다. 호남정맥의

장흥 천관사

지금은 말사지만 예전에는 화엄사라 불리며 89개의 암자를 거느리고
1000여 명의 승려가 모여 수도하던 곳이라 한다. 폐찰된 것을 1963년 극락보전을
다시 세우고 요사채와 종각 등을 짓고 천관사라 했다.

마음 맑게 하는 곳 여기에 있으니

백계산에 있는 옥룡사는 8세기 초 통일신라 때 창건된 절로,
선각국사 도선이 35년 간 머물면서 수백 명의 제자를 양성한 유적이다.

끝자락에 있는 백운산은 지리산에서 바라보면 섬진강 건너편이다. 백운산은 계곡이 깊고 다른 산과 달리 찾는 사람들이 많지 않아서 수려한 자연경관을 그대로 보존하고 있다.

백운산 자락 도솔봉 남쪽에 있는 백계산은 높이 500미터에 이르는 작은 산인데, 산의 형세가 여의주를 물고 승천하는 지네의 모습 또는 닭이 알을 품고 있는 모습과 같다고 한다. 신라 말기에 풍수지리설을 정립한 도선이 백계산의 지세가 왕성함을 보고 이곳에 머무르며 옥룡사를 창건했다. 그러나 옥룡사는 소실되어 빈터만 남았고 그 산 중턱에는 이 산의 비보裨補를 위해 도선이 심었다는 동백나무숲이 울창하게 우거져 있다.

"순천의 조계산은 남쪽 송광사계곡이 훌륭하다"라고 《택리지》에 기록된 조계산曹溪山은 전라남도 순천시 송광면과 승주읍 그리고 주암면의 경계에 있는 산이다. 광주 무등산, 영암 월출산과 함께 삼각형을 이루는 이 산은 채종림採種林(우량한 조림용 종자의 생산과 공급을 목적으로 조성 또는 지정된 산림)이며, 1979년에는 도립공원으로 지정되었다. 예로부터 '소강남小江南'이라고 불린 조계산의 동쪽 산자락에 선암사가 있고 서쪽 자락에는 승보 사찰로 16국사를 배출한 송광사가 있다. 선암사에서 송광사에 이르는 산길은 등산객들이 즐겨 찾는 길이며 이 산에서 나는 고로쇠약수가 유명하다.

구산선문의 큰 절 태안사

잠시 숨을 돌릴 겸, 이름난 절은 많지만 고적하면서도 옛 정취가 물씬 풍기는 절은 전라남도 곡성군 죽곡면 원달리에 자리한 태안사일 것이다. 태안사의 들목에서 눈여겨보아야 할 것이 신숭겸 申崇謙의 영정비각이다. '장절공태사신선생영적비 壯節公太師申先生靈蹟碑'라고 쓰여 있는데, 여기서 '신선생'은 고구려의 개국공신 신숭겸을 말하며, '장절'은 태조 왕건이 내린 시호다. 신숭겸은 죽곡과 인접한 목사동면 출신으로, 동리산에서 수련을 쌓은 뒤 왕건을 도와 고려를 세웠다. 그러나 공산 전투에서 왕건이 절체절명의 순간을 맞게 되자 외모가 비슷한 그가 왕건의 옷으로 바꾸어 입고 왕건이 타고 있던 수레에 올라타 왕건으로 행세하며 김낙 金樂과 함께 싸우다 죽고 말았다. 신숭겸은 머리가 잘린 시신으로 돌아왔으나 왼쪽 다리 아래 칠성 七星처럼 새긴 문양을 보고 신숭겸임을 확인할 수 있었다고 한다. 이후 머리 목각을 새겨 제사를 지내고 장례를 치른 왕건은 신숭겸의 죽음을 슬퍼하여 그의 동생 늘걸과 아들 보에게 원윤이라는 벼슬을 내리고 지모사를 세워 명복을 빌었다.

이곳에는 신숭겸의 죽음 이후가 전설로 내려오는데, 김낙과 함께 신숭겸이 전사하자 그의 애마는 신숭겸의 머리를 물고 그가 옛날 무예를 닦았던 태안사 뒷산 동리산으로 와서 사흘 동안 슬피 울었다고 한다. 그 소리를 듣고, 태안사의 한 승려가 장군의 머리를 묻어 주고 제사를 지냈으며, 훗날 이곳을 '장군단'이라고 부르게 되었다 한다. 신숭겸은 평산 신씨의 시조가 되었으며, 곡성의 서낭당신으로 섬김을 받고 있다. 고려 예종은 김낙과 신숭겸의 후손들에게 상을 내리고 시 두 편을 지었다. 두 장수를 애도한다는 뜻의 〈도이장가悼二將歌〉는 이두문으로된 향가 형식의 노래다.

> 님을 온전케 하온
>
> 마음은 하늘 끝까지 미치니
>
> 넋이 가셨으되
>
> 몸 세우시고 하신 말씀
>
> 직분 맡으려 활 잡는 이 마음 새로워지기를
>
> 좋다, 두 공신이여
>
> 오래오래 곧은 자최는 나타내신져

태안사로 오르는 산길은 호젓하다. 나무숲이 우거진 계곡의 물길은 깊고 세차며, 산길을 돌아갈 때마다 피안으로 가는 다리들이 나타난다. 자유교, 정심교, 반야교를 지나 해탈교를 지나면 제법 구성진 폭포가 나오고 그 폭포를 아우르며 백일홍 한 그루가 만발해 있고, 능파각凌波閣 아래에 나무다리가 보인다.

일주문(봉황문)에는 김돈희의 글씨로 '桐裏山 泰安寺'(동리산 태안사)라 쓰인 동판이 걸려 있다. 일주문에 들어서면 바로 승탑밭이다. 태안사를 중창해 크게 빛낸 광자대사 윤다의 승탑(보물)과 승탑비(보물)를 비롯하여 다양한 형태의 승탑이 몇 개 서 있고, 승탑밭 아래는 근래에 들어 만든 큰 연못이 자리한다. 가운데에 섬을 만들고 탑을 세웠으며, 그 탑에는

곡성 태안사 입구

태안사는 742년 세 명의 신승이 창건했다. 적인선사 혜철과 광자대사 윤다가 주석하면서
거찰이 되었으나 점차 사세가 축소되다 조선시대에 배불 정책으로 쇠퇴했다.

곡성 태안사 능파각

850년에 혜철이 지었으며 그 뒤 파손되었던 것을 1767년에 복원했다.
계곡의 물과 주위 경관이 아름다워 이름을 능파凌波라 지었다고 한다.

곡성 태안사 대웅보전

한국전쟁 때 대웅전 등 15채의 건물이 불타 버렸다.
대웅전을 비롯해 지금의 절 건물은 대부분 복원한 것이다.

석가세존의 진신사리를 안치하고 나무다리를 만들었다.

8세에 출가한 광자대사 윤다는 15세에 이 절로 와 33세에 주지가 되었다. 신라 효공왕의 청을 거절했지만 고려 왕건의 청은 받아들여 이후 고려 왕조의 지원을 받아 절이 크게 부흥했다는 이야기가 전한다. 적인선사 혜철의 비를 그대로 빼닮은 윤다의 승탑비는 비신이 파괴된 채로 이수와 귀부 사이에 끼여 있다.

구산선문의 하나였고 동리산파의 중심 사찰이었던 태안사는 한때 송광사와 화엄사를 말사로 거느렸을 만큼 세력이 컸으나, 고려 중기 순천 송광사가 수선결사로 크게 사세를 떨치는 바람에 위축되었다. 조선 전기 숭유억불 정책에 밀려 쇠락한 채로 간신히 명맥만 유지했는데, 그나마 절이 유지된 것은 태종의 둘째 아들인 효령대군의 원당 사찰이 된 데 힘입은 것이었다. 숙종과 영조 때 연이어 중창하여 대가람이 되었으나 한국전쟁 때 모두 불타 버렸고 남은 것은 일주문과 승탑뿐이다.

안마당에 들어서기 전에 만나게 되는 큰 건물이 보제루普濟樓고, 문이 시원스럽게 열린 대웅전은 전쟁 중에 불타 버린 것을 봉서암鳳西庵에서 20년 전에 옮겨 왔다. 그 뒤 태안사가 여러 채의 건물을 새로 짓고 청정한 도량으로 이름이 높아진 것은 우리 시대의 고승 청화가 수십 년을 이 절에 주석하면서 이룩한 성과일 것이다.

청화는 이후 옥과玉果에 있는 성륜사를 일으켜 세웠고 미국에 한국 불교를 전파하는 데 힘을 쏟았으며, 다양한 종교와 화홍和弘(진리를 통한다는 것)을 위해 힘쓰다가 2003년 전에 입적했다. "불교든 기독교든 역사적으로 위대한 철학이라고 검증된 것이라면 믿어 볼 만합니다. 성자의 가르침은 하나 된 우주의 법칙으로 불교나 기독교는 수행법이 서로 다른 방법일 뿐 궁극적으로는 도를 지향하는 것입니다"라고 말한 청화의 모든 수행은 '정견正見'을 바탕으로 하여 '선오후수先悟後修'(먼저 깨달은 후 수행하는 것)하는 것이었다. 불성 체험에 역점을 두고 정진하는 것을 강조한 그는 "정견은 바른 인생, 바른 가치관, 바른 철학과 같은 뜻이며 진리에 맞지 않는 업으로 우리가 고통받으므로 행복을 위해서는 바른 가치관을 확립해야 하고, 거기에 따른 행동을 실천해야 합니다"라고 말했다.

송광사와 화엄사의 본산이던 태안사

태안사는 신라 때부터 조선 숙종 28년(1702)까지 대안사로 불리다 그 이후 태안사로 불렸다. 이는 절의 위치가 "수많은 봉우리, 맑은 물줄기가 그윽하고 깊으며, 길은 멀리 아득하여 세속의 무리들이 머물기에 고요하다. 용이 깃들이고 독충과 뱀이 없으며 여름에 시원하고 겨울에 따뜻하여 심성을 닦고 기르는 데 마땅한 곳이다"라는 혜철의 승탑비문처럼 '대'와 '태'는 서로 뜻이 통하는 글자이고, 평탄하다는 의미가 덧붙여진 이름이라고 한다.

이곳에 처음 절이 지어진 것은 신라 경덕왕 원년(742) 세 명의 신승에 의해서였다. 그러나 태안사가 거찰이 된 것은 신라 말기에서 고려 초기에 걸쳐 혜철과 윤다가 이 절에 주석하면서부터였다. 혜철은 경주에서 원성왕 원년(785)에 태어났다. 그의 어머니가 꿈에 한 승려가 서서히 걸어 들어오는 것을 보고 태기가 있어 낳았으므로 날 때부터 출가할 것임을 알았다고 한다. 혜철은 어려서부터 다른 아이들과 어울리지 않고 혼자 지냈으며 비린 음식을 먹지 않았고 절을 찾기를 즐겨했다. 그는 15세에 출가하여 영주 부석사에서 《화엄경》을 공부했다. 그것은 당시 널리 읽히던 사상이 화엄 사상이었으며 그의 집에서 멀지 않은 부석사가 해동 화엄종찰이었기 때문이다.

22세 되던 해에 혜철은 구족계를 받았다. 계를 받기 하루 전 꿈에 소중하게 생긴 오색 구슬이 홀연히 소매 속으로 들어오는 것을 본 혜철은 "나는 이미 계주戒珠를 얻었다"라고 했다. 그 뒤 마음과 행동을 깨끗이 하여 계율을 엄격히 지켜 나가던 혜철이 가만히 생각해 보니 "부처는 본래 부처가 없는데 억지로 이름 지은 것이고, 나도 본래 내가 없는 것이라. 일찍이 한 물건도 있지 않은 것이다. 자성을 보아 깨달아야 깨달은 것이고 법이 공空하다고 말하면 공한 것이 아니다. 고요한 지혜가 지혜다"라고 말한 후 우리나라에는 뛰어난 인물이 없다고 탄식하며 중국에 가서 공부하고자 헌덕왕 6년(814) 30세에 당나라에 들어가 남종선 계통의 지장에게서 가르침을 받았다.

지장의 제자 네 사람 가운데 셋이 신라인이었는데, 도의선사 명적과 실상산문의 개창자 홍척 그리고 혜철이었다. 혜철은 55세에 귀국하여 화순 쌍봉사에서 9년 동안 머물렀다. 63세에 동리산문을 열어 선풍을 펴다가 77세에 입적했는데, 풍수도참설로 유명한 도선이 그의 제자였다. 그가 입적하고 7년 후 경문왕은 시호를 '적인'이라 하고, 탑호를 '조륜청정'이라 내렸는데, 다만 승탑과 탑비가 새겨진 연대는 불투명하다. 그의 선풍은 광자에게로 이어졌다. 혜철의 승탑과 탑비는 절의 가장 높은 곳에 자리한다.

배알문拜謁門에는 조선 후기 호남의 명필로 알려졌던 창암蒼巖 이삼만李三晚의 글씨로 쓰인 현판이 걸려 있는데 통나무를 아치형으로 배치한 운치 있는 문으로 유물을 향해 자연스럽게 머리를 숙이고 들어가도록 만들어졌다. 승탑은 전체 높이가 3.1미터에 달하는 팔각원당형으로 '적인선사조륜청정탑寂忍禪師照輪淸淨塔'이라는 이름을 갖고 있다. 철감선사 승탑과 비슷한 시기에 만들어졌지만, 화순 쌍봉사의 철감선사 승탑처럼 철저한 비례 속에 구현된 화려함은 덜하다. 그러나 땅 위에서 상륜부까지 팔각을 기본으로 삼아 조용하고도 장엄한 분위기를 표현했다는 평가를 받는다. 승탑 옆에는 혜철의 행적을 비롯하여 사찰에 관계된 여러 가지 내용을 적은 승탑비가 서 있는데, 1928년에 파손된 비신을 새로 세울 때 윤다 승탑의 이수와 바뀌었다고 한다.

팔공산 자락에 쌓은 가산산성

《택리지》에 대구 팔공산八空山은 "돌 봉우리가 옆으로 뻗쳤고 동쪽과 서쪽의 시내와 산이 아주 아름답다. 다만 산 서쪽에 산성(가산산성)을 쌓아 올려서 외적을 방어하는 중요한 진으로 삼았는데 보기가 좋지 않다"라고 쓰여 있다. 팔공산 서쪽에 자리한 가산산성은 높이 901미터에 이르는 석성으로 가산면 가산리와 동명면 남원리의 일부에 걸쳐 있다. 골짜기와 능선의 지세를 적절히 이용하여 축조했기 때문에 포곡식과 테뫼식이

혼합된 산성으로, 내성과 중성과 외성을 갖추고 있다.

현재 네 개의 문지門址와 암문, 수문, 건물지 등의 시설이 남아 있는 가산산성이 수축되기 시작한 것은 임진왜란과 정유재란이 끝난 뒤였다. 인조 17년(1639) 경상도 관찰사에 제수된 이명웅李命雄은 왕에게 부임 인사를 하면서 경상도 60개 고을 산성 가운데 믿을 만한 곳은 진주, 금오, 천생 세 군데밖에 없으므로 적당한 곳을 골라 산성을 쌓을 것을 요청했다. 그해 4월 경상 감사로 부임한 이명웅은 가산의 지리가 편리함을 다시 조정에 보고하고 9월부터 인근 고을의 많은 남정을 징발하여 험한 지형을 따라 성을 쌓기 시작해 이듬해 4월에 내성을 준공했다. 그러나 이 성을 쌓기 위해 10만 명 이상의 엄청난 인력과 막대한 자금이 동원되었고 감사의 가혹한 검독으로 공사 도중 많은 사람이 죽기까지 하여 민심의 동요가 심했다. 여러 차례 탄핵을 받은 이명웅은 임기를 채우지 못하고 인조 18년 7월 체직되고 말았다.

인조 18년에 성이 완성되면서 종3품 도호부사都護府使가 다스리는 칠곡 도호부를 이곳에 설치하고 군위, 의흥, 신녕, 하양 지방을 예속했다. 그러나 관아가 산성 안에 있다 보니 여러 가지로 불편한 점이 많아 백성들은 다른 곳으로 이전을 요구했다. 이에 따라 순조 19년(1819)에 당시 경상 감사로 있던 김정희金正喜의 아버지 김노경金魯敬이 장계를 올려 칠곡 도호부는 팔거현으로 옮겨졌다.

팔공산

대구광역시와 영천시, 군위군, 칠곡군에 걸쳐 있는 팔공산 기슭에는
동화사를 비롯해 파계사, 부인사, 은해사 등의 명찰이 많다.

영암사가 있는 황매산

경상남도 합천군 가회면 둔내리에 있는 영암사지를 이 지역 사람들은 영암사 구질(옛 절)로 부른다. 신라시대의 절터로 황매산 남쪽 기슭에 있다. 영암사의 정확한 창건 연대는 알려지지 않았다. 다만 강원도 양양에 있는 '사림사홍각선사비沙林寺弘覺禪師碑' 조각에 새겨진 글자에 '영암사수정누월靈巖寺修定累月'이라고 기록된 것이 유일한 관련 기록이다. 그러나 고려 현종 5년(1014)에 적연이 83세로 입적했다는 기록이 남아 있어 그 이전에 세워졌던 것으로 추정된다.

1894년에 동아대학교 박물관에서 절터 일부를 발굴, 조사하여 사찰의 규모가 부분적으로 밝혀졌는데, 불상을 모셨던 금당과 서금당, 회랑 등 기타 건물들의 터가 확인되어 당시의 가람 배치를 알 수 있게 되었다. 특히 금당에는 개축 등 세 차례의 변화가 있었고, 절터에는 통일신라 때 제작된 것으로 보이는 영암사지 쌍사자석등과 삼층석탑 그리고 통일신라 말기의 작품인 귀부 두 개가 남아 있다.

영암사지에는 당시 건물의 초석, 즉 건물 축대석이 잘 보존되어 있으며, 발굴 결과 통일신라 말에서 고려시대 초에 이르는 각종 기와편 등이 다량으로 출토되었다. 일주문도 없고 변변한 건물도 없이 그저 요사채만 지어진 영암사의 돌계단을 오르면 눈앞에 나타나는 것이 영암사 삼층석탑인데, 높이가 3.8미터이며 보물로 지정되었다. 영암사지 뒤편으로 기암괴석이 아름다운 황매산이 보이고 그 바로 앞에 아름다운 석등이 있다. 질서도 정연하게 천년의 세월을 견뎌낸 석축에 통돌을 깎아내 계단을 만

마음 맑게 하는 곳 여기에 있으니

합천 영암사지

통일신라시대의 절터로 황매산 남쪽 기슭에 있다.
정확한 창건 연대는 알려지지 않았다.

든 그 위에 외롭게 서 있는 영암사지 쌍사자석등은 높이가 2.31미터이며 보물로 지정되었다. 전형적인 팔각의 신라 석등 양식에서 간주竿柱만을 사자로 대치한 형식이다. 높은 팔각 하대석의 각 측면에는 사자로 보이는 웅크린 짐승이 한 마리씩 양각되었고, 하대석에는 단판 팔엽의 목련이 조각되었다.

상면에는 각형과 호형의 굄이 있고 한 개의 돌로 붙여서 팔각기둥 대신 쌍사자를 세웠는데, 가슴을 대고 마주 서서 뒷발은 복련석 위에 세우고 앞발은 들어서 상대석을 받들었으며 머리를 뒤로 향했다. 갈기와 꼬리 그리고 몸의 근육 등이 사실적으로 표현되었으나 아랫부분에 손상이 많아 바라보기가 안쓰럽다. 상대석은 하대석과 비슷하게 꽃잎 속에 화형이 장식된 단판 팔엽의 앙련석仰蓮石이다. 화사석火舍石은 팔각 1석이고 사면에 장방형 화창을 냈는데 주위에 소공小孔이 있어 창호를 달았던 듯하며, 남은 사면에는 사천왕 입상이 새겨졌다. 옥개석의 처마 밑은 수평이며, 추녀 귀에는 귀꽃이 붙어 있고 상륜부는 전체가 없어졌다.

통일신라 말기의 미술품을 대표할 만한 우수한 작품인 이 석등은 1933년쯤 일본인들이 밤중에 해체한 후 합천 삼가三嘉까지 가져갔던 것을 마을 사람들이 탈환하여 가회면사무소에 보관했다가 1959년 그 절터에 절 건물을 지으면서 다시 이전한 것이다. 그때 사자상의 아랫부분이 손상을 입었다. 영암사지 쌍사자석등은 속리산 법주사 쌍사자석등과 겨룰 만큼 아름다운 석등이고 금당의 기단에 새겨진 선녀비천상 또한 아름답기 이를 데 없다. 바로 그 위쪽에 있는 서금당 자리에는 두 개의 귀부가 남아 있다. 이수와 비신이 없어진 채로 남아 있는 동쪽 귀부는 1.22미터이고 서쪽 귀부는 1.06미터로 보물로 지정되었다.

황매산黃梅山은 경상남도 합천군 대병면·가회면과 산청군 차황면에 걸친 산이다. 산 정상에는 성지가 있고, 우뚝 솟은 세 개의 봉우리에는 삼현三賢이 탄생할 것이라는 전설이 전해 온다. 이곳 사람들은 무학, 조식, 전두환 전 대통령을 삼현이라 하는데, 그들이 황매산의 정기를 받아 태어 났다고 여긴다.

산 정상은 크고 작은 바위들이 연결되어 기암절벽을 이루고 그 사이에 크고 작은 나무들과 고산식물이 번성하고 있으며, 정상에서 바라보는 전 망이 빼어나다. 정상 아래쪽 황매평전에는 목장 지대와 철쭉나무 군락이 펼쳐져 매년 5월 중순에서 5월 말까지 진홍빛 철쭉이 온 산을 붉게 물들 인다. 서거정은 합천을 두고 이렇게 노래했다.

관하의 길은 아득히 멀고
세월은 나날이 지나가네
산이 돌아 푸른 멧부리 합치고
골이 좁아 흰 구름이 짙구나
마음 맑게 하는 곳 여기에 있으니
찬 시냇물은 돌에 부딪혀 읊조리네

조선 후기 문신 박형원朴馨源은 산이 높고 골이 좁은 합천 땅의 지세 를 두고 "좋은 산은 문을 밀치고 들어오는 듯 천 겹이나 아득하고, 절벽은 강에 임하여 몇 자나 높은가"라고 노래했다.

271

거문고를 닮은 비슬산

《택리지》에서 "안쪽에는 샘물이 솟아나는 돌이 있다"라고 한 비슬산은
대구 달성군과 경상북도 청도군의 경계에 있다. 천왕봉을 최고봉으로 하
여 대견봉과 월광봉, 함박산, 삼필봉, 삼봉재, 청룡산, 산성산, 앞산 등을
품고 있다.

비슬산에는 바위가 많기도 하다. 부처바위 뒤로 연화봉이 저만치 솟아
있고 말바위, 소원바위, 스님바위, 코끼리바위, 형제바위 등 수많은 바위
가 우뚝우뚝 자리한 가운데 대견사 터가 있다. 어느 때 누가 창건했는지
는 알 수 없으나 신라 흥덕왕 때 창건되었다고 추정한다. 이 절에 얽힌 전
설은 이렇다. 당 문종이 절 지을 곳을 찾고 있었다. 하루는 세수하려고 떠
놓은 대야의 물에 아주 아름다운 경관이 나타났다. 이곳이 절을 지을 곳
이라 생각한 문종은 신하들을 파견하여 그곳을 찾게 했다. 결국 중국에서
는 찾을 수 없게 되자 신라로 사람을 보내어 찾아낸 곳이 이 절터였다. 이
터가 중국에서 보였으므로 절을 창건한 뒤 절 이름을 대견사大見寺라고
했다. 그러나 이후 역사는 전해지지 않는다.

다만 태종 16년(1416) 2월 29일과 세종 5년(1423) 11월 29일에 이 절
에 있던 장육관음상丈六觀音像이 땀을 흘려 조정에까지 보고된 일이 있
었다. 절은 임진왜란 전후에 빈대가 많아 불태워졌다는 이야기가 전해진
다. 그 뒤 1900년 영친왕의 즉위를 축하하기 위해 이재인이라는 사람이 중
창했으나 1908년 허물어지기 시작하여 1909년에는 폐허가 되고 말았다.

현재 이곳에는 신라시대에 축조된 것으로 추정하는 길이 30미터, 높이

창녕 도성암

비슬산 정상인 대견봉 아래에 자리한 도성암은 신라 혜공왕 때
도성이 창건한 절이다. 유가사와 함께 비슬산에서 가장 이름난 사찰이다.

6미터의 축대와 대구광역시 유형문화유산으로 지정된 삼층석탑, 10여 명이 앉을 수 있는 동굴대좌 등이 남아 있다. 대견사지 삼층석탑은 원래는 9층이었다고 하는데 도굴꾼들에 의해서 무너졌다. 동굴대좌는 참선 또는 염불 도량으로 사용되었을 것으로 추정한다. 실록에 나오는 땀 흘린 관음상은 경상북도 유형문화유산으로 지정된 달성 용봉동 석불입상으로 알려져 있다.

불교가 융성했던 시절 비슬산에는 99개의 절이 있었다고 하는데 현재는 유가사, 소재사, 용연사, 용문사, 임휴사, 용천사 등이 남아 있다. 이 가운데 용연사는 경내에 보물로 지정된 금강계단이 있다. 용연사 내 한적한 곳에 자리 잡은 이 계단은 석가모니의 사리가 있다. 임진왜란 때 난을 피해 묘향산으로 옮겼던 통도사의 부처사리를 사명의 제자 청진이 다시 통도사로 옮길 때 용연사의 승려들이 그 일부를 모셔와 이곳에 봉안했다 한다. 앞산의 북쪽 중턱에는 장군수라는 약수터와 안일암이 있다.

유가사瑜伽寺는 비슬산의 대견봉 정상 아래에 다소곳이 숨어 있는 절이다. 《유가사사적瑜伽寺寺蹟》에 따르면 "유가사가 자리한 산의 모습이 거문고와 같아 비슬산이라고 하는데 산꼭대기 바위 모습이 마치 신선이 앉아 비파를 타는 모습과 같다 하여 '비파 비琵', '거문고 슬瑟' 자로 표기하여 비슬산이라 했다"라고 전한다. 또 다른 일설에 따르면 천지가 개벽할 때 세상은 온통 물바다가 되었으나 비슬산 정상은 물이 차지 않고 남아 그곳의 형상이 마치 비둘기처럼 보여 '비둘산'이라고 부르다가 '비슬산'으로 변하여 전해 오고 있다.

《신증동국여지승람》에는 포산이라고 기록되어 있는데, 신라시대에 인

도 승려들이 유람하던 중 산을 보고 '비슬'이라 이름 지었다고 한다. 비슬
이란 인도의 범어 발음을 그대로 옮긴 것으로, 비슬은 한자 '포毗'를 의
미해서 '포산'이라고 한다. 따라서 '포산'은 수목에 덮여 있다는 뜻이지
만 《삼국유사》에 따르면 "그 지역 사람들은 소슬산所瑟山이라 불렀"다
고 한다. 소슬은 '솟다'에서 왔고, 비슬은 '(닭)벼슬'에서 왔다. 둘 다 둘
레에서 가장 높다는 의미이다. 그래서 비슬산은 둘레에서 가장 높은 산이
라는 뜻이 담겼다.

《삼국유사》에는 또한 '포산이성毗山二聖'이란 내용으로 관기와 도성
에 관한 기록이 있다.

신라 때 관기觀機와 도성道成이라는 두 성사聖師가 있었는데 어떤 사람
인지 알 수는 없다. 두 사람은 포산에 숨어 살았다. 관기는 남쪽 고개에 암자를
짓고 살았고, 도성은 북쪽 굴에서 살았다. 서로 10여 리쯤 거리였으나 구름을
헤치고 달을 노래하며 늘 왕래했다. 만약 도성이 관기를 만나려면 산중의 나무
들이 바람을 타고 남쪽으로 파닥거리며 휘어지는 것 같았으므로 관기는 이를
보고 도성에게 갔으며, 관기가 도성을 맞이하고자 하면 역시 나무가 북쪽으로
구부러지므로 도성이 관기에게 오게 되었다.

얼마나 자연과 합일된 삶인가. 바람을 타고 나무들이 휘어지는 것을 보
고 자신을 찾아오는 사람의 기척을 느낄 수 있었으니 말이다. 그런데 이
를 현대적으로 풀이하면 두 사람이 축지법을 썼던 게 아닌가 싶다. 《삼국
유사》에는 다음과 같이 두 사람을 찬미하는 시도 남아 있다.

서로 찾아 달을 밟고 운천雲泉을 희롱하니

두 노인의 풍류 몇백 년이 되었는가

안개 자욱한 골짜기에는 고목만 남아

흔들리는 찬 그림자 아직도 서로 맞이하는 듯하네

비슬산의 한 봉우리인 관기봉은 정상부 전체가 거대한 암석으로 이루어졌는데, 그 크기는 높이가 30미터쯤이고 둘레가 100여 미터가 넘는 네댓 평 정도의 평활석면平闊石面이다. 바로 건너편에 조화봉이 있다. 흐릿하게 흘러가는 낙동강물이 훤히 내려다보이는 이곳에 절을 지을 당시 당나라 사람들이 인근에 자리한 정상 봉우리에서 고국을 그리워하며 바라보니 중국의 모습이 보였다고 한다. 그런 연유로 그 봉우리에 '비칠 조照'에, '아름다울 화華', 즉 조화봉이라는 이름을 붙였다. 이곳 비슬산을 노래한 사람이 김시습이다.

산중 물이 산을 꺼려서 속세로 흘러가는데

세속 승려는 세속이 싫어 푸른 구름에 돌아오네

물아, 너의 성품은 본래 맑고 깨끗하지 않더냐

인간 세상을 향하여 다시는 돌아오지 마라

운문산과 가지산

《택리지》는 대구 비파산에서 울산 원적산으로 이어진다. "원적산圓寂山은 산봉우리들이 연이어 있고 겹겹으로 된 봉우리와 골짜기가 깊숙하다. 승가에서는 1000명의 성인이 나올 곳이라고 하며, 또 병란을 피할 수 있는 복지라 한다." 원적산은 현재 경상남도 양산시 웅상과 상북면·하북면의 경계에 걸쳐 있는 천성산千聖山이다. 양산시 중앙부를 남북으로 뻗은 정족산 줄기의 지맥에 해당하는데, 이 산줄기에 따라 양산시가 동과 서로 갈리며 가지산, 운문산, 신불산, 영축산과 함께 영남 알프스 산군에 속한다.

운문산雲門山은 경상남도 밀양시 산내면과 경상북도 청도군 운문면의 경계에 있다. 이 산 밑에 운문사가 있다. 신라 신흥왕 21년(560)에 창건한 절을 신승이 신평왕 30년(608)에 중건했는데, 원래 작갑사鵲岬寺라 했으나 태조 20년(937)에 고려 태조가 '운문선사雲門禪寺'라는 사액을 내리면서 '운문사'라 불렀다고 한다.

가지산加智山은 높이 1240미터로 영남 알프스 산군 중 가장 높다. 가지산은 고헌산과 운문산이 동서 방향으로 한 줄기로 뻗으면서 경상도를 남과 북으로 나누는 경계가 되고, 가지산에서 남쪽으로 S 자 모양을 그리며 세력을 펼친 것이 능동산, 천황산, 재약산, 간월산, 신불산, 취서산이다. 가지산은 크고 좋은 세 개의 골짜기를 가지고 있는데, 북쪽의 쌍폭으로 해서 그 아래 운문사가 자리한 운문학심이골과 구연폭포, 호박소, 백연사, 얼음골로 이어지는 남쪽의 쇠점골과 원시림에 가까운 울창한 숲으로 덮여 있는 동쪽의 석남골이 그것이다.

석남골 입구에 자리한 절이 비구니 도량인 석남사石南寺다. 석남사는
신라 헌덕왕 16년(824) 도의가 창건했다고 전해 온다. 도의는 불립문자
不立文字, 교외별전敎外別傳, 직지인심直指人心, 견성성불見性成佛로
대표되는 중국의 선불교 중에서도 돌연적인 깨달음을 강조하는 남종선
南宗禪을 당 지장에게서 직접 배워 신라에 처음 소개한 고승이다.

《택리지》에 "바위와 폭포의 경치가 기묘하고 아늑하여 사뭇 청량산보
다 낫다"라고 한 내연산內延山은 경상북도 영덕군 남정면 회리에서 경상
북도 포항시 북구 송라면과 죽장면에 걸쳐 있다. 태백산에서 몰운대까지
이어지는 낙동정맥에 속하는 내연산은 종남산이라고 불렀는데, 신라 임
금이 이곳으로 피란한 다음 내연산으로 고쳤다고 한다. 내연산 아래에 보
경사가 있고, 기암괴석과 폭포가 많아 소금강이라고 부른다. 이긍익이 지
은《연려실기술燃藜室記述》에는 내연산에 관해 다음과 같이 실려 있다.

청하의 내연산은 바위와 폭포의 좋은 경치가 있다. 산에 대, 중, 소 세 개의
돌솥이 바위 위에 벌여 있다. 사람들이 움직이는 세 개의 돌이라고 일컫는다.
손가락으로 건드리면 약간 움직이는데 두 손으로 흔들면 움직이지 않는다.

내연산 기슭에 있는 보경사寶鏡寺는 진평왕 24년(602) 진陳에서 유
학하고 돌아온 지명이 창건했다. 지명은 왕에게 동해안 명산에서 명당을
찾아 진에서 유학하고 있을 때 어떤 도인으로부터 받은 팔면보경八面寶
鏡을 묻고 그 위에 불당을 세우면 왜구의 침입을 막고 이웃나라의 침략을

울주 석남사

울산 울주군 상북면 덕현리에 위치한 절로 통도사의 말사다. 석남사란 이름은
가지산을 석면산石眼山이라고 하는데, 이 산의 남쪽에 있다 해서 붙은 이름이다.

받지 않으며 삼국을 통일할 수 있으리라고 했다. 이를 들은 왕이 기뻐하며 그와 함께 동해안 북쪽 해안을 거슬러 올라가다가 해아현 내연산 아래 있는 큰 못 속에 팔면보경을 묻고 못을 메워 금당을 건립한 뒤 보경사라 했다 한다. 경내에는 귀부를 화강석으로 하고 비신은 사암으로 한 원진국사비(보물)를 비롯해 승탑(보물) 등이 있다. 부속 암자로는 사찰 오른쪽에 동암, 왼쪽에 서운암, 서쪽 산 중턱에 문수암이 있다. 이곳 보경사 일대는 경북삼경 중 하나로 꼽히는데, 기암절벽 곳곳에서 웅장한 위용을 뽐내며 낙하의 비경을 연출한다.

주왕의 전설이 서린 주왕산

청송 주방산周房山(지금의 주왕산)은 《택리지》에 따르면 "골이 모두 돌로 이루어져 마음과 눈을 놀라게 하며, 샘과 폭포도 지극히 아름답다." 조선 후기 문인 홍여방洪汝方은 청송읍 찬경루讚慶樓의 〈찬경루기〉에서 이곳 청송의 형승을 "산세는 기복이 있어서 용이 날아오르는 것 같기도 하고, 범이 웅크린 것도 같으며, 냇물은 서리고 돌아 마치 가려 하다가 다시 오는 것 같았다"라고 했다. 이 말처럼 주왕산은 빼어난 아름다움을 자랑한다. 국립공원 중 면적이 가장 작은 주왕산이 1976년에 국립공원으로 지정될 수 있었던 이유는 기이한 풍광이 많아서다. 그렇게 높지도 크지도 않은 이 산은 조물주가 정성껏 빚은 솜씨인 듯 봉우리 하나하나와 계곡이 어울려 경이로운 절경을 연출한다. 특히 대전사大典寺에서 제3폭포까

대전사와 주왕산

대전사 뒤편에 솟은 흰 바위 봉우리는 마치 사이좋은 형제처럼
옹기종기 모여 있는데, 이 봉우리가 주왕산 산세의 특이함을 대표하는 기암이다.

지 4킬로미터에 이르는 계곡은 주왕산의 아름다움을 그대로 보여 준다.

주왕산은 주위에 높이 900미터가 안 되는 봉우리들이 둘러서 있어 병풍을 친 듯한 모습이 매우 인상 깊다. 그래서 주왕산 일대는 예부터 '석병산石屛山'이라 불렸다. 그 병풍 같은 봉우리들 사이 남서쪽으로 흐르는 주방천 상류인 주왕계곡의 이쪽저쪽으로 아들바위, 시루봉, 학소대, 향로봉 등 생김새를 따라 이름 붙인 봉우리도 한둘이 아니다.

대전사 뒤편에 솟은 흰 바위 봉우리는 마치 사이좋은 형제처럼 옹기종기 모여 있는데, 이 봉우리가 주왕산 산세의 특이함을 대표하는 기암이다. 이 기암이 특별히 눈에 띄는 이유는 우리나라에서 흔히 볼 수 있는 울퉁불퉁한 화강암 바위와 달리 그 생김새가 매우 매끄러워 보이기 때문이다. 이 기암은 화산이 격렬하게 폭발한 뒤에 화산재가 용암처럼 흘러 내려가다가 멈춰서 굳은 회류 응회암으로 된 봉우리다. 이 기암처럼 주왕산의 봉우리들은 대부분 회류 응회암으로 이루어졌다.

옛 이름이 석병산인 주왕산에는 중국 주왕의 전설이 서려 있다. 당 때 주도라는 사람이 스스로 후주천왕後周天王이라고 칭한 뒤 당의 도읍지였던 자안으로 쳐들어갔다가 크게 패하고 마지막으로 숨어든 곳이 주왕산이었다고 한다. 당에서는 주왕을 섬멸해 달라고 신라에 요청했고, 신라에서는 마일성 장군의 오형제를 보내 주왕을 쳤다. 그때 주왕은 주왕산에 솟은 기암들을 노적가리처럼 위장하여 적을 물리쳤다고 한다. 전설을 뒷받침하듯 주왕산에는 주왕이 군사들을 숨겨 두었다는 무장굴과 주왕의 군사들이 군사 훈련을 하고 그 안에서 주왕의 딸인 백련공주가 성불했다는 연화굴 그리고 주왕이 마일성 장군을 피해 있으면서 위에서 떨어지는 물로 세수를 하다가 장군이 쏜 화살과 철퇴에 맞아 죽었다는 전설이 서린 주왕굴이 있다.

주왕굴에서 떨어져 내리는 폭포 물로 세수를 하던 주왕이 화살과 철퇴에 맞았을 때 흘린 피가 산을 따라 흐르면서 산기슭에서 수진달래 水丹花가 그토록 아름답게 피어났다 한다. 대전사도 고려 태조 2년(919)에 주왕의 아들이 주왕의 명복을 빌기 위해 지은 절이라고 한다.

이곳 주왕산은 주왕뿐 아니라 신라 때 사람 김주원 金周元이 숨어들었던 곳이기도 하다. 선덕여왕의 뒤를 이어 왕으로 추대된 김주원이 훗날 원성왕이 된 김경신 金敬信의 반란으로 왕위에 오르지 못한 채 쫓겨 이곳 석병산에서 숨어 지냈다고 한다. 주왕과 김주원의 한이 아직도 남아 있는지 주왕산의 골짜기들은 음습하기만 하고 이곳저곳에서 세차게 떨어져 내리는 폭포 소리는 여전히 요란하다.

청룡사와 남사당패

《택리지》는 이어 "그러나 이 모든 산은 다만 신선과 승려가 살기에 알맞으며, 한때 유람하기에는 좋지만 집을 짓고 영구히 살 땅은 아니다. 이밖에도 비록 산이라 일컫는 것은 많으나 마을이 없는 곳은 논하지 않으며, 샘물과 돌이 없는 곳은 기록하지 않았다"라고 하면서 넘어가지만 이중환이 언급하지 않은 오르기 좋고 물소리가 아름다운 산은 더 있다. 경기도 안성시 서운면에는 서운산瑞雲山이 있다.《신증동국여지승람》에는

"서운산은 군 남쪽 20리 지점에 있다. 서쪽 봉우리에 단壇이 있고 단 밑에 우물 셋이 있다. 가뭄을 만나서 우물을 수리하고 비를 빌면 문득 영험이 있다", "청룡사와 석남사가 모두 서운산에 있다"라고 적혀 있다. 숙종 46년(1720) 동현거사 나준이 지은 〈청룡사중수사적비문〉에 따르면 청룡사는 명본이 창건했고, 1341~1367년에 나옹이 크게 중창했다. 이때 나옹이 상서로운 구름을 타고 내려오는 청룡을 보았다 해서 본래 대장암大藏庵이었던 절 이름을 청룡사, 산 이름을 서운산이라 고쳐 부르게 되었다. 예전에는 고려 공양왕의 진영이 모셔져 있었으나 세종 6년(1424)에 다른 곳으로 옮겼고 인조의 셋째 아들 인평대군이 원당으로 삼으며 사세가 확장되었다고 한다.

청룡사 대웅전은 정면 3칸, 측면 4칸의 팔작지붕 건물로 보물로 지정되었다. 자연적으로 축조된 기단 위에 화강석 주추를 놓고 그 위에 다듬지 않은 굽은 나무들을 그대로 놓아 기둥을 세운 후 기둥 윗몸에 창방을 얹고 그 위에 또 평방을 얹었다. 평방 뒤로 내외삼출목의 포작공포를 짜 올렸으며, 전혀 가공하지 않은 원목 그대로의 고목을 기둥으로 쓴 것에 감탄을 금할 길이 없다. 청룡사가 사람들에게 널리 알려진 것은 황석영의 장편소설 《장길산》에 나오는 남사당패 덕분이다.

당시 안성군은 평택군, 천원군, 대덕군과 더불어 남사당패가 놀이판을 벌이는 큰 고을에 들었다. 안성군이 남사당패놀음으로 알려지기 시작한 것은 학자들이 남사당 후기後期라고 구분하여 불렀던 1920년대부터다. 남자들만으로 놀이패가 짜인 남사당패가 여자들만으로 짜인 사당패와 서로 섞이고 사당패와 성격이 다른 걸립패와도 한데 섞이던 때가 그 무렵이

안성 청룡사

청룡사 대웅전은 고려 말 공민왕 때 크게 중창하여 고려시대 건축의 원형을 보여 주는
귀중한 자료다. 대웅전 앞에는 명본이 세웠다는 삼층석탑 등이 보존되어 있다.

다. 당시 이 일대를 돌아다니던 남사당패들은 청룡사에 적을 두고 있었
다. 청룡사에서는 겨울이면 이들 남사당패를 절의 불목하니로 부리면서
잠자리와 먹을거리를 대주었는데 청룡사 중수 사적비에는 남사당패들이
'거사'라는 이름으로 당당히 올라 있다. 이곳 청룡리 불당골은 중부 지역
에서 노닐던 남사당패의 본거지였다고 하는데, 이는 청룡사와 거리가 가
까웠기 때문이었을 것이다.

  남사당패는 농사철이 시작되는 봄부터 추수가 마무리되는 가을까지
마을을 떠나 나라 곳곳을 떠돌며 살다가 추운 겨울이 되면 청룡사로 찾아
들었다.

  안성 청룡 바우덕이 /소고小鼓만 들어도 돈 나온다
  안성 청룡 바우덕이 /치마만 들어도 돈 나온다
  안성 청룡 바우덕이 /줄 위에 오르니 돈 쏟아진다
  안성 청룡 바우덕이 /바람을 날리며 떠나를 가네

  이런 노래와 같이 바우덕이는 남사당패를 이끌었던 여장부로, 안성 바
우덕이는 전국에 널리 알려졌다. 경복궁 중건 때 노역자들을 위로하기 위
해 안성 사당패를 불러 놀이판을 벌였는데, 특히 바우덕이의 노래와 춤,
줄타기는 일품이어서 일꾼들이 넋을 잃고 빈 지게만 지고 다녔다고 한다.
이에 대신들은 요망한 바우덕이를 처형해야 한다고 상소를 올렸으나 대
원군은 오히려 바우덕이의 가무를 칭찬하고 후하게 상을 내렸다고 전한
다. 그런 사연으로 인하여 1910년경 안성 남사당패는 꼭두쇠 자리에 여

자인 바우덕이를 앉히는 변혁을 가져왔다. 그 후 13년간 안성 바우덕이
는 안성 사당패를 이끌며 악전고투를 하다가 거리에서 병을 얻어 죽었다
고 전한다. 그 뒤 세상이 놀랍도록 변화했음에도 1970년대 후반까지 이
어졌던 남사당패는 '단 하나 남은 마지막 꼭두쇠'라고 자처하던 '우씨'까
지 죽고 난 뒤에 맥이 끊어진 채 오늘에 이르고 있다.

금강산 다음으로 아름다운 산

　동해시 삼화동과 삼척시 미로면의 경계에 있는 두타산頭陀山은 백두
대간이 동해안을 따라 뻗어 내려오다가 삼척 지방 해안에서 크게 한 번
용틀임하여 세워진 산으로, 무릉계곡을 중심으로 청옥산靑玉山과 쌍둥
이처럼 서 있다. 두타산과 청옥산은 거의 연결된 듯 보이나 형상이 매우
대조적인데, 두타산은 정상부가 첨봉을 이루고 주변은 급경사여서 날렵
한 산세를 자랑하는 데 반해 청옥산은 완만하고 묵직한 형상을 보인다.
그런데 이상한 것은 청옥산보다 두타산이 51미터가 낮은데도 두 산 전체
를 일컬어 두타산이라 부른다는 것이다. 이 고장 사람들도 그러하고 옛
문헌들도 다 그러하다. 삼화사 현판에도 '頭陀山三和寺'(두타산 삼화사)라
쓰여 있다. 윤두서尹斗緖가 제작한 〈동국여지지도東國輿地之圖〉에도
청옥산이라는 이름은 보이지 않다가 신경준의 《산경표》에 이르러서야 청
옥산이 보이는데 두타산보다 아랫자락에 청옥산이 놓여 있다.
　두타산은 예로부터 삼척 지방의 영적 모산母山으로 숭상되었으며, 동

청옥산

푸른 옥돌이 나왔다 하여 청옥산이라는 이름이 붙었다고 한다. 태백산맥에서 갈라져
나온 해안산맥에 솟아 있으며, 북서쪽의 고적대와 남동쪽의 두타산 사이에 있다.

두타산

예로부터 삼척 지방의 영적인 모산으로 숭상되었으며, 동해안 지방에서 볼 때
서쪽의 먼 곳에 우뚝 솟아 있기 때문에 정기를 발하는 산으로 여겨졌다.

해안 지방에서 볼 때 서쪽의 먼 곳에 우뚝 솟아 있어서 정기를 발하는 산이자 민중의 삶의 근원으로 여긴 산이다. 조선 선조 때 동인과 서인이 나뉘는 데 결정적인 역할을 한 김효원金孝元은 〈두타산일기頭陀山日記〉에서 금강산 다음으로 아름다운 산을 두타산으로 꼽았다.

'속세의 번뇌를 버리고 깨끗하게 불도를 닦는 수행처'라는 유래를 지닌 두타산은 불교와 인연이 깊은 산이다. 현재는 삼화사와 관음암, 천은사만이 남아 있지만, 불교가 융성했던 시기에는 중대사, 상원사, 대승암, 성로암, 내화암 등 10여 개 절이 있었다.

두타산을 중심으로 세 개의 하천이 형성된다. 하나는 박달골의 계류와 서원터골 계류가 함께 모여 장장 14킬로미터에 이르는 무릉계곡을 거쳐 화살내가 되어 동해로 흘러들고, 남동쪽 기슭에서 발원한 하천은 골지천과 합류하여 한강이 되고 동쪽 기슭에서 발원한 계류는 오십천과 합류하여 동해에 접어든다. 두타산 아랫자락의 쉰움산(쉰음산)에는 돌우물이 50여 개 있어 오십정산五十井山이라고도 부른다. 이곳에 산제당을 두어 봄과 가을에 제사를 지냈으며 비가 오지 않을 때는 기우제도 지냈다. 산 아래 미로면에는 천은사라는 옛 절이 있고 이 절에서 고려 충렬왕 때의 학자였던 이승휴가 은둔 생활을 하며 《제왕운기》를 지었다.

단군이 하늘에 제사 지냈던 명산

《택리지》에 기록되지 않은 산 중 명산으로 꼽히는 산이 충청북도 제천

월악산과 강화 마니산이다. 충북 지역 사람들이 동양의 알프스라고 부르는 월악산月岳山은 월악영봉을 비롯해 만수봉과 포암산 등의 산봉우리와 송계계곡, 덕주골 등 풍부한 관광자원이 즐비한 산이다. 1984년 우리나라 20개 국립공원 중 열일곱 번째 국립공원으로 지정된 월악산에서 신라의 마지막 임금인 경순왕의 아들 마의태자와 그의 누이 덕주공주가 망국의 한을 품고 은거했다고 한다. "월악산이 물에 비치고 항구골에 배가 닿으면 구국의 한이 풀릴 것이다"라는 말을 남기고 월악산을 떠난 마의태자의 한이 풀린 것인지, 지금은 충주호의 푸른 물에 월악의 영봉들이 비치고 있다.

조선 전기 문신을 지낸 정이오鄭以吾는 기문에 강화는 "사면이 바다로 둘러싸였고 토지는 기름지다. 큰 구릉과 평지가 있고 식물이 풍성하게 자라니 콩, 보리, 벼가 잘된다"라고 썼다. 인천광역시 강화군에 있는 마니산 정상에 서면 강화도가 한눈에 들어온다. 강화도와 서해의 작은 섬들 그리고 바다 건너 펼쳐진 드넓은 김포평야와 남쪽 옹진군의 자그마한 섬들, 햇살에 부서지는 서해의 은빛 물결이 가슴을 울렁이게 만든다.

《고려사절요高麗史節要》,《세종실록지리지》 등에 마리산摩利山으로 표기되다 마니산摩尼山을 공식 명칭으로 사용한 것은 《신증동국여지승람》이다. "마니산은 부의 남쪽 35리에 있다", "참성단은 마니산 꼭대기에 있는데 돌을 모아 단을 쌓았고 단의 높이는 10척이며 위는 모가 나고 아래는 둥근데 위는 사면이 각각 6척 6촌이요, 아래 둥근 것은 각각 15척이다. 세상에 전하기를 단군이 하늘에 제사하던 곳이다. 본조에서 전조의 하던 그대로 이 단에서 성신에 제사했으니 아래에 제궁이 있다"라고 기록되어 있다.

단군의 흔적이 실제로 남아 있는 마니산 참성단塹星壇은 자연석을 다듬어 제단을 쌓은 것이다. 마니산은 높이 467미터로 강화군에서 가장 높은 산이다. 마니산은 한반도의 중심에 있어 산 정상에서 남쪽 한라산까지와 북쪽 백두산까지의 거리가 같다. 고려산, 혈구산, 진강산 등 높이 400미터 이상의 산 네 개가 남북으로 일직선상에 솟아 있고 그중 제일 높은 산이 마니산이다.

마니산은 비록 작지만 동남쪽으로 뻗은 능선은 암릉巖稜을 이루고 서해를 조망할 수 있다. 마니산은 본래 고가도라는 섬으로 바다 가운데 우뚝 솟아 있었지만 가릉포와 선두포를 둑으로 쌓으면서 육지가 되었다. 1953년 이후 전국체전의 성화를 이곳 참성단 화로에서 점화한다. 참성단의 축조 연대는 아직까지 밝혀지지 않았지만 4000년이 넘었을 것으로 추정한다. 고려시대와 조선시대에도 왕과 제관이 찾아와서 제사를 올린 것으로 알려졌고, 수천 년에 걸쳐 수축과 보완을 거듭한 것으로 보이는데 기록상으로는 고려 원종 11년(1270)과 조선 인조 17년(1639) 그리고 조선 숙종 26년(1700)에 수축, 보수했다고 전한다. 이색은 다음과 같은 시를 읊었다.

향 피우고 맑게 앉아 시 읊으며 머리를 갸우뚱하니
한 방이 비고 밝은데 작기가 배 같네
가을빛을 가장 사랑하여 지게문 열고 들이는데
다시 산 그림자 맞아들여 뜰에 가득히 머물게 하네

강화 참성단

마니산 정상에 있는 참성단은 단군왕검이 하늘에 제사를 올리기 위해 마련한 제단이라고
한다. 제단의 하단은 둥글고 상단은 네모 반듯한데, 하단은 하늘, 상단은 땅을 상징한다.

봄은 가뿐하여 티끌이 없으니 봉황을 탈 생각하고

마음은 고요하고 기심을 잊었으니

갈매기를 가까이하려 하네

단을 만들어 신선 되기 구할 필요 없다

육착만 제거하여 바로 십사천유(장자가 이르기를 마음에 천유가 없으면 육착이 서

로 덤빈다 했다)일세

(…)

마니산 중턱에 선덕여왕 8년(639) 희정이 창건한 정수사淨水寺가 있
다. 울창한 숲을 지나 108계단을 오르면 만나는 정수사는 단정한 아름다
움으로 방문객들을 사로잡는다. 마니산을 참배한 희정은 동쪽의 지형이
불제자가 삼매정수三昧精修에 들기에 합당한 곳이라 여겨 절을 짓고 정
수사精修寺라 했는데, 이를 세종 5년(1423) 함허가 중창하며 법당 서쪽
에 맑고 깨끗한 물이 흘러나오는 것을 보고 지금의 이름으로 바꾸었다.
　정수사는 원래 만조 때는 섬이 되었으나 제방을 쌓으면서 육지가 되었
다. 이 절의 법당(보물)은 정면 3칸에 측면 4칸이지만 원래는 툇마루가 없
이 앞면과 옆면이 3칸 건물이었다고 추정한다. 특히 전면의 문 가운데 사
문합문은 모란과 연꽃이 꽃병에서 몽실몽실 피어오르는 듯한 착각을 일
으킬 만큼 화려하고 아름답다. 법당의 문을 만든 목수는 오래도록 시들지
않는 꽃을 부처에게 드리고자 심혈을 기울였을 것이며, 아름다운 서해 바
다를 한눈에 볼 수 있게 만든 그 마음을 짐작할 만하다. 강화에서 멀지 않
은 옹진군에는 백령도, 연평도, 대청도를 비롯한 서해 5도가 있다. 고려

강화군 화도면

마니산에서 내려다본 화도면이다. 마니산은 높이가 467미터로 강화군에서 가장 높은
산이다. 정상에 오르면 경기만과 영종도 주변 섬들이 한눈에 들어온다.

때 문장가인 김극기의 시에 한 마리 아름다운 새로 남아 있는 섬이 바로 백령도다. "높은 하늘 스치며 몇 번이나 성내어 날았나, 외로운 섬 돌며 날다가 잠시 돌아가기를 잊었네. 사선四仙 한번 가면 그 누가 다시 알아 줄 이 없으니, 공연히 아름다운 옷 떨치며 석양에 서 있네."

일곱 개의 명당자리가 있는 칠갑산

그다음 현대인이 즐겨 찾는 몇 개의 산을 들라면 충청도 청양 칠갑산과 전라도 진안 마이산이다. 청양의 칠갑산은 청양군에서 가장 높은 산으로 대치면과 정산면에 걸쳐 있다. 교통이 불편하므로 사람들의 발길이 잘 닿지 않아 나무숲이 울창하다. 1973년에 도립공원으로 지정된 칠갑산에는 나무 1600여 종이 어울려 자란다. 칠갑산 정상에 서면 한티고개 쪽으로 대덕봉이 보이고 동북쪽으로 명덕봉과 서남쪽으로 이어진 정혜산이 보인다. 날이 맑으면 공주의 계룡산과 서대산 그리고 만수산과 성주산이 지척인 듯 보인다. 서해까지 조망되는 이 산정에서 능선은 여러 곳으로 뻗어 줄을 이었고 지천과 잉화달천仍火達川이 계곡을 싸고돈다. 일곱 곳의 명당자리가 있어 칠갑산이라 부른다고 하며, 칠성원군의 칠七 자와 십이간지의 첫 자인 갑甲 자를 합쳐서 칠갑산으로 부르게 되었다는 불교적 연원도 전해 온다. 산세가 거칠고 험준하여 칠갑산을 충남의 알프스라고도 부른다. 과장된 표현인 듯해도 비스듬히 서 있는 삼형제봉 사이로 이어지는 산들을 보면 칠갑산의 앉음새나 모양새가 그리 만만한 산은 아니다.

마음 맑게 하는 곳 여기에 있으니

청양 장곡사

신라시대인 850년 체징이 창건했다고 전해지며,
청양군 칠갑산 서쪽 자락에 있다.

이 산자락으로 서북쪽의 대치천과 서남쪽의 장곡천·지천, 동남쪽의 잉화달천, 남쪽의 중추천, 동북쪽의 영화천이 흘러서 모두가 금강으로 합류한다.

문화유산을 품은 아름다운 절 장곡사長谷寺는 칠갑산의 깊은 골짜기에 있다. 긴 골짜기라는 말을 지닌 장곡리에서도 한참을 올라간 곳에 있는 장곡사는 신라 문성왕 때 체징이 창건한 뒤로 오늘에 이르기까지 여러 차례 중수를 거듭했다고 하나 정확한 기록은 없다. 경사가 급한 곳에 터를 닦아서 지은 장곡사는 특이하게도 대웅전이 상대웅전과 하대웅전으로 나뉘어 두 채다.

암마이산과 수마이산

두 봉우리가 우뚝 솟아 꽂힌 듯한 마이산은 전라북도 진안군 진안읍과 마령면에 걸쳐 있다. 마이산은 흙이 하나도 없는 콘크리트 지질로 된 두 개의 커다란 역암 덩어리로 이루어진 산이다. 흙 한 줌 없는 이 산을 본 한 미국인이 "이 산을 쌓을 수 있는 기술은 물론이고 그 엄청난 양의 시멘트를 어떻게 충당했느냐?" 하며 혀를 내둘렀다는 말이 입에서 입으로 전해진다.

조선을 개국한 태조 이성계가 호남에서 무술을 연마할 때 산 모양이 말의 귀와 비슷하다 하여 마이馬耳라 이름 지었다고도 하고 그의 아들 태종이 지었다고도 한다. 높이 667미터의 마이산은 자웅의 두 봉우리가 하늘을 찌를 듯이 솟아 있으며 용암동문이라 새겨진 암벽 사이로 들어서면 기암괴석이 뒤엉켜 기기묘묘한 형상을 연출하며 절경을 펼쳐 놓는다. 마이산은 신라 때는 서다산西多山, 고려 때는 용출봉, 조선 전기에는 속금산이라 부르다가 태종 때 이르러 마이산이라 부르게 되었다.

　마이산의 특징과 매력은 기묘한 형태로 갖가지 아름다운 형용을 지니고 있다는 것이다. 흔히 동쪽에 있는 봉우리를 수마이봉, 서쪽에 있는 봉우리를 암마이봉이라 하는데 수마이봉 중턱에 화엄굴이 있고, 이 굴속에서 맑은 약수가 솟아올라 그 물을 마시면 옥동자를 잉태한다는 전설이 있다. 서쪽의 암마이봉 절벽 아래에는 100여 기의 돌탑을 쌓은 유명한 마이산 탑사가 있는데, 이 절의 탑들은 약 90년 전에 이 고장 사람 이갑용李甲用이 발원하여 전국 명산의 돌을 몇 개씩 날라다 이곳의 작은 바윗돌과 함께 쌓은 것이다. 이갑용은 임실 둔덕 태생으로 어릴 때부터 효성이 지극했다. 부모상을 당하자 묘 옆에 움막을 치고 3년간 시묘했다.

　전국의 명산을 전전하던 이갑용은 25세 때 마이산으로 들어와 솔잎을 주식으로 생식하며 수도를 하던 중에 신의 계시를 받아 만불탑을 단석으로 쌓아 올리기도 하고 기단을 원추형으로 하여 쌓아 올리기도 했다. 낮에는 돌을 나르고 밤에는 탑을 쌓았다고 하지만 정황상 혼자가 아니라 여러 사람이 힘을 모아 쌓은 것이라는 설이 더 유력하다. 탑은 거센 폭풍우에도 넘어가는 일이 없으며 단 위에 놓인 정화 그릇은 겨울에 물을 갈고 기도를 드리면 그릇 표면에서부터 10~15센티미터의 고드름이 솟아오르는 신비를 보여 주기도 한다. 이 탑이 쓰러지지 않는 것은 석질에 순인력順引力이 있기 때문이라고 한다. 수마이봉 남쪽 기슭에는 은수사가 있고 맞은편에는 마이산과 비슷한 작은 마이산이 있다.《신증동국여지승람》은 마이산을 다음과 같이 적고 있다.

현의 남쪽 7리에 돌산이 하나 있는데 봉우리 두 개가 높이 솟아 있어서 용출봉湧出峰이라 이름했다. 높이 솟은 봉우리 중에서 동쪽을 아버지, 서쪽을 어머니라 하는데 서로 마주 대하고 있는 것이 마치 깎아서 만든 것 같다. 그 높이는 천 길이나 되고 꼭대기에는 수목이 울창하고 사면이 준절峻絶하여 사람들이 오를 수 없고 오직 모봉母峯의 북쪽 언덕으로만 오를 수가 있다. 전하는 이야기에 따르면 동봉東峯 위에는 작은 못이 있고, 서봉西峯의 정상은 평평하고 샘이 있어서 적병을 피할 수 있다. 이곳에서 날이 가물어 비를 빌면 감응이 있다고 한다. 신라시대에는 서다산이라고 불렸는데 소사小祀에 들었다. 태종이 남행하야 산 아래에 이르러 관원을 보내 제사를 드리고 그 모양이 말의 귀와 같다 하여 마이산이라는 이름을 지어 주었다.

김종직은 다음과 같이 시를 지어 마이산의 풍경을 노래했다.

기이한 봉우리가 하늘 밖에 떨어지니
쌍으로 쭈뼛한 것이 말의 귀와 같구나
높이는 몇천 길인지 연기와 안개 속에 우뚝하도다
우연히 임금의 행차하심을 입어
아름다운 이름이 만년에 전하네
중원에도 이 이름이 있으니

마이산과 탑사

마이산은 자웅의 두 봉우리 모양이 말의 귀와 비슷하다 하여 이름 붙은 산이다.
서쪽의 암마이봉 절벽 아래에 100여 기의 돌탑을 쌓은 탑사가 있다.

이름과 실제가 서로 비슷하도다

천지조화의 공교함은 끝이 없으니

길이 천지가 혼돈했던 처음 일을 생각하도다

내 이곳에 가을비 뒤에 오니

푸른빛과 붉은빛이 비단처럼 뒤섞였네

(…)

경기의 금강산으로 불리는 용문산

용문산龍門山은 높이 1157미터로 경기도 내에서 화악산, 명지산, 국망봉 다음으로 높다. 북쪽의 봉미산, 동쪽의 중원산, 서쪽의 대부산을 바라보고 있는 용문산은 산세가 웅장하고 빼어나며, 골이 깊어서 예로부터 경기의 금강산으로 이름이 높았다. 용문산이 언제부터 용문산이라고 불렸는지는 정확하지 않으며, 용문산의 옛 이름은 미지산彌智山이다. 〈대동여지도〉나 〈동국여지지도〉에는 용문산으로 나오지만, 그보다 앞선 신경준의 《산경표》에는 일명 '미지'라고 부른다 했고,《동국여지승람》에서는 "용문사는 미지산에 있는데, 그 산 이름은 용문이라는 절 이름으로 부른다"라고 밝혔다. 〈용문사중수기〉나 이색이 지은 〈지평현미지산용문사대장기砥平縣彌智山龍門寺大藏記〉, 〈정지국사비문正智國師碑文〉, 〈원증국사비문圓證國師碑文〉에도 미지산 용문사, 미지산 사나사로 표기되어 있다. 그 미지산을 승려들은 "고승대덕들의 덕풍지광德風智光이 미만彌滿해 있었다"라는 말로 풀이한다. 그러나 우리말 어원으로 풀어 보면 미지란 바로 미르, 곧 용이다. 양평의 진산인 용문산을 두고 조선 전기 문신 이적李迹은 "왼쪽으로는 용문산에 의지하고, 오른쪽으로는 호수를 베었다"라는 시를 남겼다. 산세가 지리산에 비할 바는 아니지만 북한강과 남한강이 산을 에워싼 채 흐르고 사방으로 뻗은 산줄기에 계곡들이 깊고 도처에 기암괴석 사이로 흐르는 시냇물이 절경을 이룬다.

　용문산 동쪽 기슭에 자리한 용문사는 신라 진덕여왕 3년(649)에 원효가 창건하고 진성여왕 6년(892)에 도선이 중창했다고 하나 경순왕이 직접 이곳에 와서 창건했다는 설도 있다. 《양평군지》에 따르면 창건 당시 당우가 304칸에 300여 명의 승려들이 머물렀다고 하지만 절의 앉은 모양새나 그 터의 형세로 보아서 300여 칸의 당우는 너무 부풀려진 것이라고 볼 수 있다. 그 뒤 몇백 년간의 기록은 찾을 길이 없다. 다만 고려가 쇠퇴기에 접어든 우왕 때 지천이 개풍군 경천사의 대장경을 이곳으로 옮겨 대장전을 짓고 봉안했다는 기록이 전하며, 태조 4년(1395)에는 조안이 용문사를 중창하면서 그의 스승 정지의 승탑과 승탑비를 세웠다는 기록이 전한다. 용문사는 1907년 의병 전투 때 일본군에 의해 불태워지는 수난을 겪는다. 그 후 취운이 중창했으나 한국전쟁 때 그 유명한 용문산 전투 와중에 큰 피해를 입고 만다. 지금 남아 있는 건물들은 1958년 이후 지어진 것들이며, 정지의 승탑과 비를 비롯한 석축 몇 개만 옛 모습 그대로일 따름이다. 하지만 이 절에는 신라의 마지막 임금인 56대 경순왕이 고려에 나라를 바치자 아들 마의태자가 금강산으로 가는 길에 심었다는 나라 안에서 제일 크고 가장 나이가 많은 은행나무가 남아 그 옛날의 발자취를 전해 주고 있다. 절 위쪽 용문산 중턱에는 세조에 얽힌 이야기가 남아 전하는 상원사와 사나사가 있다. 용문산에서 이름난 것이 뱀과 산나물인데 용문산의 산나물을 시로 읊은 사람이 조선 중기 문신인 김안국 金安國이다.

> 산나물 향기롭고 연하긴 용문이 그만인데
> 그것으로 손님 대접하면 후의 厚意 있음을 알리라
> 방장 方丈의 고량진미를 어찌 부러워하리오
> 한 바구니 속에 부귀영화도 저버리라 했다

입암산 아래 대흥리

정읍의 내장산국립공원에 속하면서도 외진 곳에 있어 독립된 것처럼 느껴지는 산이 입암산 笠岩山이다. 높이 626미터로 정상에 삿갓 모양의 바위가 있어서 입암산이라 불리는데, 장성 長城 갈재(전라북도 정읍시와 전라남도 장성군 북이면 경계에 있는 고개로 노령이라고도 한다)를 가운데 두고 고창의 방장산과 마주 보며 호남평야에 우뚝 솟은 평지돌출 형태라 산이 훨씬 높아 보인다. 입암산에 입암산성이 있는데, 예부터 교통의 요충지였고 서해안과도 가까워 군사적으로도 중요했다. 삼한시대부터 성이 있었을 것으로 추정되며 후백제를 건국한 견훤이 중요한 요새지로 삼았던 성이기도 하다. 입암산성에 관한 최초의 기록은 고종 43년(1256) 몽골 제6차

침입 때 송군비宋君斐 장군이 이 산성에서 몽골군을 크게 격파했다는 것
이다. 몽골 침략 이후 이 산성은 별로 쓰이지 않다가 임진왜란 때 장성 현
감 이귀李貴가 개축했다. 정유재란 때는 고니시 유키나가의 부대에 맞서
산성 별장이었던 윤진尹軫이 관군과 의병, 승병을 모아 싸우다 순절했
고, 그 뒤에는《하멜 표류기》를 지은 하멜이 이곳을 지나갔다고 한다.

입암산성을 넘어가면 사람들이 즐겨 찾는 남창계곡이 있으며, 입암산
아래 입암면 대흥리에는 1920년대에서 1930년대 중반까지 큰 세력을 형
성했던 보천교라는 종교가 남아 있다. 1920년대 조선총독부 집계로 무려
170만 명을 웃돌았고, 보천교의 집계로는 700만~800만 명을 넘었다는
통계가 있다. 보천교는 증산 강일순의 제자이자 동학의 10대 접주 가운
데 한 사람인 차경석이 세운 종교다.

차경석은 그가 거처하던 입암면 대흥리를 오성귀원五星歸垣의 명혈
名穴이라고 했다. 즉 내장산은 오행五行 중 화성에 속하고 입암산은 토
성으로 화생토火生土가 되고, 갈재로 이어져 하나의 산줄기를 이루는 방
장산은 금성이니 토생금土生金이 되며, 순창 쌍치면의 회문산은 수성이
라 금생수金生水가 된다. 두승산은 목성으로 수생목水生木이 되니 완전
한 오행상생五行相生의 형국을 이룬다고 평했다. 풍수지리학자인 최창
조는 오성귀원의 땅은 풍수가에서 가장 지고지순한 땅으로 하늘이 내려
주어야 얻을 수 있다고 인식하는 천하대지라고 평했다.

내장산국립공원은 크게 내장산 지구와 백양사 지구로 나뉘는데, 백양
과 내장의 두 산은 일찍부터 조선팔경으로 지정된 명산이다. 내장산의 옛
이름은 영은산靈隱山이었는데 조선 명종 때 희묵이 이 산속에 숨겨져 있

정읍 내장사

삼국시대 백제의 승려 영은이 창건한 사찰이다. 50여 동의 대가람이 들어섰던 때도 있었지만
정유재란과 한국전쟁 때 모두 소실되고 지금의 절은 대부분 그 후에 중건된 것이다.

장성 백양사

백제 무왕 때 여환이 창건하여 백암사라 이름 지었고 고려 때 중창되어
정토사라 개명되었다가 조선 숙종 때 백양사로 바뀌었다.

는 것이 무궁무진하다고 하여 영은사를 내장사로 고치고 산 이름도 내장
산內藏山으로 고쳤다.

내장산의 주봉인 신선봉을 정점으로 하여 연지봉, 장군봉, 서래봉, 불
출봉, 까치봉이 말발굽처럼 둘러서 있다. 〈정혜루기定慧樓記〉에 따르면
내장산은 구례의 지리산, 영암의 월출산, 장흥의 천관산, 부안의 능가산
(변산)과 더불어 호남의 5대 명산으로 유명하다. '봄 백양, 가을 내장'이
라는 말이 전해 오듯이 내장산은 기기묘묘하게 솟은 기암절벽과 깊은 계
곡 어디라 할 것 없이 가을이면 온 산을 물들이는 단풍 때문에 사람들의
발길로 몸살을 앓는다.

내장산과 연결된 백양산의 백학봉 아래에 백양사가 있다. 불교 31본
산 중 한 곳인 백양사白羊寺는 백제 무왕 때 여환이 창건하여 백양사라
이름 지었다가 고려 때 중창되어 정토사라 개칭했다. 몇 번 이름이 바뀌
다 백양사로 개액改額한 것은 선조 7년(1574) 환양이 중건하면서부터
다. 환양이 백양사에 주석하면서 매일 《법화경》을 독송하니 흰 양白羊이
경을 읽는 소리를 듣고 몰려오는 일이 많아 절 이름을 백양사라 개칭하고
승려의 법명도 환양이라 했다.

이 밖에도 나라 안에 아름답고 수려한 명산들이 남아 있다. 서울과 경
기 일원에 자리한 산들은 서울의 관악산과 도봉산, 남양주군의 수락산,
파주의 감악산이 있고 경기의 소금강으로 일컬어지는 동두천시의 소요
산, 가평의 운악산과 유명산이 있으며, 포천의 보개산과 명성산 그리고
국망봉이 있다. 또한 홍천군 서면에 자리한 팔봉산이 있고, 남설악의 비
경인 가리봉, 홍천의 계방산, 철원의 금학산, 원주의 감악산이 있으며, 환

선굴이 있는 삼척의 덕항산과 삼척의 응봉산 등이 강원도의 명산이다.

충청도에 접어들면 제천시 충주호에 자리한 금수산, 홍성의 용봉산, 이름처럼 아름다운 괴산의 칠보산, 단양의 도락산, 옥천의 달이산이 있고, 영동군 양산면의 마니산과 탄현 또는 숯고개로 불리는 대전의 식장산도 사람들이 자주 찾는 산이다. 경상도에는 문경의 운달산, 영덕의 팔각산 등이 있고, 경주의 토함산, 울산의 가지산, 부산의 금정산, 창녕의 화왕산 등이 있다. 고창의 방장산과 문수산, 곡성의 동악산, 완주의 만덕산, 영광의 불갑산, 장흥의 제암산, 해남의 두륜산 등이 휴전선 남쪽의 빼어난 산이다.

휴전선 북쪽의 산으로 황해도 봉산의 자비산, 평산의 멸악산, 연산의 언진산, 해주의 수양산, 신원의 장수산 등이 있다. 평안도에는 영변의 약산과 평북의 금강산으로 알려진 석숭산과 관서의 금강산으로 알려진 자모산 등이 있는데, 한반도가 통일된다면 북쪽에 있는 높이 2000미터 이상 되는 산들과 백두산에서 한라산까지 백두대간 종주가 성행할 것이다. 경성군과 연사군 중간에 자리한 관모봉, 투구봉, 백사봉, 남포태산, 북포태산 등과 백두산 아래 자락에 자리한 대연지봉, 소백산 등이 사람들에게 손짓할 것이고, 동물보호구역으로 지정된 천불산과 백운산, 개마고원이나 허항령 부근에 있는 삼지연 일대가 국제적 관광지로 부상할 것이다.

7

바다에 인접한 명산

솔밭처럼 우뚝한 하늘 남쪽의 아름다운 곳

신선이 노니는 백록담

《택리지》에 실린 한라산에 대한 기록을 보자.

바다 복판에 있는 산도 기이한 것이 많다. 제주도의 한라산은 영주산이라 하기도 한다. 산 위에 큰 못이 있는데 사람들이 시끄럽게 하면 갑자기 구름과 안개가 크게 일어난다. 맨 꼭대기에 있는 모난 바위는 사람이 다듬어서 만든 것 같다. 그 아래 잔디는 작은 길을 이루며 향기로운 바람이 산에 가득하다. 가끔 젓대와 퉁소 소리가 들려오나 어디서 나는지 알지 못하며, 전해 오는 말에 따르면 신선이 노는 곳이다. 제주목의 관청은 한라산 북쪽에 있다. 옛날의 탐라국이었는데 신라 때 부속 국가가 되었다. 원元에서는 이 지역을 방성(28수 중 넷째 별자리로 동쪽에 있음)에 해당하는 지역이라 하여 암수 준마를 방목하는 목장으로 만들었다. 지금도 이곳에선 좋은 말이 생산된다. 제주목의 동쪽과 서쪽에는 정의旌義와 대정大靜 두 고을이 있는데 풍속이 제주와 거의 같다. 제주목사와 두 고을 수령이 예로부터 본토에 왕래했지만 풍파에 표류하거나 빠져

313

죽은 일이 없고, 또 조정에 벼슬하던 사람이 이곳으로 귀양을 많이 왔지만 풍
파에 표류하거나 빠지는 일이 없었다. 이는 임금의 덕이 멀리까지 미쳐서 온갖
신이 받들어 순응했다는 것을 알 수 있다.

제주도 한가운데 한라산이 우뚝 솟아 있다. 한라산은 전설 속 삼신산三
神山의 하나다. 부악釜岳, 원산圓山, 두무악頭無嶽, 진산鎭山, 선산仙
山, 영주산瀛洲山, 부라산浮羅山, 혈망봉穴望峰, 여장군女將軍 등 여
러 이름으로 불렸다. 한라산의 '한漢'은 은하수를 의미하며 '라拏'는 '붙
잡을 라' 또는 '잡아당길 라'를 뜻하여 산정에 서면 은하수를 잡아당길
수 있다는 뜻이다. 예로부터 한라산 정상에서 남쪽 하늘 멀리 있는 노인
성老人星을 볼 수 있고, 이 별을 본 사람은 오래 살았다고 한다.

제주도 진산을 한라산으로 삼은 것은 남태평양에서 불어오는 큰바람
을 한라산이 막아 한반도의 안녕을 지켜 주기 때문이라고 한다. 두무악이
란 머리가 없는 산을 의미한다. 전설에, 옛날 한 사냥꾼이 사냥을 하다가
잘못하여 활 끝으로 천제天帝의 배꼽을 건드렸는데 화가 잔뜩 난 천제가
한라산 꼭대기를 뽑아 멀리 던져 버렸다. 그 꼭대기가 떨어진 곳이 지금의
산방산이고, 뽑혀서 움푹 팬 곳이 백록담이다. 《사기 史記》에 따르면 이
산에 불로불사의 약초가 있어 신선들이 살았다. 진시황은 기원전 200년
경 역사力士 서불에게 그 약초를 구해 오라는 명령을 내렸다고도 한다.

조선 전기 문신 권근權近은 한라산을 두고 "푸른 한 점은 한라산이
요, 멀리 넓은 바다에는 파도 소리뿐"이라 했다. 선조 때 문신인 김상헌
金尙憲의 《남사록南槎錄》(홍기표 옮김, 제주문화원, 2009)에는 선조 34년

(1601) 9월 한라산에 올라 산신에게 제사를 올린 기록이 보인다.

국왕은 성균관전적 김상헌을 보내 한라산 신령께 제사를 드립니다. 삼가 생각건대 궁륭穹窿 같은 산이 있어 바다 가운데 자리 잡고 있습니다. 아래로는 수부水府를 감싸 두르고 위로는 운공雲空에 맞닿아 백령百靈이 머무르니 모든 산악의 으뜸입니다. (…) 천신의 권능을 빌어 우리 백성을 도우시니 전염병의 재앙이 없고 풍우가 때를 맞추어 곡식과 삼이 두루 자라고 축산이 번성합니다. 제주 고을은 그래서 편안하고, 나라에서는 이들의 도움을 받습니다.

한말의 유학자 최익현崔益鉉은 대원군을 탄핵하는 상소문을 올려서 제주도로 유배를 왔다가 유배가 풀려 자유의 몸이 되자 고종 12년(1875) 3월 백록담에 올랐다. 최익현은 〈유한라산기遊漢拏山記〉(《옛사람들의 등한라산기》, 김봉옥 옮김, 제주문화원, 2000)에서 산을 오르며 "전망이 넓게 트여서 가히 해와 달을 옆에 끼고 비바람을 다스릴 만할 뿐 아니라, 의연히 진세의 일을 잊고 홍진에서 벗어난 뜻을 간직하고 있었다"라고 했다. 그러고 한라산에 관해 다음과 같이 기록했다.

백두산에 근본하여 남으로 달려 4000리에 영암의 월출산이 되고, 또 남으로 달려 해남의 달마산(두륜산)이 되고, 달마산이 바다를 500리를 건너뛰어 추자도가 되었고, 또 500리를 건너서 이 한라산이 되었다고 한다. 이 산은 서쪽으로 대정에서 일어나 동쪽으로 정의에서 그치고, 중앙에 솟아 절정이 되었다. 동서의 길이는 200리요, 남북으로는 100리 남짓하다.

한라산 백록담

한라산 백록담은 남한에서 가장 높은 곳에 있는 산정 화구호다. 백록담은 풍화나
침식에 거의 영향을 받지 않아 순상 화산의 원지형이 잘 보존되어 있다.

솔밭처럼 우뚝한 하늘 남쪽의 아름다운 곳

한라산 정상

산이 높으므로 산정에 서면 은하수를 잡아당길 수 있다는 뜻으로 이름 붙은 산이다.
정상에 올라 남쪽 하늘 멀리 있는 노인성을 보면 오래 살 수 있다고 믿었다.

아름다운 섬나라 남해

《택리지》의 설명은 다음과 같이 남해로 이어진다. "남해현南海縣은 경상도 고성에서 바닷길로 10리 거리에 있다. 그 안에 있는 금산錦山의 작은 분지는 곧 최고운이 놀던 곳이며, 고운이 쓴 글씨가 아직도 석벽에 남아 있다." 경상남도 충무시, 삼천포시, 거제시, 통영시, 하동군, 남해군과 전라남도 여수시의 2개 도, 7개 시·군에 걸쳐 있는 남해가 한려해상 국립공원으로 지정된 것은 1968년이다. 이 지역은 해상 경관이 수려하고 어족 자원이 풍부하며 임진왜란 때 격전지가 많다. 한려해상국립공원은 통영군 한산도에서 시작하여 전라남도 여수에 이르는 수로에 펼쳐진 2438제곱킬로미터에 달하는 드넓은 해상공원으로, 다도해, 비진도, 해금강 등을 포함한다.

푸른 남해의 거울같이 잔잔한 물 위로 점점이 떠 있는 그림 같은 섬들과 호수같이 고요하고 평화로운 포구의 풍경, 해면 위를 날아드는 아름다운 갈매기의 모습들, 멀리 또 가까이 떠 있는 어선 사이를 오가는 크고 작은 여객선 등이 모두가 한 폭의 아름다운 풍경화가 되어 어우러진다.

남해섬은 제주도, 거제도, 진도에 이어 네 번째로 큰 섬이다. 산세가 아름답고 바닷물이 맑고 따뜻하여 많은 사람이 즐겨 찾는다. 한려수도의 한복판에 자리한 남해는 조선 전기 서예가 자암自菴 김구金絿가 한 점 신선의 섬, 즉 일점선도一點仙島라고 불렀을 만큼 아름다운 섬이다. 이곳에 남해 금산이 있다. 남해 금산은 높이가 681미터 정도로 높지 않지만 예부터 금강산에 빗대어 '남해의 소금강'이라고 부를 만큼 경치가 빼어나다.

신라 때의 고승 원효가 683년(신문왕 3) 이 산 정상 부근에 초당을 짓고 수도하면서 관세음보살을 친견한 뒤 보광사普光寺라는 절을 지었는데, 이후 이 산 이름이 보광산이 되었다. 보광산이 오늘날 '비단산'이라는 뜻의 금산錦山으로 바뀌게 된 것은 조선을 건국한 태조 이성계에 의해서다. 이성계는 왕이 되려는 청운의 뜻을 품고 백두산에 들어가 기도를 했지만 백두산의 산신이 그의 기원을 들어주지 않았다. 두 번째로 지리산으로 들어갔지만 지리산의 산신도 들어주지 않자 이성계는 마지막으로 보광산으로 들어갔다. 임금이 되게 해 달라고 산신에게 기도하면서 자신의 소원을 들어주면 이 산을 비단으로 감싸 주겠다고 약속했다. 이성계는 왕위에 오른 뒤 보광산의 은혜를 갚기 위해 산 전체를 비단으로 두르려 했지만 쉬운 일이 아니었다. 고심하던 이성계 앞에 한 승려가 묘안을 내놓았는데 그것은 '비단으로 산을 감싼다는 것은 나라 경제가 허락하지 않으니 이름을 금산으로 지어 주는 게 좋겠다'는 의견이었다. 이성계는 그 제안을 받아들여 산 이름을 금산이라고 바꾸었다 한다.

보광사는 그 뒤 현종 1년(1660)에 왕실의 원당 사찰이 되었는데, 이때부터 절 이름을 보리암으로 고쳐 부르기 시작했다. 1901년에 낙서와 신욱이 중수했으며 1954년 동파가 다시 중수한 뒤 1969년에 이 절의 주지 양소황이 중건했다.

이 절에는 보리암 삼층석탑(경상남도 유형문화유산)과 간성각, 보광전, 산신각, 범종각, 요사채 등이 있으며 1970년에 세운 해수관음보살상이 있다. 보리암의 해수관음보살상은 강화 보문사 관음보살상, 낙산사의 해수관음상과 더불어 치성을 드리면 효험을 본다고 알려져 신도들의 발길이 끊이지 않는다. 극락전 아래쪽에는 태조 이성계가 백일기도를 드린 뒤 왕위에 올랐다는 이씨기단이 있고 그 옆에는 세 개의 바위로 된 삼불암三佛庵이 있다.

그 외에도 남해 금산에는 삼사기단, 쌍룡문, 문장암, 사자암, 촉대봉, 향로봉, 음성굴 등 금산 38경을 이루는 기암괴석과 울창한 숲과 봉수대가 있다. 낮에는 연기, 밤에는 불빛으로 신호하여 적이 침입했음을 알렸던 남해 금산 봉수대는 고려 명종 때 남해안에 침입하는 왜구를 막기 위해 축조했고 조선시대에는 오장 두 명과 봉졸 열 명이 교대로 지켰다고 한다. 평상시에는 연기를 하나 피웠고 적이 나타나면 둘, 가까이 접근하면 셋, 침공하면 넷, 접전 시에는 다섯으로 연락했다. 구름이나 바람으로 인한 이상 기후에는 다음 봉수대까지 뛰어가서 알렸다고 한다. 조선시대의 봉수는 대체로 시간당 110킬로미터를 연락할 수 있었기 때문에 한양까지 7시간 정도 걸렸는데 통신 시설이 발달하면서 갑오경장이 있던 해인 1894년에 없어졌다.

남해 금산을 문학적으로 형상화한 소설가와 시인이 많은데 그중 서정인의 《산山》이라는 소설에서 주요 무대가 되었고, 이성복 시인의 아름다운 시 〈남해 금산南海錦山〉도 있다.

한 여자 돌 속에 묻혀 있었네
그 여자 사랑에 나도 돌 속에 들어갔네
어느 여름 비 많이 오고
그 여자 울면서 물속에서 떠나갔네

솔밭처럼 우뚝한 하늘 남쪽의 아름다운 곳

남해 금산

남해 금산은 일찍이 자암 김구가 한 점
신선의 섬이라고 부른 아름다운 남해에 있는 산이다.

남해 금산 쌍홍문

쌍홍문은 굴 두 개가 쌍무지개 같다고 해서 붙은 이름으로
금산에서 보리암으로 오르는 데 길 역할을 한다.

솔밭처럼 우뚝한 하늘 남쪽의 아름다운 곳

남해 금산 일출

남해 남단에 있는 금산은 일출 명소 중 최고로 꼽히는 곳이다.
일출을 볼 수 있는 조망대가 있다.

떠나가는 그 여자 해와 달이 끌어 주었네

남해 금산 푸른 하늘가에 나 혼자 있네

남해 금산 푸른 바닷물 속에 나 혼자 잠기네

남해 금산 아래에 그림처럼 빛나는 상주해수욕장이 있고 고개를 넘어
가면 아름다운 포구인 미조포구가 있다. 《신증동국여지승람》에 "미조항
진彌助項鎭은 현의 동쪽 87리에 있다. 성화成化 병오년(성종 17년, 1486)
에 진이 설치되었다. 그 뒤에 왜적에게 함락되어 없앴다가 가정嘉靖 임
오년(중종 17년, 1522)에 다시 설치했다. 석축이며, 둘레는 2146척이고,
높이는 11척이다"라고 기록되어 있는데, 미조항은 한려수도의 아름다운
항구로 자리매김하고 있다.

감은사와 문무왕 이야기

경주에서 4번 국도를 타고 가다 양북면에서 929번 지방도를 갈아타고
가다 보면 왼쪽 산기슭에 폐사지 감은사感恩寺가 있다. 삼국을 통일한
문무왕은 살아생전에 죽어서도 동해의 용이 되어 왜구로부터 나라를 지
키겠다고 하여 직접 대왕암의 위치를 잡았다. 문무왕은 대왕암이 바라다
보이는 용당산 자락의 용담 위쪽에 절을 세워 불력으로 나라를 지키고자
했으나 절을 다 짓기 전에 세상을 떠나고 말았다. 신문왕이 문무왕의 뜻
을 이어받아 그 이듬해인 신문왕 2년(682) 절을 완성한 후 절 이름을 감

상주해수욕장

남해 금산이 병풍처럼 둘러서 있고 좌우로 뻗어 내린 산세가 아늑하게 감싼 이곳은
목섬, 돌섬이 파도를 막아 주어 천연 호수라 부를 만큼 수면이 잔잔하다.

은사라고 했다. 이는 불력을 통한 호국이라는 문무왕의 뜻을 이어받았다는 뜻이기도 하지만 한편에서는 아버지의 명복을 비는 효심의 발로였을 것으로 추정한다. 감은사 금당 밑에 일정한 높이로 공간을 비워 놓았는데, 이는 용이 된 문무왕이 바닷물을 타고 감은사 금당까지 들어오게 했다는 《삼국유사》의 기록과 부합한다.

높이가 13.4미터며 동서 양쪽에 하나씩 쌍탑으로 조성된 신라 최대의 석탑인 감은사지 삼층석탑(국보)은 그 이전의 평지 가람에서 산지 가람으로 그리고 대부분의 신라 옛 절에서 보이는 1탑 중심의 가람 배치에서 2탑 1금당으로 바뀌는 과정에서 최초의 것이라고 할 수 있다. 또한 탑의 완성도를 결정하는 두 가지 요소, 즉 안정감과 상승감에서 성공했다는 평가를 받는다. 서쪽 탑은 1960년에, 동쪽 탑은 1996년에 탑을 해체, 수리하던 중 3층 몸돌의 사리공에서 사리장엄구(보물)가 각각 발견되었다.

토함산의 물줄기와 함월산의 물줄기가 만나서 동해로 접어드는 대종천에는 문무왕의 숨결이 남아 있기도 하지만 또 하나 숨겨진 역사가 살아 숨 쉬고 있다. 고려 고종 25년(1238) 몽골이 침략해 왔을 때 황룡사 구층목탑을 비롯한 수많은 문화유산이 불타고 말았다. 《삼국유사》에는 "신라 제35대 경덕대왕이 천보 13년 갑오(754)에 황룡사 종을 주조했다. 길이가 1장 3치였으며, 두께가 9치였고 무게가 49만 7581근이었다"라고 기록하고 있다. 당시 황룡사에 있던 종은 국립경주박물관에 있는 에밀레종보다 네 배쯤 큰 종이었다. 황룡사 종은 몽골군이 가져가려다 폭풍우를 만나 물속에 가라앉고 말았다. 그런 연유로 큰 종이 지나간 하천이라고 해서 대종천이라는 이름이 붙었다. 그 뒤로도 풍랑이 심하게 일면 이곳에서 대종 우는 소리가 들린다 해서 해녀 등 여러 사람이 탐색에 나섰지만 지금껏 찾지 못하고 있다. 그러나 또 다른 이야기로는, 대종천에서 들려오는 종소리는 황룡사 종이 아니라 임진왜란 때 왜군이 대종천에 빠뜨린 감은사 종이 우는 소리라고도 한다.

감포 앞바다에는 문무왕의 수중릉이라고 알려진 대왕암이 있다. 문무왕은 죽음이 임박하여 다음과 같은 유언을 남겼다고 《삼국사기》에 기록하고 있다.

시호를 문무라 했다. 여러 신하가 유언으로 동해 입구의 큰 바위 위에서 장례를 치렀다. 세속에 전하기를, 왕이 변해 용이 되었다고 하므로, 그 바위를 가리켜서 대왕석大王石이라고 한다. (⋯) "죽고 나서 10일 뒤에 곧 고문庫門 바깥의 뜰에서 서국의 의식에 따라 화장을 해라. 상복의 가볍고 무거움은 정해진 규정이 있으니, 장례를 치르는 제도를 힘써 검소하고 간략하게 하라. 변경의 성과 진을 지키는 일과 주현의 세금 징수는 긴요한 것이 아니면 마땅히 모두 헤아려 폐지하고, 율령격식에 불편한 것이 있으면 곧 다시 고치도록 하라. 멀고 가까운 곳에 널리 알려 이 뜻을 알게 할 것이며, 주관하는 자는 시행하도록 하라."

삼천리금수강산이라고 일컬어지는 조국 산천에 자신의 시신을 묻지 않고 화장하여 바다 한가운데 위치한 바위섬에 골분을 뿌리라 한 문무왕의 애국심은 높이 평가해야 하지만, 이 무덤에 관해 여러 가지 이견이 있다. 그중 하나가 문무왕릉이 세계 유일의 수중릉이라는 이야기다. 그러나

조선 정조 때 경주 부윤을 지낸 홍양호洪良浩의 문집《이계집 耳溪集》에
는 그가 정조 20년(1796) 문무왕릉비의 파편을 습득하게 된 경위와 문무
왕의 화장 사실 및 문무왕에 관한 이야기가 기록되어 있다. 이에 따르면
"나무를 쌓아 장사 지내다 뼈를 부숴 바다에 뿌리다"라는 대목이 있다.
따라서 세계 유일의 수중릉이라는 이야기는 후세 사람이 지어낸 이야기
일 가능성이 크다.

이견대 利見臺는 문무왕이 용으로 변한 모습을 보였다는 곳이자 그의
아들 신문왕이 천금과도 바꿀 수 없는 값진 만파식적 萬波息笛(세상의 파
란을 없애고 평안하게 하는 피리)을 얻었다는 곳이기도 하다. 현재의 건물은
1970년 발굴 조사 때 드러난 초석을 근거로 하여 다시 지은 것이다. 그리
고 그 아래 자락에 고고학자 우현又玄 고유섭高裕燮을 기념하여 세운
'나의 잊히지 못하는 바다'라는 기념비가 있다.

경주에는 석굴암이 있는 토함산과 신라 사람들이 불국토로 여겼던 남
산이 있다.《삼국유사》에 일연이 "절과 절들은 별처럼 벌여 있고, 탑과 탑
들은 기러기 행렬인 양 늘어섰다"라고 썼듯 신라 전성기에 경주 남산에는
808개의 절이 있었다고 한다. 경주 남산을 100여 차례 올랐던 윤경렬의
말에 따르면 35개 골짜기에 절터가 103군데, 불상이 78기, 석탑이 63기
가 있다.

경주 남산은 남북이 8킬로미터, 동서가 4킬로미터로 그다지 큰 산은
아닌데도 기암괴석이 많고 자연경관이 훌륭하여 사람들의 발길도 끊이지
않는 곳이다. 배리 윤을곡 마애불좌상에서 서출지 書出池에 이르는 남산
종주 길도 발길을 끌지만 서출지, 경애왕릉, 포석정, 창림사 昌林寺 등 남

경주 문무대왕릉

삼국통일을 완수한 신라 제30대 문무왕을 장사지낸 곳으로,
바닷가에서 200미터 떨어진 바다에 있는 수중릉이다.

산 자락을 따라가는 문화유산 기행도 운치가 있다.

옛 이름이 금오산인 이곳 남산의 용장사에서 《금오신화金鰲新話》를 지은 매월당 김시습은 자신의 호처럼 금오산의 '매화와 달'에 취했다. 그런 연유로 김시습은 책의 말미에 다음과 같은 시를 남겼다.

오막살이 푸른 담요 따뜻하기도 한데
매화 그림자 창에 가득 달 밝은 밤이로다
등잔 돋우고 밤새 향 피우고 앉았으니
사람이 보지 못한 책을 볼까 두렵구나

다도해를 바라보는 두륜산

《여지도서 輿地圖書》에 두륜산은 다음과 같이 쓰여 있다.

두륜산頭輪山은 관아의 남쪽 30리 녹산면에 있다. 산 아래에 대둔사가 있다. 거기에 골짜기를 이루고 있는 곳이 있는데, 하늘이 빚어 놓은 듯 넓고 평평하다. 나무들이 빽빽하게 우거져 있으며, 샘물은 방울방울 솟아오른다. 그 산 봉우리들은 겹겹으로 포개져 깎아지른 듯이 서 있다. 그야말로 큰 강가에 웅장한 진鎭의 모습을 갖추고 있으므로 예로부터 요새 같은 산성을 쌓을 만한 곳이라는 말들이 전해져 왔다.

해남 대흥사 북미륵암 마애여래좌상

고려 전기 불상이다. 전체적으로 유려한 수법이 엿보이며, 고려시대의 거불군巨佛群을
대표한다. 한국의 마애불상 중에서는 매우 드문 예이고 우수한 조형미를 보인다.

　다도해의 푸른 바다를 바라보며 바닷가 근처에 우뚝 솟은 산이 해남의 두륜산이다. 해남군의 삼산면, 북평면, 북일면에 걸쳐 있다. 높이 703미터로 땅 끝 기맥의 남단에서 다도해를 굽어보며 우뚝 솟아난 이 산은 1979년에 도립공원으로 지정되었다. 두륜산은 주봉인 가련봉을 비롯해 두륜봉, 고계봉, 도솔봉, 혈망봉, 향로봉, 연화봉 등이 연봉을 이룬다. 원래 대둔사라는 절이 있어 대둔산이라고 부르다가 대둔사가 대흥사로 이름을 바꾸자 대흥산이라고 부르기도 했다. 이 산 중턱에 북미륵암의 미륵불은 아름답기가 이루 말할 수 없다.

　두륜이란 산 모양이 둥글게 사방으로 둘러서 솟은 '둥근 머리' 또는 날카로운 산정을 이루지 못하고 '둥글넓적한' 모습인 데서 연유한다. 한듬산으로도 불리는데 산이라는 뜻의 '듬'에 크다는 뜻의 '한'이 붙어 한듬이 대듬으로, 대듬이 대둔으로 변한 것으로 풀이한다. 그래서 한듬절로도 불리는 해남 대흥사에는 "주인은 손님에게 제 꿈 얘기를 하고, 손님은 주인에게 제 꿈 얘기를 하네. 지금 두 꿈 얘기를 하는 나그네도, 이 역시 꿈 속의 사람이어라"라는 〈삼몽사三夢詞〉 시를 읊은 휴정 관련 유물이 있다. 특히 대흥사 표충사는 임진왜란 때 승병을 조직하여 공훈을 세운 서산 휴정, 사명당 유정, 뇌묵당 처영 등 3대사의 충의를 추모하기 위해 정조 13년(1789)에 제자들이 건립한 사우로 같은 해 사액을 받았다.

　당시 선과 교 그리고 좌선, 진언, 염불, 간경 등 여러 갈래로 나뉘어 있던 불교계에 "선禪은 부처의 마음이며, 교敎는 부처의 말씀이다"라고 설파했던 서산은 선조 37년(1604) 1월 어느 날 묘향산에서 입적을 앞두고 그의 제자였던 사명당 유정과 뇌묵당 처영에게 자신의 금란가사와 발우

대흥사 일지암

초의가 39세인 1824년에 중건한 암자로,
1866년에 입적할 때까지 이곳에서 지냈다고 한다.

를 해남 대둔사(대흥사)에 두라는 유언을 남겼다. 서산은 무슨 연유인지 궁금해하는 제자들에게 "대둔사는 병란을 비롯한 삼재가 미치지 않을 유일한 땅이며, 만년이 지나도록 일그러지지 않을 곳"이므로 그의 유품을 보관할 만한 곳이라고 했다 한다. 서산이 입적한 뒤 제자들은 그의 시신을 다비한 후 묘향산 보현사와 안심사에 승탑을 세웠고 영골靈骨은 금강산 유점사 북쪽에 있는 바위에 봉안했다고 하며, 금란가사와 발우는 대둔사에 안치했다고 한다.

대흥사 일지암은 조선 후기 차 연구서인 《동다송東茶頌》을 지은 초의가 머물렀던 곳이다. 차와 선이 하나라는 다선일미茶禪一味 사상을 바탕으로 하여 다도 이론을 정립한 초의는 '모든 법法이 서로 다르지 않으며, 평상심이 곧 도道'라고 여겼다. 초의는 선이나 교 어느 하나만을 주장하는 것은 똑같이 이롭지 않다고 보았다. 그는 오로지 선에 주력할 것을 주장했던 백파와 논쟁을 벌인 것으로도 유명하다.

밝은 달 촛불 삼고 또한 벗을 삼아
흰 구름 자리하고 또한 병풍도 하여
죽뢰인 양, 송도인 양 시원도 하고
몸도 마음도 맑고 또 맑아
흰 구름 밝은 달 손님으로 맞으면
도인의 앉은 자리가 이보다 나을쏜가

이렇게 노래한 초의는 일지암에서 강진으로 유배된 24세 연상의 정약

솔밭처럼 우뚝한 하늘 남쪽의 아름다운 곳

청산도

완도군에 딸린 섬으로 다도해해상국립공원에 속한다.
공기가 맑고 산과 바다가 푸르러서 청산靑山이라 불렀다고 한다.

용을 스승처럼 모시며 교류를 나누기도 했고 유배된 김정희를 만나러 제주도에 다녀오기도 했다. 대둔사를 오가면서 가르침을 받았던 조선 후기 화가 소치 小痴 허련 許鍊은 〈몽연록 夢緣錄〉에서 일지암에 머문 초의에 대해 다음과 같이 썼다.

그가 머무는 곳은 두륜산 꼭대기 아래다. 소나무숲이 깊고 대나무 무성한 곳에 몇 칸의 초실을 얽었다. 늘어진 버들이 처마에 닿았고 풀꽃이 섬돌에 가득 차서 그늘이 뒤엉켜 있었다. 뜰 가운데는 아래위로 못을 파고 처마 아래에는 크고 작은 물통을 두었는데 대쪽을 연결해 멀리서 구름 비친 샘물을 끌어온다. "눈에 걸리는 꽃가지를 잘라 버리니 멋있는 산봉우리가 석양 하늘에 더 잘 보인다." 이러한 시구가 매우 많은데 시가 맑고 고상하며 담박하고 우아하니 속된 기운이 없다. 눈이 오는 새벽이나 달이 뜬 밤마다 시를 읊으며 흥을 견디고는 했다. 향기가 일어나고 차가 한창 끓으면 거닐면서 흥이 내키는 대로 간다.

해남에 인접한 완도를 《택리지》는 "전라도 강진 바다 가운데에 있어, 육지와는 10리 정도 떨어져 있다. 이곳은 신라 때 청해진 淸海鎭으로서 장보고가 근거지로 삼았던 땅이다. 섬 안에 좋은 경치가 많으며, 지금은 첨사가 통솔하는 진이 있다"라고 했다. 완도에는 상황봉, 백운봉, 숙승봉, 생일도 백운산, 청산도 매봉산 등 크고 작은 산이 많다. 완도김과 청산도 흑염소가 유명하다.

백련산 자락의 다산초당

역사는 돌고 돈다고 하던가. 역사 속에서 국사범들의 유배지였던 곳, 한 시대를 풍미했던 빼어난 사람들이 절망과 질곡의 시절을 보낸 장소들이 오늘날에는 유적지와 문화 관광지로 또는 말년을 지낼 거주지로 주목받고 있다. 그 대표적인 곳이 정약용이 머물렀던 강진의 다산초당이다. 정약용이 남긴 《다신계안茶信契案》(유홍준, 《나의 문화유산답사기 1》, 창비, 1993 재인용)을 보자.

나는 가경 신유년(1801) 겨울에 강진에 도착하여 동문 밖의 주막집에 우거하였다. 을축년(1805) 겨울에는 보은산방寶恩山房(고성사高聲寺)에서 기식하였고, 병인년(1806) 가을에는 학래鶴來의 집에 이사가 있다가, 무진년(1808) 봄에야 다산에서 살았으니 통계하여 유배지에 있었던 것이 18년인데, 읍내에서 살았던 게 8년이고 다산에서 살았던 것이 11년째였다.

유배지 주막집 봉놋방을 사의재四宜齋라고 이름 지은 정약용은 그 집에서 1805년 겨울까지 만 4년을 살았다. 학문 연구와 저술 활동을 조금씩 시작한 그는 이곳에서 《상례사전喪禮四箋》을 썼는데 그 서문에 다음과 같은 글이 있다.

이윽고 방에 들어가면서부터 창문을 닫고 밤낮으로 외롭게 혼자 오뚝이 앉아 있노라니 함께 이야기할 사람이 없었다. 오히려 기뻐서 혼자 좋아하기를

'내가 여가를 얻었도다' 하고, 〈사상례士喪禮〉 세 편과 〈상복喪服〉 한 편을
그 주석까지 가져다가 침식을 잊기까지 하면서 정밀히 연구하고 조사했다.

정약용은 순조 5년(1805) 겨울부터는 강진읍 뒤에 있는 보은산의 고성
사 보은산방으로 자리를 옮기고 주로《주역》공부에 전념했다. "눈에 보
이는 것, 손에 닿는 것, 입으로 읊는 것, 마음속으로 사색하는 것, 붓과 먹
으로 기록하는 것에서부터 밥을 먹거나 변소에 가거나 손가락을 비비고
배를 문지르는 것에 이르기까지 무엇 하나인들《주역》이 아닌 것이 없었
소"라고 썼던 시절이었다. 그다음 해 가을에는 강진 시절 그의 수제자가
된 학래의 집에서 기거했다. 정약용이 만덕산 자락에 있는 '다산초당'으
로 거처를 옮긴 시기는 유배 생활 8년째 되던 순조 8년 봄이었다. 뒷날 이
곳을 찾았던 곽재구 시인의 〈귤동리 일박一泊〉 중 일부를 보자.

아흐레 강진장 지나
장검 같은 도암만 걸어갈 때
겨울 바람은 차고
옷깃을 세운 마음은 더욱 춥다
(…)
어느덧 귤동 삼거리 주막에 이르면
얼굴 탄 주모는 생굴 안주와 막걸리를 내오고
그래 한잔 들게나 다산
혼자 중얼거리다 문득 바라본

강진 다산초당

조선 실학의 대가 다산 정약용이 강진에서 18년간의 유배 생활 중
10년을 머문 곳이다. 그는 이곳에서 실학을 집성했다.

벽 위에 빛바랜 지명수배자 전단 하나

가까이 보면 낯익은 얼굴 몇 있을까

나도 모르는 사이에 하나하나 더듬어 가는데

누군가가 거기 맨 나중에

덧붙여 적은 뜨거운 인적사항 하나

정다산丁茶山 1762년 경기 광주산

깡마른 얼굴 날카로운 눈빛을 지님

전직 암행어사 목민관

기민시 애절양 등의 애민愛民을 빙자한

유언비어 날포로 민심을 흉흉케 한

자생적 공산주의자 및 천주학 수괴

(…)

정약용이 다산초당 시절 각별하게 지냈던 사람이 백련사에 있던 아암
兒菴 혜장惠藏다. 혜장은 해남 대둔사로 출가한 승려다. 나이가 서른 살
쯤 되었던 혜장은 두륜회(두륜산 대둔사의 불교 학술 대회)를 주도할 만큼 대
단한 학승으로 백련사에 거처하고 있었다. 정약용이 읍내 사의재에 머물
던 순조 5년 봄에 알게 된 이후 교류가 깊어졌다. 정약용이 한때 보은산
방에 머물며《주역》을 공부하고 자신의 아들 학유를 데려다 공부시켰던
것도 혜장이 주선했기 때문에 가능했다고 한다. 정약용보다 나이가 어렸
던 혜장은 승려였지만 유학에 조예가 깊었으며 문재에도 뛰어났다고 한

솔밭처럼 우뚝한 하늘 남쪽의 아름다운 곳

강진 천일각

천일각은 강진에서 유배 생활을 하는 동안
정약용이 가족과 고향을 향한 그리움을 달래던 곳이다.

다. 순조 11년(1811)에 혜장이 죽자 다산은 그의 탑명에 "아암은 불경 외에 《논어》를 매우 좋아하여 그 뜻을 연구하고 탐색하여 조금도 빠뜨린 내용이 없게 하려 했다. 윤달의 셈법과 율려律呂의 도度, 여러 성리학 관계 책에 이르기까지 모두 정확하게 이해했으니 속된 선비들이 미칠 수 있는 바가 아니었다"라고 했다.

정약용이 사의재에서 지내던 때는 혼자 책을 읽고 쓰면서 읍내 아전의 아이들이나 가끔 가르쳤을 뿐 터놓고 대화할 만한 상대가 없었다. 정약용은 혜장과 만나 그와 토론하는 가운데 학문적 자극을 받고 외로움을 달랠 수 있었다. 그 무렵 고향에 있는 아들들에게 보낸 편지의 내용은 다음과 같다.

누차 말했지만 청족淸族은 비록 독서하지 않는다 할지라도 저절로 존경을 받게 되지만, 폐족廢族이 되어 학문에 힘쓰지 않는다면 더욱 가증스럽지 않겠느냐. 다른 사람들이 천시하고 세상에서 비루하게 여기는 것도 슬픈데, 지금 너희들은 스스로 자신을 천시하고 비루하게 여기고 있으니, 이는 너희들 스스로가 비통함을 만들고 있는 것이다. 너희들이 만일 독서를 하지 않는다면 내가 지은 저술과 간추려 뽑아 놓은 것들을 장차 누가 모아서 책을 엮고 바로잡아 보존하겠느냐. 그렇게 할 수 없다면 이는 나의 글이 끝내 전해질 수 없게 되는 것이다. 내 글이 전해지지 못한다면 후세 사람들은 단지 대계臺啓와 옥안獄案만을 의거해서 나를 평가하게 될 것이다.

아들들에게 보낸 정약용의 애타는 당부는 바로 자기 삶의 자세이자 다짐이었을 것이다. 다산초당으로 온 후 정약용은 비로소 마음 놓고 사색하고 제자들을 가르치며 본격적으로 연구와 저술에 몰두할 여건을 갖추게 되었다. 그는 실학과 애민의 길을 묵묵히 걸어가면서 당시 백성들이 직면했던 실상을 〈애절양哀絶陽〉 같은 시로 남겼으며, 그곳에서 유배가 풀려 고향인 능내리로 돌아가기까지 500여 권에 이르는 방대한 저서를 남겼다.

다산초당뿐 아니라 김정희가 머물렀던 제주의 대정읍과 화순 능주면, 조광조의 적소, 정약전과 최익현의 흑산도 유배지도 사람들이 즐겨 찾는 곳이다.

그 아름다운 고군산군도

《택리지》는 다음으로 이어진다.

군산도群山島는 전라도 만경萬頃 바다 복판에 있으며, 첨사가 통할하는 진이 설치되어 있다. 온통 돌산이고 뭇 봉우리가 뒤를 막았으며, 또 좌우로 빙 둘러앉았다. 그 복판은 두 갈래진 항구로 되어서 배를 숨겨 둘 만하고, 앞바다는 어장이어서 매년 봄과 여름에 고기잡이 철이 되면 여러 고을의 장삿배가 구름처럼 모여들어서 바다 위에서 사고판다. 주민은 이것으로 부유해져 집과 의식을 다투어 꾸미는데, 그 사치한 것이 육지 백성보다 심하다.

군산은 1899년 개항과 동시에 쌀 수출항이 되면서 급속히 발전하기 시작하여 1949년에는 군산시로 거듭났다. 그 군산 앞바다에 칠산 어장의 중심인 고군산군도가 있다. 《신증동국여지승람》을 보자.

군산도는 현의 서쪽 바다 가운데 있는데, 주위가 60리다. 벼랑에 배를 감출 만한 곳이 있어 조운하는 자는 모두 여기서 순풍을 기다린다. 섬 가운데 마치 왕릉 같은 큰 묘가 있었다. 근세에 이웃 고을 수령이 그 묘를 파내어 금은기명 金銀器皿을 많이 얻었는데, 사람들이 고발하여 도망했다 한다.

고군산군도의 명도, 말도, 야미도, 신시도, 무녀도, 장구도, 대장도, 방축도 등의 섬은 군산에서 43킬로미터 떨어진 곳에 있다. 고군산열도의 약 20여 개 섬 한가운데에 있는 선유도는 고군산팔경 중 가장 아름다운 곳이다. 깨끗한 백사장과 낙조, 망주봉 경치 등은 선유팔경에 속하는 절경이다. 섬 안에는 명사십리를 연상케 하는 모래밭이 아름답기 이를 데 없이 펼쳐진 선유도해수욕장이 있어 여름이면 전국 각지에서 사람들이 물밀듯이 찾아온다.

선유도에 관한 가장 오래된 기록은 고려 때 송 사신으로 고려를 방문했던 서긍徐兢의 《고려도경高麗圖經》일 것이다. 이 책은 서긍 일행이 흑산도에 도착해 개성을 향하여 북상하던 길에 선유도에 정박한 내용을 담고 있는데 그 내용은 다음과 같다.

6일 아침 밀물을 타고 진시에 군산도에 이르러 정박했다. 그 산은 열두 봉우

선유도

선유도라는 이름은 섬의 경치가 몹시 아름다워 신선이 놀았다 하여
부르게 된 것이라고 전한다. 본래는 군산도였다.

리가 잇닿아 둥그렇게 둘러서 있는 것이 성과 같았다. 여섯 척의 배가 와서 맞아 주었는데, 무장병을 싣고 호각을 불며 호위했다. (…) 접반사가 채색으로 치장한 배를 보내어 우리에게 군산정에 올라와 만나주기를 청했다. 그 정자는 바다에 닿아 있고 뒤는 두 봉우리에 의지하여 있는데, 그 두 봉우리는 나란히 우뚝 서 있어 절벽을 이루고 수백 길이나 치솟아 있다. 문밖에는 관청 건물 10여 칸이 있고, 서쪽에 가까운 작은 산 위에는 오룡묘와 자복사가 있다. 또 서쪽에는 숭산 행궁이 있고 전후좌우에는 민가 10여 가옥이 있다.

선유도 바로 옆에 무녀도와 장자도가 있다. 무녀도는 섬의 생김새가 무당이 너울너울 춤을 추는 것과 같다고 하여 무녀도라는 이름이 붙었다. 선유도 옆에 자리한 장자도에는 예로부터 '장자도에 가서는 글 자랑하지 마라'는 말이 전해져 온다. 장자봉 남쪽에 서 있는 8미터쯤 되는 뾰족한 바위에는 장자할머니의 전설이 서려 있다. 고려 때 이 섬에 글공부하는 선비가 살고 있었다. 남편이 과거를 보려고 섬을 떠난 뒤 아내는 몇 달 동안을 그 바위에 올라가 기도를 드렸다. 그러던 어느 날 남편이 장원급제했다는 소식이 들려왔다. 기쁨도 잠시, 남편이 젊은 여자를 데리고 돌아왔다. 이를 본 아내는 그 자리에서 그만 돌이 되고 말았다. 아이를 업은 채 고개를 돌리고 있는 듯한 바위는 지금도 그 모습으로 그대로다. 사람들은 이 바위를 장자할머니바위라고 부르며 바위 밑에 작은 사당을 짓고 제사를 지낸다.

소정방이 머물렀던 덕적도

인천광역시 옹진군 덕적면에 있는 덕적도는 시에서 남서쪽 약 82킬로미터 해상에 위치한 군도다. 우리말 지명은 '큰물섬'이라고 하는데, '깊고 큰 바다에 위치한 섬'이라는 의미로 한자화되면서 덕물도德勿島, 덕적도德積島로 변화했다. 지역민들은 지금도 이곳을 '큰물이' 혹은 '덕물도'라고 부른다. 《택리지》에 기록된 덕적도는 다음과 같다.

충청도의 서산 북쪽 바다 가운데 있는 덕적도는 당 소정방이 신라의 요청으로 백제를 침략했을 때 군사를 주둔했던 곳이다. 뒤에 있는 세 개의 돌 봉우리가 하늘을 꿰뚫을 듯하고 산기슭이 빙 둘러 항구를 이루었는데, 물은 얕지만 배를 댈 만하다. 날아서 떨어지는 듯한 샘물이 높은 데서 아래로 쏟아져 내리고 평평한 시냇물이 에둘러 흐르며, 층층의 바위와 반석이 굽이굽이 돌아 맑고 기이하다. 매년 봄과 여름이 되면 진달래와 철쭉꽃이 산에 가득 피어서 골짜기 사이의 화려함이 마치 붉은 비단과 같다. 바닷가는 모두 흰 모래밭이고 가끔 해당화가 모래를 뚫고 올라와서 빨갛게 핀다. 비록 바다에 있는 섬이긴 하지만 참으로 선경이라 할 만하다. 이 섬의 주민들은 모두 고기를 잡고 해초를 따서 부자가 된 사람이 많다. 여러 섬에는 장기 있는 샘이 많은 데 반해 덕적도와 군산도에는 없다.

덕적군도에는 소야도, 문갑도, 선갑도, 선미도, 백아도 등이 있다. 《택리지》의 기록에서처럼 당 장수 소정방이 대군을 거느리고 덕적군도의 소야도에 들어왔다. 신라 무열왕은 세자 법민으로 하여금 덕물도(지금의 덕학도)로 나가 이들을 맞이하게 하고 나당연합군을 편성했다. 지금도 소야리蘇爺里 북악산 기슭 소의마을에는 당 소정방이 진을 쳤다는 '담안'이라는 유적이 남아 있다. 그 후로도 덕적도는 한국전쟁 당시 인천 상륙 작전의 전진기지로 활용되었다.

한편 1.5킬로미터에 이르는 서포리해수욕장은 울창한 송림과 해당화로 유명하며, 1977년 서해안의 국민관광지로 지정되었다. 바로 그 부근에 1968년 1·21사태 이후 북파 공작원을 훈련하다 비운의 죽음을 맞게 한 실미도가 있다.

울릉도와 독도

《택리지》에 실린 울릉도鬱陵島에 대한 기록을 보자.

울릉도는 강원도 삼척부의 바다 가운데에 있다. 맑은 날 높은 곳에 올라서 바라보면 섬이 마치 구름같이 보인다. 숙종 때 삼척 영장 장한상이 함경도 안변부에서 잔잔한 바다에 배를 띄우고 동남쪽을 향해 이 섬을 찾았다. 떠난 지 이틀 만에 큰 돌산이 바다 가운데에 솟아 있는 것을 발견했다. 섬에 도착하자 사람은 없고 옛날 사람이 살던 터만 있었다. 섬 안쪽에는 석벽과 석간수가 흐르고 골이 매우 많았다. 매우 큰 고양이와 쥐가 있지만 사람을 보고도 피할 줄 몰랐다. 대나무는 그 크기가 깃대와 같았고 복숭아, 오얏, 뽕나무, 산뽕나무,

나물, 꼭두서니 등속이 있었다. 진기한 나무와 이상한 풀 등 이름을 알 수 없는 것도 많았다. 옛날 우산국于山國이 아닌가 의심스럽다. 그동안에는 왜국과 우리나라 사이에 있는 동해에 물마루가 고개와 같이 있어서 피차 서로 통하지 못했는데, 요즘에 와서는 물의 흐름이 점점 변했는지 왜국의 배가 많이 풍파에 표류하여 영동 지방에 이르니 이것은 심히 우려할 만한 일이다.

행정구역상 울릉군은 가장 큰 섬인 울릉도를 비롯해 관음도, 죽도, 독도 등 여러 개의 바위섬으로 이루어진다. 울릉도의 주봉인 성인봉에는 가뭄이 들면 산 정상을 파헤치는 관습이 남아 있는데 그렇게 된 유래가 재미있다. 옛날 비가 많이 오기로 소문난 울릉도에 3개월 동안 가뭄이 계속된 적이 있었다. 그래서 마을 사람들이 용하다는 점쟁이에게 물으니 성인봉 꼭대기를 파면 비가 올 것이라고 했다. 마을 사람들은 명산을 파는 게 마뜩잖았지만 도사島司의 독려로 삽질을 시작했다. 그런데 얼마쯤 파니 묻은 지 얼마 안 된 시체가 나오는 것이 아닌가. 그 시체를 꺼내어 개울로 굴려 버리자 비가 쏟아지기 시작했다. 그 뒤 가뭄이 들 때마다 성인봉을 파게 되었고 명당이라 알려진 이곳에 몰래 묻는 시신들을 파내게 되었다고 한다.

울릉군 서면 태하리 성하신당(서낭당)에서 모시는 신에 얽힌 얘기가 전한다. 조선 선조 때의 일이다. 강원도에서 들어온 순회사 일행이 태하리에서 하룻밤을 묵고 도내를 순찰하고 있었다. 그날 밤 순회사는 꿈에 동남동녀 둘을 남겨 두고 가라는 바다 신의 지시를 받았는데, 다음 날 떠나려고 하자 풍파가 높게 일어 배를 띄울 수가 없었다. 며칠을 기다려도 바

울릉도

행정구역상 울릉군은 가장 큰 섬인 울릉도와 여러 개의 바위섬으로
이루지며 미륵산, 형제봉, 관모봉 등이 잇달아 솟아 있다.

독도

울릉도에서 동남쪽으로 92킬로미터쯤 떨어진 곳에 자리한 독도는
행정구역상 경상북도 울릉군 울릉읍 독도리에 드는 섬이다. 1905년에 일제가 일방적으로
다케시마竹島로 바꾸고 시마네현에 편입한 뒤 계속해서 영유권을 주장하고 있다.

람이 멎지 않자 순회사는 꿈의 내용을 기억하고 동남동녀에게 자신들이 묵었던 태하리에 가서 두고 온 담뱃대를 가져오라고 했다. 태하리로 향하는 두 아이를 뒤로한 채 돛을 올리자 바람이 멎고 배는 순조롭게 항해할 수 있었다. 담뱃대를 가져온 남자아이와 여자아이는 시야에서 멀어져 가는 배를 원망스럽게 바라만 볼 따름이었다. 그러고 몇 년이 훌쩍 지나갔다. 순회사가 다시 울릉도로 들어가 태하리를 찾아갔는데 그곳에서 두 아이가 꼭 껴안은 형상으로 백골이 되어 누워 있었다. 이를 본 순회사는 그들의 원혼을 달래기 위해 사당을 지어 제사 지내게 했는데 3월과 9월에 풍년과 해상의 안전을 비는 그 제사가 지금까지도 이어지고 있다.

울릉도에는 성인봉, 미륵산, 송곳산, 간두산 등이 잇달아 솟아 있다. 울릉도 나리분지에서는 천연기념물 울릉국화가 자란다. 섬에서 자라서인지 잎에 윤기가 있는 것이 구절초와 비슷하지만 멸종 위기에 처해 있다.

〈독도는 우리 땅〉이라는 노래가 있다. 오래전에 나온 평범한 이 노래가 지금도 사람들에게 불리는 이유는 이웃 나라 일본이 우리가 잊을 만하면 한 번씩 독도獨島를 자기 나라 영토라고 주장하기 때문이다. 그래서 울릉군에서 가장 이름난 곳이 울릉읍 독도리에 속하는 독도다. 북위 37도 18분, 동경 131도 52분 33초에 자리한 독도는 울릉도에서 동남쪽으로 92킬로미터쯤 떨어져 있는 우리나라의 가장 동쪽에 있는 섬이다.

독도는 너비 110~160미터, 길이 330미터의 좁은 수로를 사이에 두고 자리한 동도東島와 서도西島를 주도로 하고 그 주변의 가제바위, 지네바위, 넙덕바위 등 33개의 바위섬과 암초로 이루어진 소규모 군도다. 동도는 면적이 6만 4800제곱미터에 높이는 99.4미터이고, 서도는 9만

5400제곱미터에 높이가 174미터로 그 윗부분이 평탄하여 등대와 경비 초소가 세워져 있다.

독도는 과거에는 삼봉도三峰島라 불렸고 우산도, 가지도라고도 부르다 1906년부터 독도라고 부르게 되었다. 그래서 1906년 울릉 군수가 조정에 올린 보고서에 처음으로 독도라는 이름이 등장한다.《세종실록지리지》나《성종실록》,《동국여지승람》에도 우리나라 영토로 표시되어 있다. 숙종 때 민간인 신분으로 독도에 가서 '독도는 우리 땅'이라고 주장했던 안용복安龍福이 있었고, 1953년에는 독도의용수비대를 조직했던 홍순칠도 있었다. 그 맥을 이어받아 우리나라에서 최초로 독도로 호적을 옮겨 독도인이라는 이름을 얻은 서울의 송재욱을 비롯해 수많은 사람이 독도에 호적을 두고 독도를 사랑하는 사람으로 거듭났다.

다도해와 태안반도

다도해는 섬이 많은 바다를 일컫는 말이다. 우리나라에서 섬이 가장 많은 곳은 진도를 중심으로 하는 서남해안이지만 대체로 남해와 서해 남부의 도서 지방을 다도해라고 한다. 다도해에는 약 2300여 개의 크고 작은 섬들이 흩어져 있는데 전체의 80퍼센트 이상인 1891개가 전라남도에 있다. 그중 사람이 사는 섬은 402개다. 경상남도에는 419개의 섬이 있는데 그중 사람이 사는 섬은 135개다. 다도해 지역은 한반도의 동서 해상 교통로에 있고 연중 기후가 온화하다. 다도해 지역은 육지에서 떨어져 있어

다도해

전라남도 진도군 조도면은 유인도 35개, 무인도 119개로 구성되어 있어
우리나라에서 섬이 가장 많이 밀집된 지역이다.

솔밭처럼 우뚝한 하늘 남쪽의 아름다운 곳

신두리해수욕장

태안반도에 펼쳐진 해수욕장으로, 백사장이 넓으며 물이 맑고 깨끗하다.
오른쪽으로 동양 최고의 해안사구가 있다.

특이한 역사적 배경과 생태적·문화적으로 독특한 지역성을 지닌다. 다도해 지역에는 잔잔한 바다와 온화한 기후 그리고 천연의 자연환경이 어울린 명승지가 많다. 그런 연유로 신안군에 자리한 홍도에서 여수시 돌산면에 이르는 지역이 다도해해상국립공원으로 지정되었다. 다도해에는 임진왜란 때 명장 이순신의 자취가 많이 남아 있다. 홍도, 거문도, 백도, 보길도 등의 경관이 빼어난 섬들과 다도해에서만 만날 수 있는 독특한 풍속 및 해산물 등 먹을거리가 풍부하다. 시인 정지용은 추자도에서 제주도로 가던 길에 쓴〈다도해기〉에 다음과 같은 글을 남겼다.

목선 한 척이 또 불을 켜들고 왔는데 뱃장 널빤지 쪽을 쳐들고 보이는 것은 펄펄 뛰는 생선들이 아닙니까! 장어, 붉은 도미, 숭어 따위가 잣길이 씩이나 되는 놈들이 우물우물하지 않습니까! 값도 놀랍게도 헐한 것입니다. 사라고 권하기도 하는 것이요, 붉은 도미 흐벅진 놈을 사서 갑판 위에서 회를 쳐서 먹고 싶은 것입니다. 독하고도 맛이 감치는 남도 소주를 기울이면서 말이지요.

태안반도는 충청남도 서북부에 돌출한 좁고 긴 반도인데, 동쪽의 예산군 예산읍에서 만리포까지 이어지는 130킬로미터 일대를 말한다. 여기에는 가야산, 서원산, 망일산 등의 산들이 남쪽으로 안면도까지 75킬로미터가량 이어지고 천리포, 만리포, 연포, 몽산포, 꽃지 등의 유명한 해수욕장들이 펼쳐진다. 한편 연안은 침강 해안으로 전형적인 리아스식해안을 형성하며 그 연장은 817킬로미터에 이른다. 또한 간석지가 많아서 우리나라 최대 천일 제염지가 되었고 서산 간척지가 조성되기도 했다.

8

나라 안에 이름난 절

적적한 산골 속 절이요, 쓸쓸한 숲 아래 중일세

이중환은 천하의 명산은 승려가 많이 차지했다는 세간의 이야기를 전하며 다음과 같이 쓴다.

우리나라에는 불교만 있고 도교는 없으므로 무릇 이 열두 곳 명산을 모두 절이 차지하게 되었다. 기이한 흔적과 멋진 경치가 어우러진 유명한 절로 태백산과 소백산 사이의 부석사를 꼽을 수 있다. 부석사는 신라 때 절이다. 부석사 무량수전 뒤에 큰 바위 하나가 가로질러 서 있고, 그 위에 큰 돌 하나가 지붕을 덮어 놓은 듯 보인다. 언뜻 보면 위아래가 서로 붙은 듯하나, 자세히 살펴보면 두 돌 사이가 서로 눌려 있지 않다. 약간의 빈틈이 있어 새끼줄을 집어넣으면 거침없이 드나들어서 비로소 떠 있는 돌인 줄을 알게 된다. 그리하여 절은 부석사라는 이름을 얻었는데 돌이 뜨는 이치는 이해할 수 없다.

부석사는 경상북도 영주시 부석면 봉황산 자락에 자리한 절로 신라 문무왕 16년(676)에 의상이 창건했다. 속성이 김씨였던 의상은 29세에 황복사에서 불문에 든 뒤 문무왕 원년(661)에 당으로 갔다. 장안 종남산 화엄사에서 지엄을 스승으로 삼아 불도를 닦은 의상이 문무왕 10년(670)에 당이 신라를 침공하려 한다는 소식을 전하려고 돌아온 뒤 5년 동안 양양 낙산사를 비롯하여 전국을 다니다가 마침내 수도처로 자리를 잡은 곳이 이곳이다. 의상이 이 절에 주석하며 화엄 사상을 닦고 수많은 제자를 길러서 부석사는 화엄 종찰로서 면모를 일신했다.

천천히 위쪽으로 올라가면서 만나게 되는 대석단이나 무량수전, 조사당, 아미타불 등 문화유산뿐만 아니라 자연과 어우러진 부석사의 건축물들을 바라보면 인간과 자연의 조화가 얼마나 아름다운지를 체감할 수 있다. 미술사학자 최순우는《무량수전 배흘림기둥에 기대서서》에서 "무량수전 앞 안양문에 올라앉아 먼 산을 바라보면 산 뒤에 또 산, 그 뒤에 또 산마루, 눈길이 가는 데까지 그림보다 더 곱게 겹쳐진 능선들이 모두 이 무량수전을 향해 마련된 듯싶어진다"라면서 "나는 무량수전 배흘림기둥에 기대서서 사무치는 고마움으로 이 아름다움의 뜻을 몇 번이고 자문자답했다"라고 한다. 그러면서 다음과 같이 덧붙인다.

무량수전은 고려 중기의 건축이지만 우리 민족이 보존해 온 목조 건축 중에서는 가장 아름답고 가장 오래된 건물임에 틀림없다. 기둥 높이와 굵기, 사뿐히 고개를 든 지붕 추녀의 곡선과 그 기둥이 주는 조화, 간결하면서도 역학적이며 기능에 충실한 주심포柱心包의 아름다움, 이것은 꼭 갖출 것만을 갖춘 필요미이며 문창살 하나 문지방 하나에도 나타난 비례의 상쾌함이 이를 데가 없다.

멀찍이서 바라봐도 가까이서 쓰다듬어봐도 무량수전은 의젓하고도 너그러운 자태이며 근시안적인 신경질이나 거드름이 없다.

《송고승전宋高僧傳》 '부석사전설'에 따르면 이 절의 창건 설화는 다음과 같다. 의상이 당나라에 가서 공부할 때 한 신도의 집에 머물렀다. 집주인의 딸 선묘가 의상을 사모했으나 의상은 그저 의연하게 대처했다. 공부를 모두 마친 뒤 그 신도의 집에 들러 집주인에게 인사하고 귀국길에 올랐다. 이를 뒤늦게 안 선묘는 자신이 준비한 법복과 각종 용품을 함에 담아 의상이 있는 해안으로 달려갔다. 그러나 의상이 탄 배는 벌써 멀리 떠난 뒤였다. 선묘는 자신이 가져온 함을 바다에 던지며 용으로 변해 대사를 모시면서 그의 불도를 이루게 해 달라는 주문을 외웠다. 그랬더니 선묘는 용으로 변해 배의 바닥을 받쳐 의상의 무사 귀환을 도왔다.

신라에 귀국한 의상은 불법을 전파하던 중 자신이 원하는 절터를 찾게 되었다. 그런데 그곳은 도둑 500여 명의 근거지였다. 그때 선묘룡이 나타나 공중에서 커다란 바위로 변신하더니 절의 정상을 덮고 떨어질 듯 말듯했다. 이것을 본 도둑들이 혼비백산하여 사방으로 흩어져 달아났다. 그리하여 마침내 의상은 이 절에 들어가《화엄경》을 펴내기 시작했고 '돌이 공중에 떴다' 하여 절의 이름을 부석사浮石寺로 지었다. 《택리지》에는 부석사에 대한 설명이 다음과 같이 이어진다.

절 문밖에는 살아 있는 모래 더미가 있다. 옛날부터 부서지지도 않고 깎으면 다시 솟아나서 살아나는 흙덩이 같다. 신라 때의 승려 의상이 도를 통하고 장차 서역 천축국에 들어가려고 할 때 기거하던 방문 앞 처마 밑에다 지팡이를 꽂으면서 "내가 여기를 떠난 뒤에 이 지팡이에서 반드시 가지와 잎이 날 것이다. 이 나무가 말라 죽지 않으면 내가 죽지 않은 줄로 알아라"라고 했다. 의상이 떠난 뒤에 절의 한 승려가 의상의 상을 만들어 절 안에 모셨는데 지팡이에서 곧 가지와 잎이 돋아나는 게 창밖으로 보였다. 그러나 이 나무는 햇빛과 달빛은 받으나 비와 이슬에는 젖지 않았다. 늘 지붕 밑에 있으면서도 지붕을 뚫지 않고 겨우 한 길 남짓한 것이 천년을 하루같이 겨우 한 길 남짓할 뿐이었다. 광해군 때 경상 감사 정조鄭造가 절에 와서 이 나무를 보고 "선인이 짚던 것으로 나도 지팡이를 만들고 싶다" 하면서 톱으로 자르게 한 뒤 가지고 갔다. 그러자 나무에서는 곧 두 줄기가 다시 뻗어 나와서 전과 같이 자랐다. 인조 계해년(1623)에 정조는 역적으로 몰려 참형되었다. 나무는 지금도 사철 푸르며, 또 잎이 피거나 떨어짐이 없으니 승려들은 비선화수飛仙花樹라 부른다. 옛날에 퇴계 이황이 이 나무를 두고 읊은 시가 있다.

옥과 같이 아름다운 이 가람의 문에 기대어 섰는데
승려의 말을 들으니 지팡이가 신령스러운 나무로 변했다 하네
지팡이 머리에 스스로 조계수(중국 광둥성에 있는 냇물)가 있어서
하늘이 내리는 비와 이슬의 은혜를 입지 않는구나

절 뒤편에 있는 취원루는 크고 넓다. 아득한 것이 하늘과 땅의 한복판에 솟아난 듯하고, 기개와 정신이 남자답게 경상도를 위압할 듯하며, 벽 위에는 퇴

계의 시를 새긴 현판이 있다. 내가 계묘년 가을에 승지 이인복李仁復과 함께 태백산에 유람하다가 이 절에 올라서, 드디어 퇴계의 시를 차운次韻했다.

아득히 높은 정자 열두 난간에
동남쪽 1000리 지역이 눈앞에 보이도다
인간 세상은 아득하고 아득한 신라 때인데
하늘 아래는 깊고 깊은 태백산이다
가을 골짜기에 어두운 연기는 나는 새 너머에 피고
지평선에 지는 노을은 어지러운 구름 끝에 비친다
가도 가도 위쪽 절에는 닿지 못하니
예로부터 행로의 어려움을 어찌 알리오

나는 또 시 한 수를 읊었다.

태백산은 아득히 하늘과 통하고
옛 절은 바다 동쪽에 웅장하여라
강과 산들은 멀리 1000리 밖에서 만나고
불당과 다락집은 날 듯이 천지 사이에 솟았네
이름난 승려가 집을 떠났는데 꽃이 나무에 피고
옛 나라야 흥하거나 망하거나 새들은 빈 하늘을 날아간다
누가 알랴, 머뭇거리는 주남周南 길손의
뜬구름, 지는 해의 무궁한 뜻을

취원루 위 깊숙한 곳에 방을 만들었고, 방 안에는 신라 때부터 이 절의 승려로서 사리가 나온 명승의 화상畵像 10여 폭이 걸려 있다. 모두 얼굴 모습이 예스럽고 기이하며 풍채가 맑고 깨끗하여 엄연히 당시의 다락집 위에서 서로 대좌하고 있는 듯하다. 지세가 꾸불꾸불하면서 아래로 처져 있는 그 밑에 작은 암자들이 있다. 그곳은 불경을 강연하고 선정에 들어가는 승려가 거처하는 곳이라고 한다.

부석사가 자리한 봉황산은 충청북도와 경상북도를 경계로 한 백두대간의 길목에 있는 산이다. 부석사 무량수전 위쪽에 서 있는 삼층석탑에서 바라보면 소백산으로 이어진 백두대간이 파노라마처럼 펼쳐진다. 일주문을 지나면 마치 호위병처럼 양옆에 늘어선 은행나무와 사과나무가 있고, 당간지주를 지나고 천왕문을 나서면 9세기쯤 쌓았을 것으로 추정되는 대석단과 마주친다. 계단을 올라가면 범종루에 이른다. 범종루 아래를 통과하면 안양루가 나타나는데, 안양루의 안양安養은 극락의 또 다른 이름이다. 안양루를 지나면 극락인 셈이다.

안양루 밑으로 계단을 오르면 통일신라시대의 석등 중 가장 우수한 것인 부석사 무령수전 앞 석등(국보)이 눈앞에 나타난다. 그 뒤로 나라 안에서 가장 아름다운 목조 건축인 무량수전이 있다. 1916년 해체, 수리할 때 발견한 서북쪽 귀공포의 묵서에 따르면 고려 공민왕 7년(1358)에 왜구의 침입으로 건물이 불타서 우왕 2년(1376)에 중창주인 원응이 고쳐 지었다. 무량수전은 중창, 즉 다시 지었다기보다는 중수, 즉 고쳐 지었다고 보는 것이 건축사학자들의 일반적인 의견이다. 원래 있던 건물이 중수 연대

적적한 산골 속 절이요, 쓸쓸한 숲 아래 중일세

봉황산 중턱에 있는 부석사는 신라 문무왕 때 의상이
왕명을 받들어 화엄의 가르침을 폈던 곳이다.

영주 부석사 삼층석탑

전반적으로 거대한 규모의 탑은 아니지만 적절한 비례로 안정감과
짜임새를 갖춘 신라 석탑 양식의 전형을 보여 주어 신라 하대 탑으로 추정한다.

적적한 산골 속 절이요, 쓸쓸한 숲 아래 중일세

영주 부석사 무량수전

나라 안에서 가장 아름다운 목조 건축이다. 건축사적 의미와
건축물로서의 아름다움 때문에 국보로 지정되었다.

보다 100~150년 앞서 지어진 것으로 본다면 공민왕 12년(1363)에 중수한 안동 봉정사 극락전(국보)과 나이를 다투니 현존하는 가장 오래된 건축물로 보아도 지나치지 않을 것이다. 이 같은 건축사적 의미나 건축물로서의 아름다움 때문에 무량수전은 국보로 지정되었다. 무량수전 안에 극락을 주재하는 부처인 아미타불, 즉 소조여래좌상(국보)이 있다. 흙을 빚어 만든 소조상이며, 고려시대의 소조불로서는 가장 규모가 큰 2.78미터다.

무량수전의 동쪽 높다란 곳에 있는 석탑을 지나 산길을 한참 오르면 조사당이 있다. 조사당(국보)은 의상을 모신 곳이며 원응이 우왕 3년(1377)에 다시 세웠다. 정면 3칸, 측면 1칸인 이 건물은 단순하고 간결한 아름다움이 돋보이는데, 조사당 앞에 골담초인 선비화가 자란다. 의상이 짚고 다니던 지팡이를 꽂으면서 '이 나무가 말라죽지 않으면 내가 죽지 않은 줄로 알아라' 했다는 나무가 지금의 선비화인지는 확실하지 않다. 다만 보호를 위해 철망 속에 갇힌 채 꽃을 피우며 그 안에는 1000원짜리 지폐와 동전들이 나뒹굴고 있을 뿐이다.

이중환이 언급한 취원루는 사라지고 없지만 《순흥읍지》에 따르면 무량수전 서쪽에 있었다. 그 북쪽에 장향대, 동쪽에는 상승당이 있었고 취원루에 올라서 바라보면 남쪽으로 300리를 볼 수가 있었으며, 안양문 앞에 법당 하나가 있었다고 한다. 또한 일주문에서 1리쯤 아래쪽으로 내려간 곳에 영지가 있어서 "절의 누각이 모두 그 연못 위에 거꾸로 비친다"라고 했다. 물에 비친 부석사의 아름다움을 상상하는 것은 가슴 설레는 일이지만, 150여 년의 세월 저쪽에 있었다는 영지는 현재 흔적조차 찾을 길이 없으니 참으로 애석하기 그지없는 일이다.

자장법사가 창건한 큰 절 통도사

《택리지》는 다시 이어진다.

경상도 순흥부(지금의 영주시)에 부석사가 있고, 양산의 영취산에는 통도사가 있다. 대구에는 동화사가 있다. 전라도에는 영광에 도갑사, 해남에 천주사, 고산에 대둔사가 있고, 금구에 금산사, 순천에 송광사, 흥양(지금의 고흥 팔영산)에 능가사가 있는데, 모두 신라 때부터의 큰 절이다.

《택리지》에 실린 통도사通度寺에 대한 기록을 보자.

당 초기에 자장이 천축국에 들어가 석가의 두골과 사리를 얻어와서 통도사 뒤에 묻고 탑에 모셨는데, 세월이 오래되어 탑이 조금 기울어졌다. 숙종 을유년(1705)에 승려 성능이 이 탑을 중수하고자 허물었더니 탑 안에 "외도 성능이 중수한다"라고 적혀 있었다. 그리고 크기가 동이만 한 두골이 비단 보자기에 싸여 은함銀函에 담겨 있었다. 비단은 이미 1000년이 지났으나 썩지 않고 새 것 같았다. 또 작은 금함金函에는 사리가 들어 있었는데 그 광채가 눈을 부시게 했다. 성능이 탑을 고친 다음에 비각을 세웠는데, 비문은 학사 채팽윤蔡彭胤이 짓고 글씨는 나의 선대부先大夫께서 쓰셨다.

양산천이 물금읍에서 낙동강으로 접어들고 그 양산천을 따라간 양산시 하북면 영취산靈鷲山(영축산, 취서산) 기슭에 통도사가 있다. 영취산

369

기슭에 자리한 극락암은 경봉이 21일 동안 정진하다가 1953년에 해탈한 곳이다. 경봉이 이곳에서 불경 공부 중 "종일토록 남의 보배를 세어도 반 푼어치의 이익이 없다"라는 《화엄경》 구절에 큰 충격을 받은 뒤 깨달음을 얻은 것은 1927년 11월 20일 새벽 방 안의 촛불이 출렁이는 것을 보고서였다. 그는 깨달음을 얻은 뒤에도 70년 가까이 이곳 삼소굴三笑窟에서 주석하며 당시 선지식으로 유명했던 방한암, 김제산, 백용성 등과 서신을 주고받으며 설법으로 대중을 깨우쳤다. 경봉이 1982년 7월 2일 입적하면서 남긴 선문답은 지금도 여러 사람에게 회자되고 있다. "스님 가시면 보고 싶습니다. 어떤 것이 스님의 참모습입니까?" 하고 묻는 시자侍子에게 빙그레 웃으며 "야반삼경夜半三更에 대문 빗장을 만져 보거라"라고 했다 한다.

통도사에서 약 2킬로미터 떨어진 양산시 하북면 백록리 35번 국도상에 국장생석표國長生石標가 서 있다. 이 국장생석표를 장승의 초기 모습으로 보기도 하는데, 장승이라는 뜻의 '장생長生' 앞에 '국國' 자가 붙은 것은 국명에 따라 건립된 것임을 밝히기 위해서다. 흔히 장생표는 절의 구역, 곧 경계를 표시한 것이다.

팔공산 자락의 큰 절 동화사

《택리지》에 동화사는 이렇게 쓰여 있다. "신라 때 중 진흥이 지팡이를 공중에 날렸더니 지팡이가 여기에 떨어지므로 절 동화사를 짓고 거주했

적적한 산골 속 절이요, 쓸쓸한 숲 아래 중일세

양산 통도사

한국 3대 사찰의 하나로, 부처의 진신사리가 있는 불보 사찰이다.
부처의 진신사리를 안치하고 있어 대웅전에서 불상을 모시지 않는다.

다. 땅의 생김새가 좌우로 둘러 겹쳤고, 절 건물들이 대단히 커서 예로부
터 명승과 수행하는 자가 많았다." 동화사는 대구광역시 동구 도학동 팔
공산 남쪽 기슭에 있는 사찰로 신라 소지왕 15년(493)에 극달이 창건했
다고 한다. 처음 이름은 유가사였으나 흥덕왕 7년(832)에 진표의 제자 심
지가 간자(미륵보살의 수계受戒를 의미하는 징표)를 받아 중창했는데, 당시 한
겨울이었는데도 절 주위에 오동나무 꽃이 만발해 절 이름을 동화사棟華寺
라고 했다. 그러나《삼국유사》에는 다음과 같은 내용이 기록되어 있다.

석심지는 진한辰韓 제41대왕 헌덕대왕 김씨의 아들이다. 태어나서 효성과
우애가 깊었고 천성이 깊고 지혜로웠다. 15세 때 머리를 깎고 스승을 따라 불
도에 힘썼다.

중악(지금의 팔공산)에 머물렀는데 마침 속리산 영심공이 진표의 불골간자佛
骨簡子를 이어 과증果證(부처가 되려고 수행하여 경지에 진리를 깨달은 것) 법회를
연다는 것을 듣고 결의하고 찾아갔으나 기약을 지나 도착하여 참례를 허락하지
않았다. 이에 땅에 주저앉아 뜰을 치며 사람들을 따라 예배하고 참회했다. 7일
이 지나서 하늘에서 큰 눈이 내렸는데 서 있는 자리 사방 10척 정도는 눈이 흩
날려도 떨어지지 않았다. 사람들이 그것을 보고 신기하고 기이하게 여겨 당堂
에 들어오는 것을 허락했다. 심지는 자기를 낮추고 병을 핑계로 방 안으로 물
러나 있으면서 당을 향해 몰래 예를 올리니, 팔꿈치와 이마에서 모두 피가 흘
러 진표가 선계산에서 하던 것과 비슷했고, 지장보살이 날마다 와서 위문했다.

법회가 끝나사 산으로 돌아오는데 도중에 두 간자가 옷섶 사이에 붙어 있는
것을 보고 그것을 가지고 돌아가 영심에게 아뢰었다. 영심이 말하기를 "간자는

함 안에 있는데 어찌 이에 이를 수 있겠느냐"라 하고 그것을 확인해 보니 봉해 놓은 것은 예전과 같은데 열어 보니 없어졌다. 영심은 매우 이상하게 여기고 거듭 싸서 보관했다. 또 가다가 먼저와 같아서 다시 돌아가 아뢰니 영심이 "부처의 뜻이 너에게 있으니 네가 그것을 받들어라"라고 하고 이에 간자를 주었다.

심지는 이렇게 받은 불교 간자를 머리에 이고 팔공산으로 돌아왔다. 그리고 산마루에 올라 간자를 던져 떨어진 곳에 간자를 봉안할 절을 이룩하니 이것이 바로 동화사라는 것이다. 이후 동화사는 금산사, 법주사와 함께 법상종의 3대 사찰로 자리 잡았다.

거조암에는 오백나한이

한편 팔공산 동쪽 기슭의 영천시 청통면에 거조암이 있는데 거조암은 은해사의 산 내 암자다. 원효가 효소왕 2년(693)에 창건했다는 설과 경덕왕 때 왕명으로 창건했다는 설이 있다. 그 뒤 고려시대에 보조국사 지눌이 송광사에 수선사를 세워 정혜결사定慧結社에 들어가기 전에 각 종파의 법력 높은 승려를 모아 몇 해 동안 정혜를 익혔던 사찰로 유명하다. 명종 12년(1182) 지눌은 개성 보제사 담선談禪 법회에 참여하여 선정을 익히고 지혜 닦기를 힘쓰는 동료들과 함께 맹문盟文을 맺을 것을 기약하며 그 취지를 밝혔다. 명종 18년 봄 거조사의 주지 득재는 지난날 결사를 기약했던 수행자를 모으고 당시 경상북도 예천 하가산 보문사에 머물고 있

던 지눌을 초청한 뒤 처음으로 이 절에서 정혜결사를 시작하면서 〈권수정
혜결사문勸修定慧結社文〉을 통해 그 취지를 밝혔다. '마음을 바로 닦음
으로써 미혹한 중생이 부처가 될 수 있다'는 것을 천명하고, 그 방법은 정
定과 혜慧를 함께 닦는 데 있다고 했다. 이런 의미에서 결사란 이상적인
신앙을 추구하기 위한 일련의 신앙 공동체 운동이자 종교 운동으로서 개
경 중심의 보수화되고 타락한 불교계에 대한 비판 운동이었으며 실천 운
동이었다. 그 뒤 이 결사가 1200년경 송광사로 옮겨갔다.

　거조암은 충렬왕 24년(1298) 정월 원참이 밤중에 낙서라는 동인을 만
나 본심, 미묘, 진인과 극락왕생의 참법을 전수받아 기도 도량으로 널리
알려졌다. 그 뒤의 역사는 기록되어 있지 않지만 거조사란 이름으로 남
아 있다가 은해사가 사세를 크게 키우면서 은해사의 산내 암자로 남았다
고 본다. 근래에는 오백나한 기도 도량으로서 9일간 정성껏 기도하면 소
원이 이루어진다 하여 수많은 신도가 찾아오고 있다. 거조암에 남아 있는
절 건물은 영산전靈山殿(국보)과 요사채 2동이 있다. 영산전은 수덕사 대
웅전의 맥을 잇는 고려시대 건축물이다. 그동안 고려 말의 건축이라는 설
과 조선 초의 것이라는 설이 있었지만 해체, 수리할 때 발견된 묵서 명에
따라 고려 우왕 원년(1375)에 지어진 고려시대 건축으로 판가름이 났다.
부석사의 무량수전, 봉정사의 극락전, 수덕사의 대웅전과 더불어 몇 개
안 남은 고려 건축물이다.

　영산전은 정면 7칸에 측면 3칸의 장중하면서도 아름답기 이를 데 없는
건물이다. 단층 맞배지붕의 주심포집으로 장대석과 잡석으로 축조된 높
다란 기단 위에 세워진 거조사 영산전은 가구架構의 수법이 간결하고 기

적적한 산골 속 절이요, 쓸쓸한 숲 아래 중일세

영천 거조사 영산전

거조사는 은해사보다 먼저 지었지만 근래에 와서 은해사에 속하는 암자가 되어 거조암이라
부른다. 돌계단 위에 소박하고 간결하게 지어진 영산전은 거조암의 중심 건물이다.

둥에 뚜렷한 배흘림이 있는 것이 특색인데, 주심포 양식의 초기 형태를 잘 나타내는 중요한 건물이다. 영산전 안에는 청화화상이 부처의 신통력을 빌려 앞산의 암석을 채취하여 조성했다는 석가여래삼존불과 오백나한상, 상언이 그린 탱화가 봉안되어 있다. 뜰에는 손상이 심한 삼층석탑이 있다.

화강암을 깎아 만든 뒤 호분을 입히고 머리에 칠을 한 나한상들의 자세와 표정은 다양하기만 하다. 옆 사람을 그윽하게 쳐다보기도 하고 명상에 잠겨 세상을 잊은 듯 보이기도 하고 팔짱을 낀 채 거드름을 피우는 듯도 보이는 오백나한(정확히는 526나한)은 수많은 사람의 다양한 공부 방법과 세상 사람이 천태만상이라는 것을 일깨워 주는 듯하다.

마음에 드는 나한상 앞에 앉아 절 안팎 어디고 단청을 하지 않았으면서도 아름다움이 무엇인지를 온몸으로 보여 주는 영산전 구석구석을 바라보면 마음이 평안해진다. 영산전에는 그 색조나 화풍이 특이한 탱화가 있다. 청, 황, 적, 백, 흑의 다섯 가지 원색을 주조로 그려진 조선시대 불화들과 달리 붉은 바탕에 호분으로 선묘만 했을 뿐 청록색, 흑백색 등은 극히 적은 부분에만 사용했다. 바탕색의 변화로 모든 색을 대신함으로써 붉은색이 자극적이지도 들뜨지도 튀지도 않는 이 후불탱화를 미술사학자인 고유섭은 "명랑하고 침착하고 품위 있는 색조"라고 표현했다. 이 후불탱화는 석가모니를 중심으로 네 명의 보살과 네 명의 불제자, 두 명의 사천왕만으로 영산회상의 여덟 장면을 간략하게 압축해 구성했다.

도선이 출생한 절

《택리지》에 "도갑사는 신라 때 승려 도선이 출생한 곳이다. 동구 밖에 두 개의 큰 돌을 세워서 하나에는 '황장생皇長生' 또 하나에는 '국장생國長生'이란 세 글자씩을 새겼는데, 무슨 뜻인지 알 수가 없다"라고 한 이 사찰은 전라남도 영암군 군서면 월출산에 있다. 도갑사 바로 아랫마을인 동구림리에는 '황장생'이라고 쓰인 돌이 하나 있고 절 입구의 죽정리에는 '국장생'이라고 쓰인 돌이 있다는 말이다. 《신증동국여지승람》에도 "도갑사 근처에 입석 두 개가 있다. 그 가운데 한 개에는 '황장생' 석 자가 새겨져 있다"라고 되어 있다. 도갑사에는 국보로 지정된 해탈문이 있다.

《택리지》에 다음과 같이 기록된 천주사는 찾을 길이 없다. "천주사는 남해 가에 있으나 지세가 깊숙하여 두메 같다. 소나무와 대나무, 귤나무와 유자나무가 골에 빽빽하게 들어섰다. 불당이 장려하며 재물이 풍족하여 도에서 가장 큰 절이 되었다."

전라북도와 충청남도의 접경에 있는 대둔산에서 대둔사나 백운암 역시 찾을 길이 없는데, 《택리지》는 다음과 같이 말한다.

대둔사의 뒷산은 계룡산에서 뻗어 온 줄기인데, 절 뒤에 백운암이 있다. 함열 사람 손순목孫順穆이 어릴 때 임진왜란을 만나 어미를 잃었다. 그 후 이 암자에다 수륙도량을 설치하고 순목이 7일 동안을 엎드려 있던 중에 홀연히 꿈을 꾸니, 나한 하나가 이르기를 "너의 모친이 앞산에 있다"라고 했다. 순목이 놀라 일어나서 두루 보니 과연 한 늙은 할미가 앞산 돌 위에 있었다. 급히 가서 물어보니 곧 그의 어머니였다. 어머니는 "포로가 되어서 왜국에 가 있었는데 밝은 아침에 동이를 들고 물을 길으러 가던 중에 한 승려에게 업혀 왔으나 어찌 된 연고인지 모른다" 했다. 사람들이 매우 놀라서 암자 이름을 고쳐 득모암 得母庵이라 했다.

도립공원으로 지정된 대둔산은 호남의 금강산으로 불릴 만큼 산세가 빼어나다. 원래 '인적이 드문 별산, 두메산골의 험준하고 큰 산봉우리'라는 뜻을 지닌 대둔산은 충청남도와 전라북도의 도립공원으로 지정되었는데 충청남도 쪽의 면적은 24.52제곱킬로미터다. 대전광역시 남쪽 약 50킬로미터 지점에 위치하며, 1980년 5월 도립공원으로 지정되었다. 동쪽에 오대산, 서쪽에 월성봉이 있으며, 남쪽은 전라북도 쪽의 대둔산도립공원과 접한다. 전라북도 대둔산도립공원의 면적은 38.1제곱킬로미터다. 전주시 북동쪽 약 55킬로미터 지점에 위치하며, 1977년 3월 도립공원으로 지정되었다. 동쪽에는 오대산, 북서쪽에는 월성봉, 남쪽에는 천등산이 솟아 있으며, 북쪽은 충청남도 대둔산도립공원과 접한다. 특히 정상 부근의 임금바위와 입석대立石臺를 잇는 길이 81미터, 너비 1미터의 금강구름다리는 빼놓을 수 없는 명소다. 대둔산 낙조대에서는 멋진 해돋이와 해넘이를 감상할 수 있다. 대둔산 자락에 자리한 절로는 남서쪽 협곡에 있는 안심사安心寺와 그 말사인 약사藥寺 그리고 동쪽에 갑천이 발원하는 태고사太古寺가 있다. 특히 태고사는 절터를 본 원효가 너무 기뻐 3일 동안 춤을 추었다고 할 만큼 주변 경관이 빼어나다.

산 동쪽의 2킬로미터쯤에 있는 배티재(이치)는 예로부터 전라북도와 충청도를 잇는 중요한 교통로였으며 지금은 17번 국도가 통과한다. 이 고개에서 임진왜란 때 큰 싸움인 이치대첩이 벌어졌다. 당시 서해로 진출하는 수로가 막히자 전라도의 곡창지대를 노리고 무주, 금산, 진안, 용담 등에 집결해 있던 왜군들이 배티재와 곰티재로 진격해 온 것이다. 이곳에서 완주 목사 권율權慄이 호남 지방의 장병들을 지휘하여 크게 이겼다. 그때 승리를 기념하기 위해 진산면 묵산리에 이치대첩비를 세웠다고 하는데 일제강점기에 폭파되어 다시 세웠다.

모악산 아래에 있는 금산사

《택리지》에 실린 모악산 금산사에 관한 기록을 보자.

모악산 남쪽에 금산사가 있다. 원래 절터는 용추龍湫라서 깊이를 측량할 수 없었다. 신라 때 한 조사祖師가 수만 석의 소금으로 메우니 용이 옮겨 갔다. 그 자리를 닦아서 절을 세웠으며, 대웅전 네 모퉁이 뜰 밑에는 가느다란 간수가 주위를 돌아 나온다. 지금도 누각이 높고 빛나며 골짜기가 깊숙하다. 또한 호남에서 이름난 큰 절이다. 전주부全州府와 가깝다.《고려사》에 따르면 견신검甄神劍이 아비 훤萱을 금산사에 가두었다고 했는데 바로 이 절이다.

모악산은 일망무제로 펼쳐진 호남평야의 어느 지점에서나 보이는 산이 있다. 가까운 듯 혹은 먼 듯 넉넉한 품새로 호남평야의 젖줄인 만경강과 동진강을 나누는 산이 모악산이다. 이 산의 산줄기는 서해에 닿을 것처럼 뻗어 내리다가 산자락 아래 드넓은 호남평야를 펼쳐 놓고, 북쪽으로는 1300년의 고도 전주를 풀어 놓았다. 모악산에 올라서서 바라보면 서북쪽으로 멀리 동양 최대의 절터를 품에 안은 미륵산이 보이고 여산의 천호산과 진묵의 자취가 서린 서방산이 눈앞에 다가오며, 서쪽을 바라보면 변산을 지나 바다에 이른다. 바다가 끝나는 지점에서 평야가 시작되고 평야가 마무리되는 산자락에서 산은 제 모습을 드러낸다. 모악산은 평야와 산지의 경계에 있다. 기름진 호남평야에 목을 걸고 살았던 수많은 사람이 우러러본 산, 모악산은 우리나라 역사 속에서 어떠한 산일까? 이중환은 "금구의 모악산은 산 아래 평지로 된 골이 있어서 도회로 될 만하다는 말이 전해 오나 내려온 세력이 또한 짧다"라고 했다.

한편 풍수지리학자 최창조는 모악산을 "해안에서 시작하여 내륙으로 들어가는 야지의 땅에 풍성하면서도 우람하게 우뚝 솟은 평지돌출의 산은 상대적인 시각의 교차로 인하여 보다 더 웅장함을 자랑할 수 있다"라고 했다. 김제와 완주 그리고 전주의 경계를 이루며 드넓은 호남평야를 감싸 안은 모악산은 어머니의 품처럼 넓고 포근하며 따뜻하다. 예로부터 모악산은 엄뫼, 큰뫼로 불려왔는데, 이 산의 정상 서쪽에 자리한 쉰길바위라는 커다란 바위가 아기를 안고 있는 어머니의 모습 같아서 모악산母岳山이라고 이름 지었다고 한다.

모악산은 계룡산과 더불어 우리나라 민중 신앙의 텃밭으로, 정기 어린 산으로 어깨를 겨루었다. 모악산 금산사의 봄 경치와 변산반도의 여름 경치, 내장산의 가을 단풍과 장성 백양사의 겨울 설경은 호남의 4대 절경으로 이름이 높았다. 또한 풍수지리상 모악산은 전 지구적 후천개벽의 모산, 즉 어머니의 산이고 순창의 회문산은 양산, 즉 아버지의 산이라고 했다. 우리 고유의 지리 인식에서 비롯한 신경준의 산줄기 개념상 모악산은 호남정맥과 떨어져 있는 평지돌출의 산이며, 일본 지리학자 고토 분지로의 산맥 개념으로 볼 때는 노령산맥에 있는 산이다.

모악산이 우리나라 곳곳의 영산과 명산에 견주어 빼어난 것은 산의 수려함과 아름다움에 있는 것이 아니다. 모악산 자락에 왕의 복을 비는 사찰로 금산사金山寺가 세워졌고 그 후 백제가 망한 뒤 복신, 도침과 의자왕의 아들 풍왕이 중심이 된 백제부흥운동의 한 거점이 되었다. 금산사는 신라 혜공왕 2년(766) 진표가 절을 중창, 미륵 신앙의 근본 도량을 만들면서 번성했다.

백제 멸망으로 뿌리가 뽑힌 백제 유민들을 회유하기 위한 정략적 포석이었다고도 전해지는 금산사가 역사의 전면에 다시 등장한 것은 후백제의 견훤(진훤)에 의해서였다. 환생한 미륵임을 자처하며 후백제의 왕이 된 견훤이 자신의 복을 비는 사찰로 삼고 중수했다고 전해진다. 그러나 견훤 역시 역사의 기록에 따르면 아들과의 내분으로 궁예를 멸망시킨 왕건에게 패하고 말았다. "가련한 완산 아이는 아비를 잃고 눈물 흘리네"라는 〈완산요〉만 남기고 견훤이 세웠던 후백제는 사라졌다. 후백제의 견훤과 마지막까지 사투를 벌여 승리한 태조 왕건은 호남 차별을 명문화한 '훈요십조'를 남겼다. 8조에 "차현 이남과 공주강 이남의 사람은 아무리 미관말직이라도 등용하지 마라"라는 말을 남겼는데, 이후 고려시대 내내 호남 지역 사람들은 벼슬길에 오를 수 없었다.

김제 금산사 오층석탑

송대 松臺라고 불리는 높은 받침 위에 세워져 있다. 통일신라시대 석탑의 기본
양식을 따르면서도 기단이나 지붕돌의 모습 등에서 색다른 면을 보인다.

적적한 산골 속 절이요, 쓸쓸한 숲 아래 중일세

김제 금산사 사월초파일

모악산 남쪽 자락에 있는 금산사는 창건 연대가 확실하지 않으나
임금의 복을 비는 사찰로 세워졌으며 백제부흥운동 당시 한 거점이었다.

태조 이성계가 조선을 개국한 후 그러한 폐단이 사라졌으나 선조 때 전주 사람 정여립鄭汝立을 중심으로 조선 선비 1000여 명이 희생된 기축옥사가 일어난 이후 호남은 반역의 고장이라 낙인찍혀 등용에 제한을 받았다.

민족 사상의 요람

전주로 넘어가는 청도리에는 신라 때 절 귀신사歸信寺가 있다. 세상이라는 강물을 숨 가쁘게 헤쳐 가다가 지쳐서 쉬고 싶을 때 불현듯 가고 싶은 곳이 누구에게나 한 군데쯤은 있는데, 내게는 모악산 자락의 귀신사가 그런 곳이다. 전주에서 삼천三川이라고 부르는 세내다리를 건너 용산리, 황소리, 독배를 지나 청도재를 넘으면 유각마을이고, 그 아래로 좀 더 내려가면 청도리에 닿는다. 무성한 감나무가 그늘을 드리운 길은 마치 어릴 적 외갓집 가는 길의 풍경을 자아낸다. 그리고 작은 개울을 건너면 귀신사에 이른다.

귀신사는 신라 문무왕 16년(676)에 의상이 세운 절로 창건 당시에는 국신사國信寺라 불렸다. 신라가 삼국을 통일한 후 정복지를 교화하여 회유하기 위해 각 지방의 중심지에 세웠던 화엄십찰 중 하나로 전주 일대를 관할하던 큰 절이었다. 의상의 명으로 세워진 화엄십찰이 최치원이 편찬한 《법장화상전法藏和尚傳》에는 다음과 같이 나온다. "중악 공산의 미리사, 남악 지리산의 화엄사, 북악 태백산의 부석사, 강주 가야산의 해인사 및 보광사, 웅주 가야협의 보원사, 계룡산의 갑사, 낭주 금정산의 금어사, 비슬산의 옥천사, 전주 모산의 국신사, 한주 빈아산의 청담사다." 하지만 화엄십찰은 의상 홀로 창건했다기보다는 그의 제자들이 힘을 합쳐지은 것으로 추정된다. 지금은 그 옛날 여덟 개의 암자와 금산사까지 말사로 거느렸다는 귀신사의 위용을 짐작하기란 쉽지 않다.

고려 때 원명이 중창하고 조선 고종 10년(1873)에 고쳐 지으며 지금의 이름으로 바뀌었다고 한다. 몇 년 전에 절 이름의 발음이 '귀신'과 같다고 하여 국신사로 바꾸었다가 근래 다시 귀신사로 되돌아왔다. 고려 말에는 이 지역에 쳐들어왔던 왜구 300여 명이 주둔했을 만큼 사세가 컸으나 지금은 대적광전(보물)과 명부전, 요사채 등과 대적광전 뒤편의 계단을 따라 올라간 곳에 고려시대에 세워진 것으로 추측되는 귀신사석탑(전북특별자치도 유형문화유산)과 엎드려 앉은 사자상 위에 남근석이 올려진 석수 그리고 멀리 청도리 입구 논 가운데에 누구의 것인지도 모르는 귀신사부도(전북특별자치도 유형문화유산)가 있을 뿐이다. 이 절은 모든 게 어지럽게 널려 있고 제멋대로 내던져진 듯하면서도 자세히 보면 질서정연하다.

돌아올 귀歸에 믿을 신信, 그래서 '돌아와 믿는다'는 뜻을 지닌 귀신사를 두고 1992년 이상문학상을 수상한 양귀자는 "영원을 돌아다니다 지친 신이 쉬러 돌아오는 자리"라고 소설《숨은 꽃》에서 표현하기도 했다. 귀신사는《숨은 꽃》의 무대로 문학 기행 차 오는 사람들이나 나처럼 고요함과 그윽함에 빠진 사람들이 즐겨찾는 조용하기 이를 데 없는 절이지만, 한 번 찾았던 이라면 그 은근한 맛을 잊지 못해 다시 찾게 된다. 무엇보다 이 절에서 가장 사람들을 잡아끄는 마력을 지닌 곳은 귀신사석탑이 서 있는 언덕에서 바라보이는 건너편의 마을 풍경일 것이다. 고즈넉하게 혹은 그림처럼 보이는 백운동마을에 증산 강일순의 제자였던 안내성이 세운 증산대도회를 믿는 수많은 사람이 모여 살았다. 그러나 지금 그들은 더러는 세상을 하직했거나 더러는 떠나가서 남은 집은 스무 채 남짓뿐이다.

이중환은 《택리지》의 '팔도총론' 마지막에서 전라도를 "땅이 멀고 풍속이 천박해 살 만한 곳이 못 된다"라고 평했는데, 그의 생애 중에 전라도 땅을 한 번도 밟지 않고 쓴 글이라 아쉬움이 남는다. 전라도 땅에 태를 묻은 사람에게는 그의 말이 지워지지 않을 화인으로 남아 두고두고 잊히지 않을 것이다. 역사학자 이이화는 "이익과 이중환이 풍토성에 입각한 땅의 해석으로 심각한 지역적 편견을 드러냈다"라고 지적한다. 그의 지적이 아니더라도 이중환의 말은 극심한 지역감정이나 마찬가지다.

역사의 현장을 지켜보았던 위대한 어머니의 산 모악산은 전라도의 역사 자체이자 전라도의 문화 그리고 어쩌면 조선 역사의 한 축을 담당했다고도 볼 수 있을 것이다. 모악산은 일찍이 진표가 미륵 사상을 펼쳤던 곳이고, 선조 22년(1589)에 일어났던 정여립의 기축옥사와 동학농민운동의 기폭제 역할을 했던 1893년의 원평집회를 지켜보았다. 또한 우금치 싸움 이후에는 원평 접주 김덕명을 비롯한 동학군이 처절하게 패한 구미란 싸움의 현장을 묵묵히 바라보았다. 그리고 동학농민운동이 끝난 후 이 땅의 뿌리 뽑힌 민중이 강일순의 증산 사상으로 모여들었던 그 역사의 현장으로 모악산은 자리매김했다. 따라서 모악산은 우리 민족 사상의 집결지라고 볼 수 있다.

적적한 산골 속 절이요, 쓸쓸한 숲 아래 중일세

김제 귀신사 대적광전

대적광전은 17세기경에 다시 지은 것으로, 비로자나불을 모신 곳이다.
귀신사에는 예스러운 건물과 연꽃무늬로 된 받침대, 동물 모양의 돌 등이 많다.

　그러한 모악산을 1995년 전라북도 지역의 자치단체가 모악산 개발에
나섰을 때 나는 '모악산을 사랑하는 모임'을 만들어 활동에 나섰다. 그러
자 김지하 시인은 새벽에 영감을 받아 쓴 시 한 편을 내게 보내왔다.

　오늘 아침 계시가 있었다.
　"객망오만리 客望五萬里
　모악일초심 母岳一楚心
　황토증산식 黃土甑山食
　가멸칠산해 可滅七山海"

　이어 우리말로 다음과 같이 썼다.

　"모악 母岳을 훼손하면
　칠산 七山 바다가 검게 물들 것
　이리 裡里는 이것을 막고
　계룡 鷄龍은 뒤를 서라"

　나는 전주 모악산이
　이 땅의 성산 聖山 중의
　하나임을 잘 안다.
　알면서 그 파괴를 묵과할 수 없다.
　길은 모악으로 날 수 없다.

388

모악은 영태 靈胎를 모셨다.

어머니 배를 가를 셈인가?

증산 선생 先生을 불망 不忘하여

다만 삼가라.

일찍이 풍수지리가인 채목당은 "산천이 어우러져 경관을 만드는 것은 하늘의 뜻이나, 산천이 그 진가를 발휘하는 것은 오직 사람에게 달린 것이다"라고 했다. 태초에 만들어져 후세에까지 이어질 이 산천을 가꾸고 못 가꾸고는 우리에게 달렸다는 말이다.

조계산 자락의 송광사와 선암사

《택리지》는 금산사에서 송광사로 이어진다.

송광사는 대웅전과 누각 등 건물이 매우 많으나 지극히 정밀하고 치밀하며 공교하다. 또한 물과 돌이 정결하고 그윽하다. 산봉우리 역시 밝고 아름답게 솟아 사방의 경계가 모두 바르고 뛰어나 산수가 아늑하다.

종루 앞에 수각 水閣이 있으며 그 앞에 나무 한 그루가 있다. 옛날에 보조 普照가 죽으면서 "이 나무는 내가 죽은 뒤에 반드시 마를 것이다. 만일 가지와 잎이 다시 돋아나면 내가 다시 살아난 줄로 알아라"라고 했다.

1000년이 지났어도 잎은 아직 나오지 않았지만 칼로 껍질을 벗기면 껍질

속은 생기가 있다. 만약 참으로 말라서 죽었다면 반드시 썩어서 넘어졌을 것인데, 지금도 항상 곧게 서 있으니 괴상한 일이다.

전라남도 순천시 송광면 조계산에 송광사松廣寺는 조계산의 옛 이름인 '송광산'에서 비롯한 것으로 절 이름에 대한 여러 가지 설이 전해 온다. 보조가 이곳에 절터를 잡을 때 나복산(지금의 모후산)에서 나무로 깎은 솔개鵰를 날려 보냈더니 국사전 뒷등에 앉았다. 그래서 이 뒷등의 이름을 '치락대鵰落臺'라고 불렀다 한다. 이 이야기를 토대로 최남선은 송광의 뜻을 '솔갱이'(솔개의 방언)라고 풀었다. 또 하나의 이야기는 송광의 뜻을 솔갱이(소나무의 방언)가 가득했으므로 이 지방 사람들이 이 산을 '솔뫼'라 불렀고, 그래서 송광산이 되었다고 한다.

〈송광사사적비문〉에 보면 송광사는 신라 말 체징이 창건한 길상사라는 자그마한 절이었다. 이 길상사가 큰 절의 규모를 갖추고 새로운 불교 사상의 중심지로 이름을 얻게 된 때는 보조가 절의 면모를 일신하고 정혜결사의 중심으로 삼은 고려 명종 27년(1197)에 이르면서부터였다. 정혜결사란 고려 후기 불교계가 밖으로는 정치와 지나치게 밀착하여 순수성을 잃어버리고 안으로는 교와 선의 대립으로 혼탁해지자 보조를 중심으로 반성하고자 펼친 수행 운동을 말한다. 보조 이후 참선과 지혜를 함께 닦는 정혜쌍수라는 수행 기풍은 조선 500년을 거쳐 오늘날까지 우리 불교의 사상적 기둥을 이루고 있다.

보조는 정혜결사의 중심지로 삼은 이 절의 이름을 정혜사로 바꾸고자 했지만 가까운 곳에 이미 같은 이름을 가진 사찰이 있어 수선사修禪社로 바꾸었다. 수선사라는 이름은 '깨달음은 혜이고 닦음은 정이므로 정혜를 아우르는 것이 선이 된다'는 뜻을 드러내며 정혜결사의 의지를 담고 있다. 즉위 전부터 보조국사를 매우 존경한 희종이 길상사의 이름을 수선사로 고치도록 친히 글을 써 주었다고도 전한다. 이후 조선 전기에 이르면 수선사는 송광사로 바뀐다.

조계산 반대편에 선암사仙巖寺가 있다. 조계종 다음으로 큰 교세를 자랑하는 태고종의 총본산인 선암사는 절의 규모나 짜임새나 나라 안에서 몇 손가락 안에 드는 절이다. 설명할 수 없는 아름다움을 지닌 절로, 송광사와는 다른 웅숭깊은 맛을 간직하고 있다. 선암사는 누군가의 말처럼 산사의 모범 답안이다. 청정하고 아름다운데 온갖 꽃이 꼬리에 꼬리를 물고 피어나는 봄의 경치가 가장 압권이다.

김극기는 선암사의 풍경을 다음과 같이 노래했다.

적적한 산골 속 절이요
쓸쓸한 숲 아래 중일세
마음속 티끌은 온통 씻어 떨어뜨렸고
지혜의 물은 맑기도 하네
(…)

선암사는 진흥왕 3년(542) 아도가 비로암으로 창건했다는 설과 헌강왕 원년(875) 도선이 창건하고 신선이 내린 바위라 하여 선암사라고 했다는 설이 있다. 그러나 여러 가지 정황으로 보아 도선이 창건했다는 이야기

조계산 야생차밭

소백산맥 끝자락에 솟아 있는 조계산은 조선 초기 소나무가 많아 '솔뫼'라고도 불렸다.
서쪽 기슭에 승보 사찰로 유명한 송광사가 있으며 동쪽 기슭에는 선암사가 있다.

적적한 산골 속 절이요, 쓸쓸한 숲 아래 중일세

순천 송광사 삼청교와 우화각

우화각은 송광사 대웅전으로 들어가는 통로 역할을 하는 건물이며,
그 아래의 삼청교가 다리 역할을 하는 특이한 구조다.

393

순천 선암사 승선교

선암사 승탑을 지나 경내로 가는 건널목에 놓인 다리다.
임진왜란 때 소실된 절을 중창할 때 함께 가설한 것으로 추정한다.

순천 선암사 수각

우리나라에서 가장 아름다운 수각으로 꼽히는 선암사 수각은
'칠전七殿선원 수각'이라고도 불린다. 석함마다 담긴 물은 각각 쓰임이 다르다 한다.

가 더 설득력 있다. 고려 후기에 재상을 지냈던 박전지朴全之가 지은 〈영봉산 용암사 중창기靈鳳山龍岩寺重創記〉에 "지리산 성모천왕이 '만일 세 개의 암사를 창건하면 삼한이 합하여 한 나라가 되고 저절로 전쟁이 끝날 것이다'라고 한 말을 따라 도선이 세 암자를 창건했는데, 곧 선암사, 운암사, 용암사가 그것이다"라고 한 데서 알 수 있다.

고려 중기로 들어서면서 선종 5년(1088) 대각국사 의천이 선암사를 중창한다. 의천은 문종의 넷째 왕자로 출가한 뒤 국내외 여러 종파의 불교 사상을 두루 익혀 천태종을 개창했다. 선암사를 중창할 때 의천은 이 절 근처에 있던 대각암에 머물렀던 것으로 보이며, 선종이 의천에게 하사한 금란가사, 대각국사 영정, 의천의 승탑으로 전하는 대각암 승탑이 선암사에 전해 오고 있다. 고려 후기에 이르면서 선암사가 자리한 조계산은 불교 개혁의 산실이 되었다. 선암사는 정유재란 당시 대부분 화재를 입었다. 숙종 24년(1698)에 중건되었다가 순조 때 다시 불타고 한국전쟁 때도 많은 피해를 입은 뒤 오늘에 이르렀다. 한편 선암사에는 우리나라에서 자연스러우면서도 가장 우아하다는 평가를 받는 무지개다리, 즉 승선교가 있다.

지공화상이 창건한 회암사

양주시 회천읍 회암리에 경기 북부의 큰 절인 회암사檜巖寺 터가 있다. 《신증동국여지승람》에 "고려 명종 4년(1174) 금에서 사신이 왔는데

춘천 길을 따라 인도하여 회암사로 맞아들였다"라는 기록이 보이고 고려
때 승려 보우의 비문에는 "13세의 나이로 회암사 광지선사로 출가했다"
라는 내용이 보인다. 많은 기록에는 인도 승려로 고려 땅에 들어와 불법
을 폈던 지공이 회암사를 창건한 것으로 나온다. 인도에서 원을 거쳐 고
려에 들어온 지공은 당시 인도 최고의 불교 대학이었던 아란타 절을 본
떠 266칸의 대규모 사찰을 창건했다. 《신증동국여지승람》에 "지공이 여
기 와서 말하기를 산수 형세가 완연히 천축국 아란타 절과 같다"라고 말
한 후 절을 지었다고 전한다. 그 뒤 고려 말 뛰어난 승려 나옹이 중건 불
사를 하고 전국 사찰의 본산이 되면서 수많은 승려와 대중이 회암사에 머
물게 되었다. 한때 절의 승려 수가 3000여 명에 이르렀다고 한다. 목은
이색은 〈천보산 회암사 수조기天寶山檜巖寺修造記〉에 "크고 웅장하고
미려하기가 동국에서 첫째"라고 적었다. 이 절은 그 뒤 나옹의 제자 무학
이 중건했다.

　태조 이성계는 자신의 스승인 무학을 회암사에 머무르게 했고, 불사가
있을 때마다 대신을 보내 참례하게 했다. 또한 이성계는 둘째 아들 정종
에게 왕위를 물려주고 태종의 둘째 아들 효령대군과 함께 이곳에서 수도
생활을 한 것으로 알려졌다. 회암사는 그런 의미에서 역대왕을 제사 지냈
던 곳이며, 이성계의 정신적 은신처였을 것으로 추정한다. 이성계와 무
학이 이곳에 머물렀음을 입증이라도 하듯 2000년 6월쯤 이성계와 무학
대사 등의 호칭이 새겨진 대형 청동 풍탁(건물 추녀에 매달던 종)이 발견되
었다. '왕사묘엄존자王師妙嚴尊者', '조선국왕朝鮮國王', '왕현비王顯
妃', '세자世子'라는 15자가 새겨져 있어서 새삼 시공을 초월한 역사의 근

거가 있음을 볼 수 있다. 성종 3년(1472) 세조비 정희왕후가 회암사를 3년에 걸쳐 중창하게 했다. 명종 때 이르러 회암사를 다시 중창하는데, 불심이 깊었던 명종의 어머니 문정왕후의 신임을 얻은 보우가 이 절을 중심으로 불교 중흥을 기도했다. 낙성식을 겸한 무차대회를 열고(1565년 4월 5일) 그 이틀 뒤인 4월 7일 문정왕후가 세상을 떠나자 유생들로부터 '보우를 처형하라, 회암사를 불태워라' 하는 상소가 올라왔다. 초파일에 제주도로 유배된 보우는 제주 목사 변협에 의해 피살되고 나옹 이후 200여 년에 걸쳐 전국 제일의 도량이었던 회암사도 같은 운명에 처해 불태워졌다. 회암사가 사라지면서 조선에서 불교는 역사의 뒷전으로 밀려났다. 그런데 이후 회암사는 또다시 수난을 당한다.

회암사 터 북쪽 한쪽의 승탑밭에 모셔져 있던 지공, 나옹, 무학의 승탑과 승탑비 등 유물이 광주 토호 이응준에게 제거되고 만 것이다. 당시 대부분의 지방 토호들은 절을 빼앗아 자신들 선조의 묘택으로 삼고자 했다. 이응준은 풍수사 조대진이 "세 화상의 승탑과 승탑비를 없애 버린 후 그곳을 묘역으로 삼고 법당터에다 묘지를 세우면 크게 길한다"라고 부추겼다. 이응준은 이를 실행했고 이 일은 7년 뒤(순조 28년, 1828) 세상에 알려졌다. 이응준과 조대진은 외딴 섬으로 유배를 갔고, 경기 지방의 승려들이 모여 상의한 결과 현재의 절터에서 800여 미터 떨어진 천보산 중턱에 절을 짓고 회암사의 절 이름을 이어받기로 했다. 그리고 그 산 언덕배기에 세 분의 승탑과 승탑비를 다시 세우고 흩어진 유물들을 수습했다는 기록이 무학의 음기에 기록되어 있다. 하지만 그 과정 중에 지공과 무학의 몸돌을 복구하지 못하고 말았다. 회암사지 외에도 경주 황룡사지, 익산

적적한 산골 속 절이요, 쓸쓸한 숲 아래 중일세

회암사는 고려 1328년에 지공이 창건하여 조선 순조 때인 1800년대에 폐사된 사찰이다.
절터의 북쪽 능선 위에 지공과 나옹의 승탑과 함께 무학의 묘탑이 있다.

미륵사지, 원주 법천사지와 거돈사지, 여주 고달사지 등이 폐사지로 유명하다.

능가사가 있는 팔영산

능가사에 대한 《택리지》의 기록을 보자.

능가사는 팔령산(팔영산) 밑에 있다. 옛날에 유구국琉球國 태자가 풍파에 떠밀려 이곳에 이르렀다. 그래서 관음보살에게 일곱 낮과 밤을 기도하며 고국에 돌아가게 되기를 청했더니, 큰 무사가 나타나 태자를 옆에 끼고 파도를 넘어갔다 한다. 절의 승려가 그 모양을 벽에 그려서 지금도 그대로 있다.

능가사楞伽寺는 전라남도 고흥군 점암면 성기리 팔영산 밑에 있다. 송광사의 말사로서 한때 화엄사, 송광사, 대흥사와 함께 호남의 4대 사찰 중하나였으며 40여 개의 암자를 거느린 큰 절이었다고 한다. 절 뒤편에 있는 사적비에 따르면 신라 눌지왕 3년(419)에 아도가 창건하여 보현사라고 불렀다. 그러나 지리적인 위치와 뒷받침할 만한 자료가 별로 없는 것을 보면 아도의 창건설은 신빙성이 별로 없다. 정유재란 때 보현사는 모두 불타 버리고 인조 22년(1644)에 중창되어 능가사로 이름이 바뀌었다. 그 뒤 영조 44년(1768)과 철종 14년(1863)에 각각 중수하여 오늘날에 이르고 있다. 사천왕문을 지나면 정면으로 대웅전이 모습을 드러내고 왼쪽으로 새로 지

고흥 능가사

능가사 요사채 너머로 보이는 산이 팔영산이다.
고흥군에서 가장 높은 팔영산 정상에 오르면 멀리 대마도가 내려다보인다.
북서쪽 기슭에 있는 능가사는 현재 비구니 도량으로 이름이 높다.

어진 종각이 있다. 능가사 동종(보물)에는 강희 37년(숙종 24년, 1698)이라는 제작 연대와 시주자들의 이름이 적혀 있다. 능가사 동종은 특히 가운데 부분에 조선시대의 동종에서 볼 수 없는 특이한 방식으로《주역》에 나타나는 건곤 8괘가 새겨져 있다.

팔영산에 대해서는 이런 이야기가 전한다. 어느 날 중국의 위魏(한 왕조의 뒤를 이어 조비曹조가 220년에 세운 나라) 왕이 세수를 하려고 물을 받았더니 그 대야에 여덟 개의 봉우리가 비쳤다. 그래서 신하들을 보내 찾게 하여 발견한 산이 팔영산이었다. 그때까지만 해도 팔전산八顚山이라 부르던 것을, 그 후로 그림자 영影 자로 바꾸어 팔영산八影山으로 부르게 되었다고 한다. 오른쪽에서 왼쪽으로 여덟 봉우리가 병풍같이 서 있는데, 신령한 기운이 뭉친 산이라고 하여 한때 신흥종교의 요람이 되기도 했다. 팔영산에는 조선시대에 봉수대가 있었으며 지금도 그 흔적이 남아 전한다. 한편 대한제국 말에는 의병 활동의 근거지였고 광복 후에는 빨치산의 은신처였다. 일제강점기에는 일본인들이 우리 민족의 정기를 끊기 위하여 팔영산 봉우리에 쇠말뚝을 박았다고 한다. 팔영산 산자락에는 능가사뿐 아니라 팔영산자연휴양림이 있다. 고려 충렬왕 때 통역관으로 공을 세워 재상에 올랐던 류충신의 피난굴과 신선대, 강산폭포 등 볼거리가 많다.

천불천탑이 있는 운주사

팔영산에서 멀지 않은 전라남도 화순에 우리나라 사찰 중 수수께끼가 가장 많은 천불산 운주사가 있다. 화순군 도암면 대초리 천불산 기슭에 있는 운주사運舟寺는 송광사의 말사로서 나지막한 산속에 들어앉아 있다. 절 이름을 배舟로 삼은 것은 '중생은 물이요, 세계는 배'라는 뜻이라고 하는데, 물방울 같은 중생이 모여 바다를 만들고 세계라는 배가 그 중생의 바다 위에 비로소 뜨는 것이며, 역사는 중생의 바다에 의해 떠밀려 가는 것이라는 깊은 뜻이 운주사의 '주舟' 자에 숨어 있다.

창건 당시 운주사의 명칭은 《동국여지승람》에는 운주사雲住寺로 기록되었다. 그러한 이름 때문인지 이 절을 처음 지을 때 해남의 대둔산이며 영남의 월출산 그리고 진도와 완도, 보성만 일대의 수없이 많은 바위가 우뚝우뚝 일어나 스스로 미륵불이 되기 위하여 이 천불산 계곡으로 몰려왔다고 한다.

창건 설화는 신라 때의 고승 운주가 돌을 날라다 주는 신령스러운 거북의 도움을 받아 창건했다는 설과 중국 설화에 나오는 선녀가 만들었다는 설이 있다. 그리고 운주가 1000일 동안 기도를 하여 흙 같은 것으로 탑을 쌓았는데 탑 1000개가 완성된 다음 천동선녀天童仙女로 변하여 불상이 되었다는 설도 있고, 거의 똑같은 솜씨로 만든 돌부처들의 모습을 보아 한 사람이 평생을 바쳐 만들었을 것이라는 설도 있다.

설화나 문학에 앞서서 운주사에 관한 가장 오래된 기록은 《동국여지승람》에 있다. "운주사는 천불산에 있다. 절의 좌우 산마루에 석불과 석탑이 약 1000개씩 있고 또 석실이 있는데, 두 개의 석불이 서로 등을 대고 앉아 있다"라고 쓰여 있는 것인데, 이는 현재 천불산 좌우 산등성이에 석불과 석탑이 산재한 것과 석불 둘이 등지고 있는 것과 일치한다.

전남도청에서 펴낸 《전남의 전설》에는 도선과 운주사의 전설이 이렇게 실려 있다.

도선이 여기에 절을 세우기 위해 머슴을 데리고 와서 천상天上의 석공들을 불러 용강리 중장터에 몰아 놓고, 단 하루 사이에 천불천탑을 완성하고 새벽닭이 울면 가도록 일렀다. 천상에서 내려온 석공들은 절 위의 공사 바위에서 돌을 깨어 열심히 일했으나, 도선이 보기에 하루 사이에 일을 끝내지 못할 듯싶으므로 이곳에서 9킬로미터쯤 떨어져 있는 일괘봉에 해를 잡아 놓고 일을 시켰다. 해가 저물고 밤이 깊었지만 천상에서 내려온 석공들은 열심히 일하고 있었다. 이때 이들의 일손을 거들어 주던 도선의 머슴들이 지쳐 꾀를 생각해 냈다. 어두운 곳에 숨어서 닭 우는 소리를 흉내 낸 것이다. 꼬끼오. 일을 하던 석공들은 가짜로 우는 닭 울음소리를 듣고 모두 하늘로 올라가 버렸다. 이 때문에 운주사에는 미처 세우지 못한 와불이 생겼고, 6킬로미터쯤 떨어진 곳에 있는 화순군 도암면 봉하리의 하수락下水落(아랫무지개) 일대의 돌들은 천상의 석공들이 이곳으로 돌을 끌고 오다 버려두고 가서 중지된 형국을 하고 있다고 한다.

운주사 와불 아랫자락에는 칠성바위가 있다. 얼핏 보면 원반형 칠층석탑의 옥개석으로도 보이지만 자세히 살펴보면 북두칠성이 땅에 그림자를

적적한 산골 속 절이요, 쓸쓸한 숲 아래 중일세

화순 운주사 대웅전

천불산에 자리한 운주사는 창건 설화가 분분하고 천불천탑의 신화를
간직한 절이다. 석탑 12기와 석불 70기가 남아 있다.

화순 운주사 석불군

운주사 불상 제작에 사용한 석질로 도달할수 있는
가장 최고의 작품이라 할 만한 화순 운주사 석불군이다.

화순 운주사 와형석조여래불

운주사 석불의 전형을 보여 주는 것으로 규모 면에서도 가장 크다. 현재 좌상과 입상이
누워 있어 일명 '와불'이라고 불린다. 고려 중기에 제작된 것으로 추정한다.

드리운 듯한 모습과 흡사하다. 그래서 학계에서는 운주사 탑들의 배치가 하늘의 별자리와 같다고 보기도 하며 운주사가 고려시대 칠성 신앙의 근거지였다고도 본다.

운주사에 과연 천불천탑이 있었는지에 대해서는 그렇지 않다고 보는 견해가 많다. 불교에서는 1000이라는 수가 만수, 즉 무량무수의 여래를 표상한다. 천불 신앙은 과거의 장엄겁, 현재의 현겁, 미래의 성수겁의 3세 3000불 가운데 현재의 현겁에 대한 신앙이다. 그래서 이곳에 천불천탑을 세운 것이 아니라 천불 신앙에 의한 천불천탑이었을 것이고, 그것도 하룻밤 새 도력으로 세운 것이 아니고 11세기 초반에서 15세기에 걸쳐 만들었을 것이라는 얘기가 있다.

산 모양은 반드시 수려한 돌로 된 봉우리라야

이어지는 《택리지》의 내용을 보자.

산 모양은 반드시 수려한 돌로 된 봉우리라야 산이 수려하고 물도 맑다. 또 반드시 강이나 바다가 서로 모이는 곳에 터를 잡아야 큰 힘이 있다. 이와 같은 곳이 나라 안에 네 곳이 있다. 개성의 오관산五冠山과 한양의 삼각산三角山, 진잠의 계룡산鷄龍山, 문화의 구월산九月山이다.

오관산은 도선이 말하기를 "모봉은 수성이고 줄기는 목성이다"라고 했는데 산세가 아주 길고 멀다. 또 크게 끊어져서 송악산이 되었는데, 풍수가는 "하늘에 모여드는 토성이다"라고 한다. 웅장한 기세는 넓고 크며, 포용하려는 의사는 혼연하고 순수하다. 동쪽에는 마전강麻田江이 흐르고, 서편에는 후서강後西江이 흐르며, 승천포昇天浦는 안수 역할을 한다. 교동도와 강화도 두 개의 큰 섬이 바다 가운데 일자로 가로 뻗어서 남쪽으로는 바다를 가로막았고 북쪽으로는 한강 하류를 가두어 은연중에 앞산 너머를 둘러싸서 깊고 넓으며 한없이 크다. 명 사람인 동월이 "평양에 비해 지세가 더욱 견고하고 짜임새가 크다"라고 했다. 오관산 좌우에는 골이 많다. 박연은 서쪽에 있고 화담은 동쪽에 있는데, 모두 샘과 폭포의 경치가 훌륭하다.

오관산에 영통사靈通寺가 있다. 《신증동국여지승람》에 영통사는 "오관산 아래에 있는데 골 안이 깊숙하고 산이 첩첩이 둘러싸였으며, 물이 이리저리 굽이쳐 흐르고 나무는 우거졌다. 그 서루西樓의 뛰어난 경치는 송도에서 제일이다"라고 기록되어 있고, 이규보의 시에는 "산길은 구불구불 돌아 산기슭에 닿았는데, 절을 물을 것 없이 중만 따라왔네. 산에 들어서자 맑은 시냇물 소리 들으니, 인간의 온갖 시비 쿵쿵 찧어 깨뜨려 주네"라고 했다. 중국 명 때 왕기王圻가 편찬한 《삼재도회三才圖會》에는 오관산이 다음과 같이 실려 있다.

오관산은 경기도 장단부의 서쪽 30리에 있다. 산정에 갓처럼 둥글게 생긴 다섯 개의 봉우리가 있으므로 오관산이라고 이름했다. 산 아래에 영통사가 있는데, 그 골짜기가 깊숙하고 산세가 겹겹이 둘러 있으며, 유수는 천천히 감돌아 흐르고 수목이 울창하다. 그 서쪽에 있는 다락의 경치는 송도에서 제일이다.

허목許穆의 〈성거산과 천마산 고사聖居天摩古事〉에는 "오관산 아래에 영통사가 있으며, 영통사 계곡 입구는 화담이다. 이 연못가에 옛날에는 은자 서경덕의 거처가 있었는데 지금은 화담 은자의 사당이 있다. 그 위에는 그의 무덤이 있다."

천마산 자락에 있는 박연폭포는 산의 서쪽에 있고, 화담은 동쪽에 있다. 《연려실기술》은 박연을 "물이 절벽으로 흘러 사나운 폭포가 되어 아래로 떨어지는데 열 길은 될 것이며, 마치 흰 무지개가 하늘에 비치고 흐르는 구름이 높은 돌다리를 씻는 듯 우레가 내닫고 번개가 치는 것처럼 소리가 천지를 진동한다"라고 묘사했다.

개성은 개성인삼과 개성배추로 유명하다. 개성은 예로부터 보부상으로 전국을 주름잡았던 개성상인의 본고장이기도 했다. 개성은 고려 500년 도읍지로서 자부심과 조선왕조 도읍지 서울에 대한 여러 가지 편견이 지금도 남아 있다.

개성이 고향인 소설가 박완서가 〈살아 있는 날의 소망〉에서 개성 사람들을 평한 부분을 보자.

어느 고장 사람이든 제 고장 자랑이 없는 사람이 없지만 개성인들은 그게 좀 유별나다. 그 고장의 생활방식을 이 나라에서 제일가는 걸로 알고 평생 사모하고 자랑스러워하며 산다. 그러나 그런 사모의 긍지가 결코 딴 고장 사람들이 생각하듯이 그 고장의 풍물이나 음식의 맛에 대해서만은 아닌 것이다. 보다 많이 그 고장만의 맛에 연유하고 있다. 그 고장의 맛은 뭐니 뭐니 해도 그 깔끔하고 도도한 주체성이 아닌가 싶다.

개성 고려박물관

고려 성균관 건물과 그 부지를 이용하여 1988년에 개관한 박물관이다. 고려시대의 역사와
경제, 과학, 문화의 발전 모습을 보여 주는 1000여 점의 유물이 진열되어 있다.

그 뒤 박완서는 《미망未忘》이라는 작품에서 개성 사람들의 주체성과 한을 다음과 같이 표현했다.

(…) 이씨 왕조에 대한 반골反骨 정신은 한결같았다. 최영 장군의 사당을 덕물산德物山에 모시고 이태에 한 번씩 질탕한 도당굿을 올려 억울한 영혼을 위로하며, 억울한 원혼에게야말로 길흉화복을 내다보고 자유자재로 할 수 있는 신통력이 있다고 믿는 그들의 마음속엔 이성계李成桂의 위화도 회군을 미워하고 이씨 조선을 능멸하는 마음이 가득했다. 그들의 조상은 그 한심한 조정에 벼슬하느니 차라리 마음 독하게 먹고, 선비들이 얕보는 장사꾼이 되어 돈을 벌기로 작정했다. 당초의 순수하고 독한 마음은 수없는 대代를 거치면서 더러 흐려지기도 하고 약해지기도 하고, 사람 속의 어둡고 깊은 골짜기에 숨어 있기도 했을망정 면면히 이어져 오고 있었다. 그래서 그들은 서울사람들이 입쌀이라고 부르는 백미白米를 이李쌀이라고 해서 안 부르고 왕王쌀이라고 하기를 좋아했다.

조선 500년 사직의 요람 북한산과 서울의 산들

《택리지》는 이어서 "한양의 삼각산은 개성 동남쪽에 있다. 100리 밖에서 하늘로 솟아 있는데 앞면이 평탄하고 순하다. 서북쪽이 높게 막혔고 동남쪽은 멀리 트여서 이곳이 천연으로 된 요새이고 이름난 터가 되겠다. 다만 넓고 기름진 평야가 없는 게 아쉽다"라고 한다.

지금은 북한산이라고 부르는 북한산의 본래 이름은 삼각산이었다. '인수, 백운, 만경의 세 봉이 솟아 삼각을 이루었다'고 해서 삼각산이 되었다. 한산漢山 또는 화산華山이라고도 불리는 북한산은 신라 때는 부아악이라고 불렸다. 산의 세 봉우리를 중심으로 북쪽에 상장봉, 남쪽으로 석가봉, 보현봉, 문수봉 등의 봉우리들이 솟아 있다. 제일 높은 봉우리가 백운대지만 조선시대에는 인수봉의 위용을 높이 쳐서 인수제일봉이라고 했다. 이익은 〈북한산 유람기遊北漢記〉에서 "옛 백제의 온조가 나라를 세울 때 열 명의 신하와 한산 부아악에 올라가 터를 잡고 살 만한 땅을 바라보았는데 지금의 백운봉(백운대)이 그곳이다"라고 했다.

북한산은 1983년 자연경관의 보존과 합리적인 이용을 도모하기 위하여 도봉산과 함께 국립공원으로 지정되었다. 북한산은 전설에 의하면 무학이 조선의 도읍지를 정하기 위해 백운대에서 맥을 찾아 만경대에 올랐다가 서남쪽으로 비봉에 이르렀다고 한다. 비봉에는 진흥왕이 세운 '북한산 신라 진흥왕 순수비'가 있다가 지금은 모형만 남고 진품은 국립중앙박물관으로 옮겨져 보존되고 있다. 세조 때 직제학을 지낸 양성지梁誠之는 "삼각산을 중악으로, 금강산을 동악으로, 구월산을 서악으로, 지리산을 남악으로, 장백산을 북악으로 삼자"는 진언을 올렸다고 한다. 《택리지》는 북한산에 대해 다음과 같이 쓰고 있다.

옛날에는 중흥사 계곡이 있었으나 북한산성을 쌓을 때 모두 깎아서 평평하게 만들었다. 성안에 있는 백악산과 인왕산은 돌의 형세가 사람들을 두렵게 하므로 살기를 벗어난 송악산보다 못하다. 다만 남산의 한 가닥이 강을 거슬러서

판국을 만든 것이 미더운 일이다. 안쪽의 수구水口가 낮고 허하며, 앞쪽은 관악산이 강을 사이에 두고 있지만 너무 가까운 것이 흠이다. 비록 화성산(관악산)이 앞을 받치고 있으나, 풍수가는 '정남향의 위치가 좋지 못하다'고 말한다. 그러나 판국 안이 밝고 맑으면서도 흙빛이 깨끗하므로 길에 밥을 떨어뜨렸더라도 다시 주워서 먹을 수 있을 정도다. 그러므로 한양 사람들은 막히지 않고 밝고도 영리하나 웅장한 기상이 없는 게 아쉽다.

북한산에서 우이령을 건너면 서울과 의정부 사이 구파발과 송추 사이에 산 전체가 화강암으로 이루어져 있는 웅장한 도봉산에 이른다. 주봉인 자운봉에서 남쪽으로 만장봉과 선인봉이 있고, 서쪽으로 오봉을 거느린 이 산에는 도봉동계곡, 송추계곡, 망월사계곡을 비롯하여 여러 골짜기와 절이 자리 잡고 있다. 도봉산에서 바라보면 보이는 산이 북악산이다. 경복궁의 진산인 북악산은 일명 백악산이라고도 부른다. 그 북악산 아래에 조선 500년 사직을 지켜본 경복궁이 있고, 그 깊숙한 곳에 해방 이후 역대 대통령이 살면서 집무를 본 청와대가 있다.

서울시 노원구와 경기도 의정부시 그리고 남양주시 별내면의 경계에 있는 산이 수락산이다. 서울과 의정부 간의 국도를 사이에 두고 서쪽에 자리 잡은 북한산과 도봉산을 마주 보고 있는 수락산은 북쪽의 의정부로부터 남쪽의 태릉까지 연결되며, 중간 지점에 덕릉고개가 있다. 그 남쪽에 불암산이 있는데, 대부분 돌산으로 수목은 울창하지 않으나 산세가 급하지 않고 동쪽 금류계곡에 금류동, 은선동, 옥류동의 세 폭포가 있어 많은 사람의 휴식처가 되고 있다.

수락산에서 한 시절을 보낸 김시습에 대한 일화가 권별權鼈이 지은 《해동잡록海東雜錄》에 다음과 같이 실려 있다.

수락산에 우거하고 있을 적에 비 내린 뒤에 산골 물이 불을 때면 종이를 찢어서 조각 100여 장을 만들어서 반드시 여울이 빠른 곳을 골라 거기에 앉아서 생각에 잠겨 시를 짓는데, 혹은 절구絶句 혹은 율시律詩 혹은 고풍古風을 종이에 써서 흐르는 물에 띄워 멀리 흘러가는 것을 보고는 또 쓰고 또 흘려보내고, 이렇게 하기를 종일토록 하여 종이가 다 떨어져서야 돌아왔다.

계룡산 계곡물은 쪽빛처럼 푸르고

계룡산에 대한 《택리지》의 기록을 보자.

계룡산은 웅장하기가 오관산에 미치지 못하고 수려한 것은 삼각산보다 못하다. 전면에 흘러드는 물이 적고 다만 금강 한 줄기가 산을 둘러 돌 뿐이다. 대개 산줄기가 회룡고조하는 산세는 본래 힘이 적다. 중국의 금릉을 보더라도 매양 한쪽의 패권만 차지했을 뿐이다. 명 태조가 금릉에서 중국의 천하를 통일했지만 세상이 바뀌자 도읍지를 옮겨야 했다. 그렇듯이 계룡산 남쪽 골은 한양과 개성에 비하면 기세가 훨씬 못하다. 또 판국 안에 평지가 적고 동남쪽이 확 트이지 않았다. 그러나 내려온 산줄기가 멀고 골이 깊어 정기를 함축했다. 판국 안 서북쪽에 있는 용연은 매우 깊고 또 크다. 그 물이 넘쳐서 큰 시내가 되었는데, 이는 개성과 한양에도 없는 것이다. 산 남쪽과 북쪽에 경치 좋은 곳이 많다. 동쪽에는 봉림사가, 북쪽에는 갑사와 동학사가 뛰어난 경치를 자랑한다.

《정감록》에 따르면 연산현 계룡산에 있는 개태사開泰寺 터가 장차 정씨가 도읍할 길지라고 했다. 그 당시 떠돌았던《정감록》은《주역》을 비롯한 여러 비기를 집대성한 것으로, 반反왕조적이며 현실 부정적인 내용을 담고 있어 조선시대 이래 금서에 속했다. 조선 개국 이래 민간에 은밀하게 전승되어 온 참설인《정감록》의 작자를 정감 혹은 이심으로 보기도 하는데, 책이 정감과 이심의 대화 형식으로 서술되었기 때문이다. 한편 조선 태조를 도와 역성혁명을 주도한 정도전鄭道傳이 혁명을 합리화하고 민심을 조작하기 위하여 저술했다는 추측도 있다.

《정감록》은 형식 면에서도 예언설, 참요, 역수뿐만 아니라 풍수지리설에 의한 해설까지 포괄적으로 다루었으며, 사상적으로도 유교, 도교, 참위서, 음양오행설까지 포함했다. 어떤 의미에서는 급격한 사회 변동 속에서 몰락한 양반들이 풍수지리설과 음양오행설을 바탕으로 하여 왕조 교체와 사회 변혁의 법칙을 우주론에 의한 법칙과 결부한 것이라고 보는 견해도 있다.《정감록》을 대변하는 '감결'에 다음과 같은 내용이 나온다.

한룡공이 완산백에 봉해졌다. 세 사람의 아들이 있었는데 맏아들 임은 일찍 죽었고, 둘째가 심이고, 셋째가 연이었다. 정공과 더불어 팔도 산수의 기이한 절승지를 유람하다가 금강산 비로대에 올라 서로 말하기를 "천지는 음양이 먼저 주장하는구나" 하자, 심이 "산수의 법이 기이하고 절승하다" 했다. 또 정감

적적한 산골 속 절이요, 쓸쓸한 숲 아래 중일세

공주 계룡산 중악단

조선시대 국가에서 계룡산신에게 제사 지내기 위해 마련한
산신 제단이다. 조선시대에는 북쪽 묘향산을 상악으로, 남쪽 지리산을 하악으로,
중앙 계룡산을 중악으로 하여 단을 모시고 산신에게 제사했다.

이 "곤륜산으로부터 맥이 백두산에 이르고 원기가 평양에 이르렀으나, 평양은 이미 1000년의 운이 지나가고 운이 송악에 옮겨가 500년 도읍지가 되나 요승과 궁녀가 장난하여 땅의 기운이 쇠하고 하늘의 운수가 막히게 되면 다시 운이 한양으로 옮겨갈 것이다"라고 했다. 그러자 심이 "백두산의 맥이 금강산으로 옮겨가고 태백산과 소백산에까지 이르러서 산천의 기운이 계룡산으로 들어갔으니 정씨의 800년 도읍지요, 뒤에 가야산에 들어갔으니 조씨의 1000년 도읍지다. 전주는 범씨의 600년 도읍지이고, 다시 송악은 왕씨가 부흥할 땅이나 그 뒤는 자세하지 않아 상고할 수 없다.

《정감록》은 비록 허무맹랑한 풍수설에서 비롯된 예언이라 하지만 당시 오랜 왕정에 시달리던 백성이나 조정에 실망을 느끼던 민중에게 끼친 영향은 지대했다. 특히 광해군과 인조 이후의 모든 혁명에는 거의 빠짐없이 《정감록》의 예언이 거론되었다. 연산군 이래 국정의 문란, 임진왜란과 병자호란 그리고 당쟁의 틈바구니에서 극도로 암담한 삶을 살던 백성에게 이씨가 망하면 다음엔 정씨가 있고, 그다음엔 조씨, 범씨가 있어 우리 민족을 구원할 것이라는 희망을 불어넣으려 한 점에서 이 책은 높이 평가되어야 한다. 하지만 재난이 발생할 때마다 《정감록》에 나오는 십승지지를 찾아 떠나는 사람들이 비일비재했던 것은 악영향으로 볼 수밖에 없다.

《정감록》의 십승지지과 호남 4대 명당

난세의 병화를 피하기 위해 가장 좋은 십승지지로 기록된 곳은 다음과 같다.

(1) 경상북도 풍기 차암 금계촌 동쪽 골짜기로, 금계가 알을 품고 있는 금계 포란의 명당 터인 소백산 땅 10곳.

(2) 경상북도 봉화군 춘양면 춘양마을 화산의 소령고기.

(3) 충청북도 보은군 내속리면과 외속리면의 속리산 아래 증항 근처.

(4) 경상북도 예천군 용문면 상금곡리의 금당동 북쪽.

(5) 전라북도 남원시 운봉읍 동점촌 주변 100리.

(6) 충청남도 공주군 유구읍과 마곡사의 두 물줄기 사이.

(7) 강원도 영월군 영월읍의 정동쪽 상류 거운리 일대.

(8) 전라북도 무주군 무풍면 북쪽 골짜기로, 예로부터 덕유산은 어디든지 난리를 피할 수 있는 덕산이라고 함.

(9) 전라북도 부안군 변산반도 국립공원의 호암 아래와 변산의 동쪽(개암사 부근)이며 금바위.

(10) 경상북도 합천군 가야면 가야산 자락의 남쪽 만수동 골짜기.

《정감록》을 살펴보면 한 가지 의아한 것이 있는데, 십승지지에 북한 지역이 없다는 점이다. "임진臨津 이북은 다시 오랑캐의 땅이 될 터이니 몸을 보전하는 것을 논할 수 없다"라고 했다.

  호남에 4대 명당을 꼽으면, 먼저 순창군 구림면의 회문산回文山을 든다. 한국전쟁 때 남부군전북도당 사령부가 있었던 이 산에 오선위기혈五仙圍碁穴의 명당이 있다. 이는 다섯 신선이 바둑을 두는 형세인데, 여기에 묘를 쓰면 발복해 59대까지 간다고 한다. 두 번째는 장성군 북하면 백양산의 선녀직금혈仙女織錦穴이고, 세 번째는 전라북도 정읍시 태인면에 있는 군신봉조혈君臣奉朝穴이며, 마지막이 전라남도 무안군 몽탄면과 청계면에 걸친 승달산의 호승예불혈胡僧禮佛穴이다. 호승예불혈이란 승려가 부처님께 절하는 모습이다.

  《정감록》신앙의 골자는 대체로 삼절운수설三絶運數說, 계룡산천도설, 정성진인 출현설鄭姓眞人出現說로 요약할 수 있다. 삼절운수설이란 이씨 왕조가 내우외환에 의하여 세 번이나 단절될 운수를 맞는다는 말세 운수의 예언으로 그 처방을 밝힌 것이며, 도선설, 무학설 또는 경주이선생결, 이토정가장결 등 여러 설을 종합한 것이다. 구체적으로 삼절운수란 첫째 임진왜란, 둘째 병자호란, 셋째 앞으로 반드시 일어날 숙명적인 국가 사회의 위기를 일컫는다. 그런데 위기 때마다 파자풀이 내지 은유의 방법으로 그 대책을 언급하는 것이 특색이다. 파자풀이는 이미 '정여립의 난 때 나무 목木 자는 망하고 존尊 읍은 흥한다'는 '목자망木子亡 존읍흥尊邑興'이라는 참언이 나돈 것으로 유명하다. 그 외에 임진왜란 때와 병자호란 때도 《정감록》은 여러 형태로 민중들 사이에 회자되었다. 불과 몇십 년 전까지만 해도 《정감록》을 믿는 사람들은 계룡산 도읍의 꿈을 버리지 못하고 '이사는 논산이나 강경 쪽으로 가야 한다'고 믿었다. 그것은 새로운 기운이 뻗친 곳으로 가야 후일이라도 한자리를 차지할 수 있다는 믿음 때문이었다. 그 뒤에도 《정감록》 사상은 끊임없이 이어져 현대그룹의 정주영 전 회장도 이를 믿고 대통령에 출마했으나 실패하고 말았다.

엄연하고 따뜻한 산, 계룡산

한학자 김철희金喆熙는 〈계룡산〉이라는 시에서 다음과 같이 찬양했다.

한번 계룡산에 오르니 만산의 꼭대기인데

여기 서서 황도皇道가 크게 열리는 때를 보네

곤륜산의 원기가 뻗어오기를 멀리하였고,

황해의 정신이 와서 모이기를 멀리하였네

안으로 불교요 밖으로 유교를 믿는 것이 까닭이 있고,

하늘을 높이고 땅을 낮추는 것이 이치가 모두 그렇겠도다

내가 온 것은 아름다운 경치 보려는 것뿐이 아니라,

산신령께 빌어 함께 신선이 되려는 것이었네

거꾸로 계룡산에 오르니 높다랗게 하늘에 닿았는데,

사방으로 둘러싸인 모든 산이 비단 병풍과도 같네

김철희는 이어서 계룡산을 두고 다음과 같이 논평했다.

계룡산은 그 산의 생김새가 엄연하고 따뜻해서 마치 군자가 예양禮讓하는

모양과 같으며, 아름답고도 곱고 덕이 맑은 가인佳人의 고요하고 한가로운 얼굴과 같으면서도 높고도 커서, 호걸스럽고 잘난 선비가 우뚝 서서 건드리지 못한 것만 같다. 이태조가 도읍터 공사를 시작했다는 전설이 있고, 정여립의 불령한 옥사가 있었으니 그 신령스러운 기운이 평범하지 않은 것은 비록 아는 자를 보지는 못했다.

공주시 반포면 학봉리 계룡산 동북쪽 기슭에 있는 동학사는 성덕왕 23년(724)에 상원이 암자를 지었던 곳에 회의가 절을 창건하면서 상원사라 했고, 고려 태조 3년(920)에 도선이 중창한 뒤 왕건의 원당 사찰이 되었다. 고려 태조 20년(937) 신라가 망하자 대승관大承官 유차달柳車達이 이 절에 와서 신라의 시조와 충신 박제상朴堤上의 초혼제를 지내기 위해 동계사를 짓고 사찰을 확장한 뒤 절 이름을 동학사로 바꾸었다. 그러나 절 이름에 대한 또 다른 이야기는 절 동쪽에 학 모양의 바위가 있으므로 동학사東鶴寺라고 했다는 설이 있다. 조선 태조 3년(1394)에는 고려 말 학자 길재吉再가 동학사 승려 운선과 함께 단을 쌓은 뒤 고려 태조를 비롯한 충정왕과 공민왕의 초혼제를 올렸으며, 정몽주의 제사를 지냈다. 정종 원년(1399)에는 고려 유신 유방택柳方澤이 이 절에 와서 정몽주, 이색의 초혼제를 지냈다. 다음 해 이정한李貞翰이 공주 목사로 와서 전각을 세웠다. 길재가 죽자 세 사람만의 제를 지내고 그들의 호를 따 삼은각三隱閣이라 했다.

세조 3년(1457) 김시습이 삼은단 옆에 단을 쌓아 사육신의 초혼제를 지내고 단종의 제단을 증설했다. 다음 해에 세조가 동학사에 와서 제단을 살핀 뒤 단종을 비롯해 정순왕후, 안평대군, 금성대군, 김종서, 황보인, 정분 등과 사육신 그리고 세조 찬위로 억울하게 죽은 280여 명의 이름을 비단에 싸서 초혼제를 지내게 한 뒤 초혼각招魂閣을 짓게 하고 인신印信(도장)과 토지 등을 사사했다. 하지만 영조 4년(1728) 신천영 申天永의 난으로 동학사와 초혼각이 모두 소실되었고, 고종 1년(1864) 봄에야 금강산에 있던 보선普善이 이곳에 와서 옛집을 모두 헐고 건물 40칸과 초혼각 2칸을 지었다. 초혼각은 1904년 숙모전肅慕殿이라고 개칭했다.

숙종 때의 학자였던 남하정 南夏正은 〈계룡기행〉에서 "아침에 동학사를 찾았다. 동학사는 북쪽 기슭에 있는 옛 절인데, 양쪽 봉우리에 바위가 층층으로 뛰어나고 산이 깊어 골짜기가 많으며 소나무와 단풍나무와 칠절목이 많다. 지금은 절이 절반쯤 무너지고 중이 예닐곱뿐인데 그나마 몹시 용렬해서 옛일을 이야기할 만한 자가 없다"라고 기록했다. 하지만 지금은 좁은 대웅전, 무량수각, 대방, 삼은각, 표충사, 숙모전 등이 들어서서 남하정이 다시 살아온다면 놀라기도 할 것이다. 게다가 동학사에는 동학강원이 있어 청도 운문사의 강원과 함께 우리나라 대표 비구니 수련 도량이 되었다. 그러나 이 절은 한국전쟁 때 옛 건물이 모두 소실되고 1960년 이후 중건한 것이라 눈여겨볼 문화유산이 없다는 점이 아쉽다.

동학사에서 갑사로 넘어가는 고개 못 미쳐 청량사 터에 세워진 두 개의 탑 중 칠층석탑을 오라비탑, 오층석탑을 누이탑이라고 부른다. 이 탑들에 다음과 같은 전설이 서려 있다. 근처 토굴에서 도를 닦던 백제 왕족 하나가 어느 겨울 밤 목구멍에 가시가 걸린 호랑이를 구해 주었다. 호랑이는 그 보답으로 한 여자를 물어다 놓고 사라져 버렸다.

계룡산 북쪽에 자리한 갑사는 420년 고구려에서 온 승려 아도가 신라에 창건한 절이다.
갑사 대웅전은 임진왜란 직후에 중건되어 여러 차례 중수를 거쳤다.

적적한 산골 속 절이요, 쓸쓸한 숲 아래 중일세

공주 청량사지 쌍탑

동학사에서 갑사로 넘어가는 고개 못 미쳐 청량사 터에 의남매를 맺은 남녀의 전설이
서린 탑이 있다. 칠층석탑을 오라비탑, 오층석탑을 누이탑이라고 부른다.

왕족은 여자를 극진히 간호하여 살렸고 여자는 자신이 상주에 살고 있었는데 혼례를 치르고 신방에 들기 전에 호랑이에게 물려왔다는 사실을 털어놓았다. 왕족은 여자를 이튿날 데려다주려 했으나 밤새 눈이 많이 내려 하는 수 없이 겨울을 날 수밖에 없었다. 그는 밤마다 일어나는 욕망을 좌선과 염불로 잠재우고 아무 일 없이 겨울을 보냈다. 이듬해 봄에 약속대로 여자를 고향에 데려다주었으나 그 부모가 딸을 다른 곳으로 시집보낼 수 없다 하여 왕족은 하는 수 없이 의남매를 맺고서 함께 수도하여 훌륭한 승려가 되어 입적했다. 뒤에 그의 제자들이 두 사람의 불심을 기려 나란히 탑을 세우고 이를 남매탑으로 불렀다. 그러나 오층석탑은 백제 탑양식으로 보이고 칠층석탑은 그보다 훨씬 뒤의 것으로 보여 앞에서 언급한 전설과 탑의 관계를 의심하는 사람들도 있다.

조선 전기의 도읍지 신도안

계룡산 남쪽 마을의 신도안은 조선 건국 초기에 도읍으로 정해졌던 곳이다. 궁궐을 짓기 시작했는데, 조운의 불편 등 왕도로서 적합지 않다는 결론에 따라 중단되었다. 지금도 부남리에는 그때 초석으로 다듬었던 암석이 94기나 남아 있어 충청남도 유형문화유산으로 지정되었으며 그 일대 지명들이 동문거리, 서문거리 등으로 남아 있다.

계룡산 신도안은 크게 보아서 서울과 같은 득수국과는 거리가 멀다. 신도안을 두고 산태극수태극山太極水太極과 회룡고조라는 말을 자주 한다.

이는 모두 계룡산과 그 주변 산천의 형세를 두고 말하는 형국론적 해석이다. 진안의 마이산과 덕유산의 맥이 무주, 영동, 대전, 회덕을 거쳐 공주로 이어지고 그 맥이 다시 남쪽으로 방향을 바꾸어 공주시 계룡면과 반포면의 경계를 따라 이어져 태극 모양을 이룬다고 하며, 용세가 머리를 돌려 근원을 돌아보는 고조의 형세라는 것이다. 수류는 금강 물줄기가 대전, 공주, 부여, 강경을 거쳐 금강 하구인 군산으로 빠지면서 용추골 용동리의 명당수가 청룡의 뒤를 돌아 우회하면서 금강에 합류하는 거대한 태극의 모습을 보이기 때문에 수태극이 된다.

《정감록》의 '감결'에서 "공주 계룡산 유구維鳩, 마곡麻谷 양수지 간에 둘레 200리 안은 가히 난리를 피할 만하다"라고 했는데, 이곳을 매우 신령스러운 땅으로 여긴 풍수가들의 말에 따르면 선인봉은 청룡이 되고 국사봉은 백호이며 삼불봉은 현무가 되고 대둔산은 주작이다. 그래서 신도안을 중심으로 동쪽과 서쪽 양편으로 용추龍湫가 있는데 동편에 있는 것을 동용추, 서쪽에 있는 것을 서용추 라고 부른다. 전설에는 동쪽에는 자룡雌龍이 살고 서쪽에는 웅룡熊龍이 살았다고 하여 각각 암용추, 수용추라고 부른다.

《계룡산록鷄龍山錄》에 따르면 태조가 이곳에 도읍을 짓기 위해 공사를 하고 있는데 어느 날 하늘에서 "이곳은 뒷날 정鄭씨가 도읍할 곳이니라. 너의 땅이 아니니 너의 땅으로 가라"라고 해서 공사를 중단했다. "계룡산의 돌이 희어지고 풋개草浦(지금의 논산시 노성면)에 배가 들어올 때 정도령이 새 나라를 이루어 천년왕국의 문을 연다"라는 《정감록》을 믿었던 수많은 사람이 찾아들었던 산이 계룡산이다. 그들은 예언 비서에 예시

427

된 정씨 왕국의 주인공을 자처하면서 장차 새 왕조의 중심지가 될 이곳에 정착했다. 그들은 나름대로 후천선경後天仙境에서 주도적 역할을 담당하리라는 확신이 있었으며, 이곳을 천년왕국의 도읍지로 여겼다.

그때 그 신도안을 제대로 보존하면서 기틀을 다졌더라면 오늘날 문화관광 시대에 세계적인 관광 명소가 되었을 것이다. 신도안에 둥지를 틀고 계룡산의 정기를 받아 새로운 왕도를 꿈꾸었던 수백 명의 '황제'들은 지금도 머지않아 다가올 새로운 세상을 기다리며 계룡산을 중심으로 한 지역에서 멀리 벗어나지 못하고 그날만을 기다리고 있다.

9

나라 안의 여러 고개

구부구부가 눈물이로구나

아련한 기억이 되살아나는 고개 이야기

　오랜만에 고향에 갔다. 진안군 백운면 원촌에서 어린 시절 몇 년을 보냈다. 나에게 원촌은 갈 때마다 새로운 상념을 불러일으킨다. 이리저리 둘러보는데 임실 17킬로미터라고 적힌 이정표가 섬광처럼 눈에 띄었고 그 순간 오랫동안 기억 속에서 까마득히 사라졌던 한 시절이, 대운재를 넘어 임실로 걸어갔던 그 기억이 파노라마처럼 스치고 지나갔다.

　내가 고개다운 고개인 대운재를 맨 처음 제대로 넘었던 것은 초등학교를 졸업한 해였을 것이다. 중학교에 진학하지 못한 그때 제일 부러웠던 것은 친구들이 입은 중학교 교복이었다. 마치 딴 세상에 사는 것처럼 아이들은 활기에 넘쳐 보였고 반대로 상급 학교에 진학하지 못한 나를 비롯한 몇몇 친구들은 까만 중학생 교복만 봐도 괜히 주눅이 들어 그들을 피하고는 했다.

　그 무렵 우리 집안의 가세는 기울 대로 기울어 말이 아니었다. 평생에 걸쳐 한 번도 성공이란 것을 해 보지 못하고 실패의 연속이었던 아버지를 오래전부터 믿지 못한 어머니는 옷을 떼어다 파는 행상을 시작했다. 임실 성수면과 관촌면 그리고 진안 성수면 일대를 돌아다니며 옷가지를 팔고 그 대가로 쌀, 콩, 보리, 서숙(조) 등을 받은 어머니는 백운에서 임실까지 그것들을 예닐곱 말씩이고 걸어가서는 다시 팔았다. 그런 이유로 나도 어머니의 길동무 또는 짐꾼이 되어 원촌에서 임실읍까지 17킬로미터를 몇 번이고 오갔다. 물론 버스값을 아끼기 위해서였다.

감수성이 한창 예민한 나이에, 나는 곡식 네댓 말을 무겁게 등에 지고 40리가 넘는 길을 걸어갔다. 어쩔 도리 없이 따를 수밖에 없었던 내가 그 때 어머니와 절충했던 것이 이른 새벽에 떠나는 것이었다. 어머니에게 일찍 깨워 달라고 하고는 잠이 들었지만 정작 아침 일찍 일어나 무거운 짐을 지고 떠나야 한다는 중압감에 잠이 제대로 오지 않았다. 이리저리 몸을 뒤척이는 동안 새벽은 어김없이 오고 어머니의 목소리가 들렸다. "애야, 어서 일어나야지. 벌써 새벽닭이 울었단다." 무심한 새벽닭은 '어서 일어나라'고 꼬리를 물며 울어대고, 그래도 못 들은 척 누워 있으면 다시 나를 깨우는 소리가 들렸다. 그제야 가만히 문을 열고 나서면 하늘에 반짝이는 별 무리가 보였다.

주섬주섬 어머니가 차려 놓은 밥을 몇 수저 뜨는 둥 마는 둥 하고 네 말쯤 되는 곡식을 멜빵을 해서 메면 어깨가 무지근했다. 상상해 보라. 유난히 작았던 열서너 살짜리 소년이 네댓 말의 곡식을 등에 지고 허리를 구부린 채 길을 걷는 모습을 말이다. 얼마나 우스꽝스러운가. 옛 시절 창고가 있었던 동창리東倉里를 지나 섬진강 최상류에 놓인 백운교를 건너 처음 만나는 오정마을에서 잠시 쉬었다. 샘이 다섯 개 있어 오정五井이라

대운이재

진안군 백운면 남계리 오정 마을과 임실군 성수면 태평리 대운 마을 사이에 자리 잡은
대운이재는 나에겐 어머니 기일에 떠올리는 추억의 고갯길이다.

부르는 그 마을에서 잠시 쉰 여력으로 길은 다시 이어진다. 이제 오르막이다. 진안군 백운면 남계리 오정마을과 임실군 성수면 태평리 대운마을 사이에 자리한 대운재는 이리저리 구부러진 길이다. 나보다 두세 말은 더 머리에 이고 가는 어머니의 숨소리가 자꾸 가쁘게 들렸다. 나도 힘든지라 뭐라 말할 수도 없었다. 나는 언제쯤이면 이렇게 짐을 지고 이 고개를 넘지 않을까 생각했다. 도무지 그날이 올 것 같지는 않았지만, 어쨌든 고갯마루를 넘어서 한참을 내려가면 대운마을에 닿았다.

《한국지명총람》에 "지대가 하도 높아서 구름 위에 올라앉은 것 같다 함"이라고 기록된 대운마을에 들어서자 인기척을 듣고 개들이 짖어댄다. 대운마을 아랫자락에 있는 매마우마을을 지나 수철리에 이른다. 어머니는 거기쯤에서 보리개떡을 내놓는다. 배가 고프면 짐을 지고 걸어가기가 쉽지 않으니 새참으로 싸온 것이다. 어머니는 그곳에서 시집살이 얘기를 늘어놓고 나는 그 말에 귀 기울이는 것 같지만 지금 이 현실을 잊기 위해 어젯밤에 읽다 만 소설 속 이야기들을 떠올린다. 바로 그 아랫마을이 수철리水鐵里다. 나중에 알게 되었지만, 태조 이성계가 지리산에서 상이암으로 들어설 적에 만난 사람에게 "수천 리를 걸어왔다"라고 해서 이름 붙은 마을을 지나 성수리에 이르면 날이 희붐하게 밝아왔다. 그곳에서도 임실읍까지는 제법 먼 거리다. 그때쯤이면 또래 친구들은 교복을 입고 정류장에서 버스를 기다리고 초등학교 아이들은 학교에 가는데, 이방인처럼 나는 어깨가 빠지게 짐을 메고 어머니의 뒤를 따라 장에 가고 있으니…. 그곳에서 임실읍 갈마리로 넘어가는 서낭댕이고개를 넘어서 갈마리를 거쳐 임실장에 닿으면 해는 중천에 뜨고 40리가 넘는 길을 등짐을 지고 걸어온 내 몸은 파김치가 되었다. 어머니가 사주는 국밥 한 그릇을 먹고 돌아갈 시간을 기다릴 때 눈부시게 떠 있는 햇살은 얼마나 나를 주눅 들게 했던가.

그 몇 개월 뒤 진학을 못 한 채 뒹굴뒹굴 놀고 있던 마을 친구 네 명과 함께 먼 대처로 나가 성공하겠다고 첫 번째 가출을 시도해서 걷고 또 걸어 맨 처음 넘었던 고개가 바로 대운재였다. 버스비도 아까웠고 그 고개를 넘어가면 임실역이 있다는 것을 알았기 때문이다. 그런 쓰라린 기억을 나는 까마득하게 잊어버리고 그때 걸었던 그 기억에 힘입어선지 나의 여정은 지금도 그침이 없고, 그래서 가끔 보따리를 싸서 떠나고 또 떠나는 것인지도 모른다.

인생을 일컬어 한 굽이 한 굽이 돌아가는 고개 같은 것이라고 한다. 그렇게 돌아가다 보면 고갯마루에 닿게 되고 가쁜 숨을 몰아쉬고는 뒤돌아 아스라이 펼쳐진 올라왔던 길을 내려다본 뒤 다시 내려가는 고갯길, 그 고개를 오르고 내려가는 사람을 나그네라고 부른다. "문경새재는 웬 고갠고/구부야 구부구부가 눈물이로구나." 〈진도아리랑〉에도 나오는 '고개'는 여러 이름으로 불린다. '영嶺', '현峴', '치峙', '점岾', '항項' 등의 한자 이름과 함께 '고개', '재', '목', '티' 등 순우리말 이름이 있다. 영이란 지형상 산줄기가 낮아져 안부(봉우리와 봉우리 사이의 우묵한 부분)를 이루는 곳으로, 이런 곳에다 길을 내어 영의 이쪽과 저쪽이 통하는 것이다. 이외의 나머지는 모두 산이라 부른다.

우리나라에서 가장 많이 쓰이는 영은 조령鳥嶺, 차령車嶺, 마천령摩天領, 대관령大關嶺 등을 들 수 있다. 치는 고개, 재 등과 같은 의미로 쓰이는데 관북 지방과 영남 지방에 이러한 이름이 많다. 영남 지방에서는 울치蔚峙 또는 율치栗峙 등 하나의 접미어로 부르는 경우가 많은 데 반해 관북 지방에선 후치령厚峙嶺, 주치령走峙嶺 등 고개를 의미하는 용어가 중복되는 경우가 많다. 전라도에도 웅치, 판치 등의 고개가 있으며, 첨은 거의 소멸되다시피 했는데 문경새재(조령)를 그 지방 사람들은 억새 풀고개, 즉 초점 草岾이라고 불렀다. 고개는 일반적으로 분수계分水界를 이룬다. 고개 양편에는 골짜기가 길게 발달하므로 예로부터 이러한 골짜기를 끼고 길이 발달했다.

우리나라의 적유령이나 죽령처럼 유럽 알프스산맥의 몽니스, 생베르나르, 고타드, 생플롱, 브레너 등은 유럽 대륙의 북부와 남부를 연결해 주는 이름난 고개다. 한편 인도 북부의 카이버고개는 중앙아시아와 인도반도 사이의 주요 통로로, 고대로부터 민족의 이동과 문화 전파의 중요한 길목이었다.

적유령은 평안북도 희천군(지금의 자강도 동신군) 동창면과 강계군 화경면(지금의 전천군) 사이에 있는 고개로 높이는 963미터다. 이 고개는 적유령산맥으로 분리된 청천강 유역과 자강고원을 연결하는 교통로인데, 강계는 목재와 산삼의 집산지고 희천은 이름 높은 명주의 집산지다. 적유령 부근에 구현령, 온전령 등 높은 고개가 있다. 한반도는 높은 산지 대부분이 백두대간을 중심으로 동쪽에 자리한다. 그래서 개마고원과 장백정간 그리고 백두대간에 있는 고개들은 대부분 높고 험하며, 서남부 지방의 고개들은 대부분 낮다. 개마고원은 평안도 동북부 지방에서 두만강 상류 지방에 이르는 광대한 고원인데, 동개마고원과 서개마고원으로 나눈다. 이

문경 조령 관문

고개는 여러 이름으로 불린다. 그중 '점'은 전라도에서도 거의 소멸되다시피 했는데
문경새재(조령)를 그 지방 사람들은 억새풀고개, 즉 초점이라고 불렀다.

름까지도 높은 고개임을 짐작게 하는 아득령, 검산령 등이 있어 두 지역을 이어 준다. 강계와 자성을 이어 주던 신원령, 강계와 희천을 잇던 사일령 등의 고개도 있었다. 백두대간에서 갈라져 나간 장백정간에는 부전령, 진흥왕순수비가 있는 황초령, 후치령, 함관령 등이 있다.

후치령은 함경도 북청군(지금의 덕성군)과 풍산군(지금의 양강 김형권군) 경계에 있는 고개다. 예로부터 이 고개는 북청과 풍산, 중평장 및 혜산을 연결하여 관북의 중부 해안 지방과 개마고원의 내륙 지방을 연결하는 교통의 요지였다. 함경남도와 함경북도의 경계에는 길주와 혜산 간 철도로 연결되는 남설령과 마천령, 허항령 등 높은 고개가 있다. 관서 지방에는 멸악산 부근에 자비령이 있는데 높지 않은 이 고개가 예로부터 알려진 것은 서울과 의주 간을 잇는 간선도로상 가장 중요한 전략적 요충지였기 때문이다. 오래전부터 자비령에 관방關防을 설치해 외적의 침입을 막았는데, 고려 후기 무신정권 때 서경 유수 조위총趙位寵이 군사를 이끌고 내려오다가 자비령의 절령관岊嶺關에서 관군에 패함으로써 그 뜻을 이루지 못하고 말았다. 황석영의 대하소설《장길산》에는 이곳 자비령 부근이 마치《택리지》의 기록처럼 자세하게 나온다.

곡산 수안 방면에서 뻗어내려오는 큰 산령山嶺이 서흥 봉산을 지나서 황주 극성진棘城鎭에 이르러 끝나는데 서흥 쪽의 북방로는 절령岊嶺(자비령)을 지나고 봉산 방면의 길은 동선령洞仙嶺으로 향하여 있었다. (…) 절령은 봉우리가 높고 험하며 골짜기가 깊어서 병마兵馬가 접근하기 어려운 요새였으니 그야말로 일부당관一夫當關 만부막적萬夫莫敵의 고장이었다.

백두대간은 강원도(북한) 평강군 고삼면과 안변군 신고산면 경계에 자리한 추가령 또는 죽가령을 지나 철령에 이른다. 철령은 대관령과 함께 조선시대에 중요한 교통로였다. 이 고개는 서울, 철원, 회양, 안변, 함흥으로 이어지던 북로北路의 중요한 길목이었으나 경원선 개통 이후 추가령의 역할이 늘면서 교통량이 감소했다.

철령이라 산은 높아 칼끝과 같고
동해를 바라보니 정히 아득해
가을바람 두 귀밑에 불어오는데
말 몰고 오늘 아침 북방에 왔네

조선 전기의 정치가이자 문장가인 정도전이 노래한 그 철령을 고려 후기의 문인이자 정치가인 가정稼亭 이곡李穀은 〈동유기東遊記〉에서 다음과 같이 썼다.

24일에 회양부淮陽府에 이르러 하루를 묵고, 26일에 철령관을 넘어 복령현福靈縣에서 잤다. 철령은 우리나라 동쪽 요새로, 이른바 '한 사람이 관문을 지키면 만 사람이 공격해도 열 수 없다'는 곳이다. 그러므로 철령 동쪽 강릉의 여러 고을을 관동關東이라 이르는 것이다.

백두대간은 도납령과 기대령을 지나고 강원도(북한) 회양군 안풍면 화천리와 통천군 벽양면 사이에 있는 추지령을 지난다. 추지령은 북쪽의 자패령과 서쪽의 철령처럼 영서 지방과 영동 지방을 연결하는 중요한 고개인데, 추지령 서쪽은 회양군으로 북한강 상류가 산지를 깊이 파고 동쪽은 백적산, 고윤산 등의 험준한 산이 솟아 있다. 그곳에서 이어진 산 능선이 단발령과 내무재령을 지나 옛 시절 진부원이 있던 진부령에 이른다. 그 아랫자락에 미시령이 있는데, 고성군 토성면에 자리한 미시령은 미시파령으로도 불리며 속초에서 인제로 가는 고갯길이다. 이 고개는 고려 때 개척했는데 너무 험준해 폐했다가 조선 성종 24년(1493)에 다시 개척했다. 미시령을 지난 백두대간은 한계령에 이른다.

설악산국립공원 개원과 함께 교통량이 붐비기 시작한 한계령은 영서 지방 북부의 인제와 영동 지방 북부의 양양을 잇는 고개로 대관령 다음으로 통행이 빈번한 고갯길이 되었다. 한계령은 높이 1004미터이며, 인제와 양양 간 국도가 통하는 곳이다. 설악산국립공원에 속하며, 영동과 영서 지역의 분수령을 이루는 이 고갯길을 옛날에는 소동라령이라고 했는데, 동해안 지역과 내륙 지방을 잇는 교통의 요지였다. 그러나 조선시대까지만 해도 이곳 한계령 부근에는 산적이 들끓어 해가 지면 고개를 넘지 말라는 뜻으로 한계령의 들머리인 양양군 서면 오가리의 길옆 바위에 '금표禁標'라는 글씨를 새겨 두었다. 1971년 12월에 양양과 인제를 연결하는 넓은 포장도로가 고개 위로 뚫려 내설악 및 외설악의 관광자원 개발에도 크게 기여하게 되었다.

설악산을 지난 백두대간은 선자령을 거쳐 대관령에 이르고 임계령, 죽치, 울치 그리고 성법령, 추령 등지로 이어지며 동서 교통로로 이용된다. 대관령 일대 백두대간의 서쪽 지방을 영서嶺西라 부르고 동쪽 지방을 영동嶺東이라 부르는 것은 대관령을 기준으로 한 것이다.

대관령 너머에 동해의 푸른 바다가

《택리지》는 대관령을 "산줄기는 이곳에서부터 조금씩 낮아져서 대관령이 되어 동쪽으로는 강릉과 통한다. 고개 아래에 있는 구산동丘山洞도 자연 경치가 훌륭하다"라고 했다. 대관령은 높이가 832미터, 고개 총연장이 13킬로미터에 이르며, 고개의 굽이가 99개소에 이른다. 서울과 영동을 잇는 영동고속도로의 마지막 고개이며, 지금은 영동고속도로가 터널로 통과한다. 대관령을 경계로 동쪽은 오십천이 강릉을 지나 동해로 흐르며, 서쪽은 남한강의 지류인 송천이 된다. 정상에는 옛 시절 대령원이라는 원院이 있었고 횡계리에는 횡계역이 있어 길손들의 편리를 도모해주었다.

김극기는 "대관산이 푸른 바다 동쪽에 높은데, 만 골짜기 물이 흘러나와 봉우리를 둘렀네. (…) 손을 들면 북두칠성 자루를 부여잡을 듯, 발을 드리우면 은하수에 씻을 듯. 어떤 사람이 촉도난蜀道難을 지을 줄 아는고, 이태백이 죽은 뒤에는 권부자로세"라고 노래했다. 《신증동국여지승람》에는 횡계역을 "대관령 위에 있으며 부치俯治에서 60리다. 지대가 매우 높고 서늘하여 매년 겨울이면 눈이 두어 길이나 쌓였다가 다음 해 3월에야 녹는다. 8월이면 서리가 내리므로 주인은 오직 구맥(귀리)을 심는다"라고 했다.

바로 그 아래 진부역이 있다. 조선 중기 문신 권적權迪은 시에서 "옛 역 이름이 진부인데, 진부라는 명칭은 무슨 뜻일까. 눈이 무더기 지니 산에 옥이 가득하고, 버들이 스치니 길에 금이 많아라. 시내에 잉어는 붉은 비단이 뛰는 듯, 마을 연기는 푸른 비단을 두른 듯하다. 눈앞에 두 호장戶 長은 귀밑머리가 은실처럼 빛나네"라고 했다.

연산군 때의 풍류객 성현成俔은 "대관령이 공중에 솟아 여러 산의 아비인데, 새끼 산이 동쪽으로 줄기줄기 벋었네"라고 노래했는데, 이 일대는 황병산, 선자령, 발왕산 등에 둘러싸인 분지로 고위 평탄면 지형이다. 기후는 한랭 다우하여 우리나라에서 가장 먼저 서리가 내린다. 특히 겨울에 눈이 많이 와서 스키장이 들어서기에 좋은 조건이다. 고랭지 채소 및 씨감자의 주산지이며 목축업이 발달했다.

대관령은 백두대간에서 가장 교통량이 많고 중요한 고개였다. 영동고속도로와 동해고속도로가 개통하면서 대관령의 교통량이 급증했고 설악산국립공원에 관광객이 밀려들면서 이 일대는 항상 밀리는 구간이 되고 말았다. 결국 나중에 대관령에 터널이 생기면서 한시름 놓게 되었다. 백두대간에서 나뉜 낙동정맥은 경상도 지방에 접어들면서 현저하게 낮아져 영양과 영덕을 잇는 창수령 등 크고 작은 고개를 만들며 부산의 몰운대에서 남해로 몸을 숨긴다. 태백산을 지난 백두대간은 높이 1000미터 이상의 산줄기로 이어져 고치령을 지나 소백산 자락의 죽령에 이른다.

대관령 성황사

강원도 평창군 대관령에는 강원기념물로 지정된 성황사와 산신각이 있다.
대관령 성황사는 국사성황당이라고도 하며 범일을 모시고 있다.

대관령 옛길

백두대간에서 가장 교통량이 많고 중요한 고개였다. 영동고속도로가 개통하면서
교통량이 급증했으나 후에 터널이 생기면서 한시름 놓게 되었다.

선자령

설악산을 지난 백두대간은 선자령(1157미터)을 거쳐 대관령에 이르고
임계령, 죽치, 울치 그리고 성법령, 추령 등지로 이어져 동서 교통로로 이용된다.

소백산 아랫자락에 있는 큰 고개 죽령

6월 초순쯤이면 온 산을 붉게 물들이는 철쭉제가 열리는 소백산을 지난 백두대간이 하나의 큰 고개를 여는데, 그 고개가 바로 죽령이다. 경상북도 영주시 풍기읍과 충청북도 단양군 대강면 사이에 있는 죽령은 높이 689미터로 대재, 죽령재라고도 부른다. 백두대간이 영남과 호서를 갈라놓는 길목에 해당하며, 신라 제8대 임금인 아달라가 길을 열었다. 삼국시대 이래로 봄과 가을에 나라에서 제사를 지내던 곳으로 조선시대에는 죽령사라는 산신당이 있었다.

서거정은 죽령을 "소백산은 태백산에 이어져, 서리서리 100리 길이 구름 속에 갇혀 있네. 분명히 동남계東南界를 구획했으니, 하늘과 땅을 이루어져 귀신도 인적을 깨우쳤다"라고 노래했다. 이곳 죽령을 무대로 설치던 도둑 떼를 잡아 수호신이 된 할머니가 있는데, 일명 국사당이라고 불리는 대강면 용부원리의 산신당에서 제사를 지낸다. 다자구할머니(주막집 할머니 이름)가 죽어서 죽령의 산신령이 되었다고 믿는 사람들이 지어 불렀던 노래는 다음과 같다.

다자구야 들자구야 언제 가면 잡나이까
들자구야 들자구야 지금 오면 안 됩니다
다자구야 다자구야 소리칠 때 기다리소
다자구야 다자구야 그때 와서 잡아가

죽령

경상북도 영주시 풍기읍과 충청북도 단양군 대강면 사이에 있는 죽령은 높이 689미터로
대재, 죽령재라고도 부른다. 백두대간이 영남과 호서를 갈라 놓는 길목에 해당한다.

대강면 용부원리 죽령역에서 풍기읍 희방사역으로 빠지는 중앙선 철
도가 길이 4500미터의 똬리골(죽령터널)을 통하여 죽령 산허리를 통과한
다. 단양과 풍기 간 국도가 지나는 용부원리 쪽 죽령터널 입구 부근에 단
양팔경의 하나로 꼽히는 죽령폭포가 있다. 전해 오는 이야기로 옛날 어느
도승이 이 고개를 넘기가 너무 힘들어서 짚고 가던 대지팡이를 꽂은 것이
살아났다고 해서 죽령竹嶺이라 이름 지었다고 한다. 이 고개는 예로부터
영남과 호서 지방을 연결하는 중요한 통로였다. 1941년 죽령 아랫자락에
터널을 뚫어 중앙선이 개통되었고 2001년에 중앙고속도로가 개통되면서
고개의 역할이 축소되었다.

계립령과 새재, 이화령을 지나면 속리산에 닿는다. 속리산에서 백두대
간이 남쪽으로 방향을 바꾸며 추풍령까지 산의 높이가 낮아진다. 그 뒤
백두대간은 황학산, 덕유산, 지리산 등의 봉우리들을 지나며 크고 작은
고갯길을 열어 놓았다. 백두대간은 고려시대 이래로 한반도의 정치, 경
제, 문화의 중심지 역할을 해 온 중부 지방과 인구가 많이 살고 자원이 풍
부했던 영남 지방의 경계가 되었다.

백두대간에는 고대로부터 죽령, 계립령, 새재 등의 교통로가 발달했는
데 영남 지방이라는 말은 새재, 즉 조령의 남쪽 땅이라는 뜻에서 유래했
다. 죽령과 새재 외에 모래재, 버티재, 저수재, 벌재, 여우고개, 이화령, 소
리터고개, 오로재, 율치, 주치령을 지나 추풍령에 닿는다. 지경령, 월암
령, 육십령 등도 있고, 그 밑으로 매치, 팔량치 등이 이어진다. 추풍령은
충청북도 영동군 추풍령면과 경상북도 김천시 봉산면 경계에 있는 고개
로, 영남과 호남을 이어 주던 고갯길이다. 조선시대에 문경새재가 가장

추풍령

추풍령은 충청북도 영동군 추풍령면과 경상북도 김천시 봉산면 경계에 있는
고개로, 영남과 호남을 이어 주던 고갯길이다.

중요한 고갯길이었다면 현재 가장 중요한 고갯길은 추풍령이다. 조선시대에는 이 고개 밑에 추풍역이 있었고, 지금은 이 고개로 경부고속도로와 경부선이 나란히 지나간다. 이 고개는 가을철 단풍이 곱게 물드는 곳이어서 추풍령秋楓嶺이라 하던 게 '단풍 풍楓' 자 대신 '바람 풍風' 자로 바뀌었다고 한다. 옛날 경상도에서 충청도로 넘어가려면 갑자기 서늘한 바람이 부는 것을 느꼈다 하여 추풍령秋風嶺이라 했다고도 한다.

조선 전기 문신 조위曺偉는 추풍령을 두고 "경상도와 충청도가 갈리는 곳에 있어, 일본의 사신과 우리나라의 사신이 청주를 경유할 때는 반드시 이곳을 지나가므로 관에서 접대하는 번거로움이 상주와 맞먹는 실로 왕래의 요충지다"라고 했다. 하지만 그 통행량은 문경새재에 미치지 못했다. 평택이 고향인 안재홍이 기행문 〈춘풍천리春風千里〉에서 추풍령을 묘사한 부분을 보자.

추풍령을 넘는다. 일대 산악이 원정층준遠征層峻한데 북류하는 계수溪水는 오히려 만만한 기세를 보인다. 추풍령은 경부선 중 최고 한 지점을 이루었다. 백두의 정간正幹이 속리산에 미쳐서 역행하여 한남과 금북錦北의 제산맥諸山脈을 이루었고, 차령으로부터 남주南走한 산맥은 호남 일대에 뻗쳤으니, 추풍령은 즉 속리로부터 서행하는 과도 지대이다. 석자昔者 임진壬辰의 역役에 구로다 나가마사가 서로군西路軍을 거느리고 추풍령을 지나 청주, 죽산 등지를 거쳐 북상하니 오인吾人 독서자의 두뇌에는 이러한 인상이 때때마다 스러질 수 없다.

한국의 기후가 추풍령을 분계로 삼아 남북이 특이한 바 있거니와, 추풍秋風

이북에는 북류수를 보고 추풍 이남에는 남류수를 보는 것도 매우 흥미 깊은 현상이다.

추풍령을 지난 백두대간은 괘방령에 이른다. 괘방령은 충청북도 영동군 매곡면 어촌리에서 경상북도 김천시 향천리로 넘어가는 큰 고개인데, 관원들과 과거 보러 다니던 선비들이 많이 다녔다. 추풍령은 과거 시험에 추풍낙엽처럼 떨어진다 하여 넘지 않았고 괘방령을 넘으면 급제한다 하여 이 고개로 즐겨 넘었고 인근 고을에 부임하던 관리들까지도 한사코 이 고개를 넘었다고 한다.

고갯길이 하도 험해 60명은 모여야 함께 넘었다는 남덕유산 자락의 육십령을 지난 산줄기는 팔랑치에 이른다. 지리산으로 이어지는 팔랑치는 경상남도 함양과 전라북도 남원의 접경지에 있는 고개다. 독일의 철학자 헤겔은 "물은 사람들을 소통하게 하고, 산은 사람들을 단절하게 한다"라고 했다. 니체 역시 《차라투스트라는 이렇게 말했다》(니체전집 13, 정동호 옮김, 책세상, 2017)에서 지역과 나라에 따라 다른 풍속과 진리를 다음과 같은 글로 남겼다.

이 민족에게 선한 것으로 간주되고 있는 것 가운데 많은 것이 다른 민족에게는 웃음거리와 모욕이 되고 있는 것을 나는 보았다. 이곳에서는 악한 것으로 불리는 많은 것들이 저곳에서는 존귀한 영예로 장식되는 것도 나 발견했고.

그 어떤 이웃도 다른 이웃을 이해한 적이 없다. 이웃의 영혼은 언제나 다른 이웃이 갖고 있는 망상과 악의를 괴이쩍게 생각해왔다.

저마다의 민족 위에 가치를 기록해둔 서판이 걸려 있다. 보라, 그것은 저마다의 민족이 극복해낸 것들을 기록해둔 서판이니. 보라, 그것은 저마다의 민족이 지닌 힘에의 의지의 음성이니.

이런 의미에서 기후와 풍토의 영향은 가히 절대적이라고 할 수 있다. 그리고 이 말이 제대로 실감 나는 곳이 바로 전라도의 남원과 경상도 함양을 잇는 팔량치다.

전라도 남원과 경상도 함양은 팔량치를 사이에 두고 말씨부터 생활양식까지 모두 달랐다. 교통이 발달해 서로 오가게 되면서 비슷해지고 있다 하지만 말씨는 여전히 다르다. 이중환은《택리지》에서 죽령, 새재, 육십령, 팔량치 등을 대재라 부르고 나머지 고개들은 소령少嶺이라고 했다. 이는 그가 살았던 당시 교통량을 참고해서 부른 것이다.

팔량치는 경상남도 함양군 함양읍과 전라북도 남원시 인월면 사이에 있는 고개로 높이가 513미터다. 삼봉산과 연비산 사이에 자리한 이 고개를 24번 국도가 통과한다. 백두대간의 고갯길 중에 가장 역사가 오랜 것은 계립령과 죽령이다. 삼국시대 초(156~158)에 개척된 이 영로들은 고려시대까지 활발하게 이용되었으나 조선 초에 계립령 왼쪽의 새재를 이용함에 따라 계립령의 기능은 점차 쇠퇴했다. 근대 교통기관이 도입된 이후 추풍령으로 경부선과 경부고속도로가 통하게 됨에 따라 영남과 중부 지방을 잇는 교통로의 중심은 새재의 서쪽으로 이동하게 되었다. 1911~1915년 도로 개수 사업으로 새재 이웃의 이화령이 자동차 도로로 개발되었다. 그 밖에 죽령과 화령(청주~상주), 팔량치(남원~함양) 등으로 확장되었다. 새재를 비롯한 영로들은 국지적으로 이용되는 소로로서 명맥이 유지되거나 또는 폐도가 되었다.

백두대간을 벗어난 고개 중 충청도 지방에서 이름난 고개가 충주와 제천 간의 박달재다. 소 장사 나간 아들에게 주기 위해 끓인 묵을 가지고 아흔아홉 고개를 넘어와 기다렸다는 눈물겨운 사연을 지닌 고개가 박달재다. 장호원과 충주 간의 임오치, 안성과 병천 간의 부수문이고개, 천안과 공주 간의 차령, 공주와 청양 간의 한치 등이 이름난 고개다.

특히 고개는 도둑들의 근거지였다. 여덟 명이 조를 짜서 넘었다는 대구의 팔조령, 길이 험하고 도둑이 들끓어서 60명이 모여야 넘을 수 있었다는 남덕유산 자락의 육십령, 100명이 모여 넘었다는 구미시 장천면의 백곡고개, 1000명이 모여 넘었다는 인천의 천명이고개 그리고 도둑이 많아서 1만 명이 모여서 넘었다는 부여 홍산의 만인재가 도둑에 얽힌 재미있는 유래를 가진 고개들이다.

영남 지방에서 이름난 고개는 대구 분지 북쪽에 자리한 소야고개, 영천과 청도 간의 성현省峴, 삼랑진과 물금 사이의 작천도鵲遷道 등이 있다. 주령珠嶺은 영양군 수비면과 울진군 온정면 경계에 있는 고개로 일명 구슬재 또는 구실재라고도 부른다. 금장산과 백암산 사이에 있는 이 고개의 꼭대기에 오르면 멀리 동해가 바라보이고, 맑은 날에는 울릉도까지 보인다고 한다. 영양군 북부에서 동해 방면으로 통과하는 유일한 도로인 이 고개는 예로부터 크고 작은 관행官行과 상인들의 통행이 잦았으므로 수비면에는 신원新院이 있고, 울진군에는 두천원斗川院, 소조원召造院 등이 있어 지나가는 여행자에게 숙식을 제공했다.

교통의 요지였던 주령이 그때까지는 강원도 울진군에 속했는데, 1963년에 울진군이 경상북도로 편입되면서 주령은 군의 경계로 바뀌고 말았다. 현재는 영양군 북부 지방과 강원도의 영동 지방 그리고 동해 방면으로 통하는 유일한 길목으로서 역할을 하고 있다.

호남 지역은 산이 높지 않아 높은 고개가 흔치 않지만 호남평야와 나주평야 사이에 입암산, 방장산, 문수산, 불갑산 등이 있고 이 산들이 무안의 승달산까지 이어지면서 그 들목에 갈재가 놓여 있어 교통의 흐름을 방해하고 있었다. 갈재에 호남선과 호남고속도로의 터널이 놓인 뒤에는 그 역할이 축소되어 갈재 길이 사라지고 말았다.

서울, 경기 지역은 어떠할까? 높고 험준한 고개는 아니지만 널리 알려진 고개들이 많은데, 이러한 고개들이 서울의 발달에 일정 부분 장애가 되었던 것은 사실이지만 긍정적인 역할을 하기도 했다. 이름난 고개로는 무악재, 아현, 미아리고개 등이 있고 서울을 벗어나면 경원국도상의 축석령, 경의국도상에 있는 혜음령, 경춘국도상의 망우리고개, 과천 방향의 남태령, 양재 부근의 달래내고개 등이 유명하다. 특히 혜음령은 조선시대 서로西路의 요충지로, 고갯마루에는 벽제관碧蹄關이 설치되었고, 달래내고개는 영남대로상의 요지였으나 한동안 폐도되었다가 경부고속도로가 개통되면서 도로의 기능을 회복했다. 고개는 사람이 다니거나 그 일대에서 가장 편리한 교통로였기 때문에 그 아랫자락에는 관문취락關門聚落이 발달했다. 그 일대의 정치, 교통, 문화의 복합적 기능을 담당해 온 도시들을 예로 들면 대관령 동쪽의 강릉, 새재 북쪽의 충주와 남쪽의 상주, 점촌 등을 들 수 있다. 관문취락보다 작은 규모를 영하취락嶺下聚落

육십령

신라 때부터 요해지로 유명하다. 예로부터 이 고개를 넘으려면
60명 이상이 무리를 지어서 고개를 넘어야 도둑떼를 피할 수 있었다고 한다.

455

이라 한다. 대관령 서쪽의 하진부, 죽령 일대의 단양과 풍기, 새재 부근의 수안보와 문경 등도 높은 고개를 배경으로 발달한 곳이다.

사연 없는 고개가 어디 있으랴만

고개는 일반적으로 지역 또는 국가 간의 경계가 되므로 예로부터 정치, 군사적으로 중요시되었다. 그래서 큰 고개 부근의 요지에는 책栅, 성城 등의 관방關防을 설치했다. 관방에는 관문을 만들어 외적의 침입에 대비했고 동시에 고개를 들고 나는 통행자들을 감시했다. 관방 가운데 유명한 곳이 죽령, 계립령, 새재, 관갑천, 소야고개, 작천, 자비령, 철령, 혜음령 등이다. 계립령은 신라 아달라왕 3년(156)에 개통되었는데 우리나라에서 가장 오래된 고개로 알려졌고, 죽령은 아달라왕 5년에 개통된 고개라고 알려졌지만 신라의 영토가 그 부분까지 미치지 못했던 것으로 밝혀져 확실하지는 않다. 따라서 이 고개를 개척한 사람들은 남한강 상류 지역에 거주하다가 신라에 합류한 옛 진한계가 아닌가 여겨진다.

문경새재는 5세기경 신라와 고구려의 국경이 되었다. 문경새재가 유명해진 것은 임진왜란 직후였다. 신립申砬이 천혜의 요충지인 문경새재에 진을 치지 않고 탄금대에서 배수의 진을 쳤다가 왜적에게 패하고 말았다. 그 뒤 류성룡柳成龍은 새재의 어류성御留城(일설에는 고려 태조가 행차를 쉬던 곳)에 목책을 두르고 군사를 배치했다. 숙종 때 이르러 3개의 관문인 주흘관, 조곡관, 조령관을 설치하고 동시에 문경읍 남쪽 20여 리 지점의 관갑천잔도를 방어하기 위하여 고모산성을 보수했다. 그때 대구의 북쪽 소야고개에 제2방어선을 두이 칠곡의 가산산성을 쌓았으며, 물금과 삼랑진 사이의 작천잔도에 작원관鵲院關을 설치하여 왜의 침입을 대비하는 제1방어선을 구축했다. 이러한 관문에는 대개 기찰이 배치되어 지나가는 사람들을 검문했다. 새재의 관문, 작원관 등과 비슷한 기능을 가졌던 곳은 혜음령의 벽제관, 자비령의 절령관이다. 이 관방들은 대륙으로부터의 침입에 대비하여 설치되었다.

고개는 전략적 측면 못지않게 경제적 측면에서도 중요했다. 고대로부터 영로 부근에는 각지의 상인이 집결되어 상업 요지로 발달한 취락이 많은데, 영서 지방의 대화·횡성, 죽령 일대의 풍기, 새재 일대의 충주·점촌, 화령 일대의 보은·상주, 추풍령 아래의 김천 등이 좋은 예다. 이러한 지역에서는 해안 지방의 어염, 산지의 임산물, 평야 지대의 곡물과 가축이 교역되었다. 물론 문화적 측면에서도 고개는 중요했다. 일반적으로 큰 산줄기는 사투리를 비롯해 가옥 구조나 생활양식 등 문화권 설정에 자연적 경계를 이루었다. 그러나 고갯길은 여러 가지 제약을 완화해 주는 통로 역할을 하기 때문에 큰 산줄기로 갈라지는 양 지역의 문화 교류를 촉진하는 경우가 많았다. 예를 들면 죽령 북쪽의 단양과 남쪽의 풍기, 화령 동쪽의 상주와 서쪽의 보은, 팔량치 동쪽의 함양과 서쪽의 운봉은 예로부터 혼인 관계, 주민 이동, 기술과 정보의 교환 등 문화 교류를 통하여 문화적 동질성을 유지해 왔다. 큰 산줄기는 지역 간의 자연적인 방벽을 이루기 때문에 가장 이상적인 정치적 또는 행정적 경계로 이용된다. 그러나 산맥을 가로지르는 고개는 산맥의 양편에 있는 주민들을 정치, 경제, 문화적으로 연결해 주는 통로 구실을 했다.

사연 없는 고개가 어디 있으랴만, 조선 후기인 1894년에 일어났던 동학농민운동과 관련 있는 두 고개는 묘한 대조를 보인다. 황툇재라고도 불리는 황토현은 정읍시 덕천면 하학리 가정 북쪽에서 도계리로 넘어가는 고개인데 1894년 동학농민군이 관군을 크게 이긴 고개이고, 우금치고개는 공주시 금학동에서 이인면 주미리로 넘어가는 고개로 동학농민군이 크게 패한 고개다. 《한국지명총람》에 따르면 "전에는 이곳에 도둑이 많았으므로 저물게 소를 몰고 다니는 것을 막았다고 한다. 이곳 우금치에서 1894년 동학농민군이 관군과 싸워 크게 패했는데 적게는 1만여 명, 많게는 10만여 명이 죽었다"고 한다. 동학농민운동과 관련이 있는 고개로 계룡면 월암리에는 수유령, 늘티, 판티라고도 불리는 무너미고개가 있다. 효포에서 공주시로 넘어가는 이 고개도 그렇지만 전봉준이 붙잡힌 전라북도 순창군 쌍치면 금성리 무너미마을에는 무너미에서 피노리로 넘어가는 무너미고개가 있으니 얼마나 기가 막힌 우연인가.

수분이고개는 장수읍과 번암면 경계에 있는 높이 660미터의 고개로 이곳 수분천은 금강으로 유입된다. 비행기재는 장수읍 대성리와 산서면 오성리 경계에 있고 높이가 762미터다. 또한 진안군에서 완주군 소양면으로 넘어가는 고개는 모래재이고, 만덕산 지나 임실군 관촌면에서 완주군 상관면으로 넘어가는 고개가 슬치재다. 경기도 광주시의 동남부 실촌읍건업리에서 여주군 산북면 상품리로 넘어가는 길에 위치한 고개가 남이고개다. 남이 장군이 어렸을 때 군사 훈련을 하는데, 백마를 타고 이곳에서 활을 당겨 고양이바위에 활을 쏘고 백마를 달려 그곳에 가 보면 화

수분이재

장수읍과 번암면 경계에 있는 수분령은 물이 갈라진다는 뜻으로
어느 쪽으로 가느냐에 따라 금강이나 섬진강으로 합류한다.

살보다 말이 먼저 도착했다고 한다.

강릉시 입암동에서 청량동으로 넘어가는 고개는 도적고개다. 소나무 숲이 빼곡해서 도적들이 들끓었다 하고, 강릉시 강동면 안인진리安仁津 里는 조선시대 안인포에 수군 만호가 있었기에 안인날기, 안인나룻말, 안인진, 안인날개(마을)로 불렸는데, 그곳에 있는 큰물재에는 다음과 같은 사연이 서려 있다. 조선 정조 때 정약용과 함께 수원성을 축조했던 채제공蔡濟恭이 강릉 경포대로 놀러 가는 길에 이 지방 사람들이 이 고개 밑에서 큰 소를 잡아 잔치를 베풀었다고 해서 큰물재라고 부른다고 한다. 인제군 남면 어론리의 거니고개는 홍천군 원거리로 넘어가는 고개로 건이치 또는 건이현으로 불렸는데, 고개가 낮아서 "넘기 좋은 거니고개, 놀기 좋은 합강정"이라는 노래가 남아 있다. 인제군 북면 원통리에 있는 세거런이(삼가현)고개는 세거리에서 용대리의 남교로 넘어가는 고개인데, 옛날에는 잇따라 세 개의 고개가 있었다고 한다. 그러던 것을 50년 전에 돈 많은 과부가 돈을 내어 두 고개를 없애고 하나의 고개만 남겼다고 한다. 인제군 인제읍 가리산리의 하구고개는 젓바치에서 덕전으로 넘어가는 큰 고개로, 옛날 두 사람이 싸우다가 원님에게 소송하러 가던 길에 화해했다는 얘기가 남아 있다.

정선군 여량면 유천리의 가물재는 양짓말에서 갓거리로 넘어가는 고개인데, 고개가 하도 가팔라서 재 밑을 내려다보면 정신이 가물거린다고 해서 붙은 이름이다. 이와 비슷한 사연을 지닌 고개가 강원도 평창군 진부면과 정선군 정선읍과 북면 경계에 있는 가리왕산에 위치한 마전치 혹은 비행기재다. 고개가 높고 꼬불한데, 그 고개 위에 오르면 마치 비행기

460

정읍 황토현 전적

황톳재라고도 불리는 황토현은 정읍시 덕천면 하학리 가정 북쪽에서
도계리로 넘어가는 고개다. 이곳에서 1894년 동학농민군이 관군을 크게 이겼다.

를 탄 것 같다고 해서 비행기재라고 부른다. 석파령은 춘천시 서면 당림리와 덕두원리 경계에 있는 고개로, 옛날 서울에서 춘천으로 가는 큰 고개였다. 춘천 부사가 갈릴 때마다 신관新官과 구관舊官이 이 고개에서 돗자리 한 장을 펴 놓고 마주 앉아 이취임했다고 한다.

"정선읍내야 일백오십 호 몽땅 잠들어 놓고서 임호장내 맞메누리 다리고서 성마령 넘자"라고 〈정선아리랑〉에서 노래한 성마령은 벨팻재 또는 벽도령으로도 불리며, 강원도 평창군 진부면과 정선군 정선읍과 북면 경계에 있는 가리왕산에 난 고개다. 벼슬하는 사람들이 이 고개를 넘으면 벼슬에서 떨어진다는 속설이 있고, 횡성군 청일면 속실리의 눈물고개는 황정골에서 벌막으로 넘어가는 고개인데 원님이 피난길에 눈물을 흘렸다는 고개다. 또한 영월군 영월읍의 절운재는 거운리에서 문산리로 넘어가는 고개로, 고개의 경사가 하도 심해서 사람들이 이 고개를 넘으려면 절을 하는 것처럼 허리를 구부린다고 해서 생겨난 이름이다.

서울과 과천을 잇는 남태령은 서울 남쪽의 제일 큰 고개라는 뜻이고, 성동구 옥수동의 바람맞은고개는 산이 높고 물이 좋아서 장사가 많이 나므로 임진왜란 때 왜군이 그 기운을 없애기 위해서 이 고개를 끊었다고 한다. 또한 적유령이라고도 불리는 미아리고개는 되놈이 이곳을 넘었다고 해서 되놈이고개라고도 부르고, 돈암동에서 정릉동으로 넘어가는 고개는 아리랑고개다. 이 땅의 곳곳에는 재미난 사연을 지닌 고개들이 많다. 《택리지》에 기록된 큰 고개인 성거산의 마일령이나 상당산성 근처의 거대령 그리고 대문령은 이름조차 희미하고 고개의 기능이 사라진 지 이미 오래다.

10

사람의 길, 땅의 길

길 끝에서 언제나 또 다른 길이 시작된다

길이란 무엇인가?

아무런 생각 없이 집을 나서면 이리저리 뻗은 수많은 길이 나를 유혹한다. '이 길은 강변으로 나가는 길이고 그 강변에 가면 토끼풀, 망초꽃 등이 피어 있으며 징검다리에 서서 흐르는 강물을 들여다보며 물소리를 들을 수 있을 것이다.' '이 길을 10분쯤 걸으면 시내버스 정류장이 나타날 것이고 그곳에서 내가 좋아하는 귀신사 가는 버스를 타고 무한한 상상에 잠겨도 좋을 테지만, 시내의 서점가로 갈 수도 있다.' 내면에서 내는 소리가 지시하는 이끌림에 따라 버스를 타고 서점 쪽으로 향한다. 길은 서로 다른 이름을 내건 서점가로 이어지고 그 서점에 진열된 책은 저마다 서로 다른 얼굴과 내면의 세계와 다른 길을 제시해 준다. 두어 시간 남짓 헌책방과 대형 서점들을 순례하고서 마음에 드는 책 몇 권을 가방에 넣어 돌을 때면 충만감과 미지의 것을 들여다보기 전의 설렘으로 비단이 펼쳐진 길이 부럽지 않다.

"나는 걸으면서 나의 가장 풍요로운 생각들을 얻게 되었다. 걸으면서 쫓아 버릴 수 없을 만큼 무거운 생각이란 하나도 없다." 키르케고르가 1847년에 제테에게 보낸 편지의 내용이다. 니체 역시 "심오한 영감의 상태. 모든 것이 오랫동안 걷는 길 위에서 떠올랐다. 극단의 육체적 탄력과 충만"이라며 걷기를 찬양했다. 이렇듯 길은 누구에게나 다른 형태로 펼쳐지고 그 길은 대체로 평탄하지만은 않다. 그래서 사람들은 길 위에서 수없이 헤매게 된다. 문득 세상이 나를 버린 듯싶고 내가 멀고 먼 이역에서 한없이 헤매고 있다고 여겨질 때, 그렇게 헤매다 자기만의 길을 찾기도 한다. 그러나 그 길의 종점에 영원히 다다르지 못하고 헤매는 사람들도 있다.

보이는 길만이 아니라 보이지 않는 마음의 길도 있다. 스스로를 찾지 못한 사람들이 절체절명의 기로에서 '칠흑 같은 어둠에서 벗어나 이제 나의 길을 찾게 해 달라' 기원하기도 한다. 6세기 그리스 철학자 헤라클레이토스 또한 "내가 찾아 헤맨 것은 나 자신이었다"라고 술회하기도 했다. 이렇듯 길은 여러 가지가 있는데 대체로 세 가지로 분류할 수 있다. 그 첫 번째가 교통수단으로서의 길이고, 두 번째가 방도를 나타내는 길 그리고 세 번째가 행위의 규범으로서의 길이다.

교통수단으로서의 길은 사람이 걸어 다니는 길을 나타냈기 때문에 국어사전에는 "사람이나 차들이 편히 다닐 수 있도록 만든 비교적 큰 길"이라고 표기되어 있다. 또한 길을 일컬어 "사람이 한 곳에서 다른 곳으로 오고 갈 수 있게 된 거의 일정한 너비로 뻗은 공간적 선형線形"이라고 정의하기도 한다.

우리말로 된 길은 규모도 그렇지만 형태 또한 다양하다. 강가나 산속 또는 솔숲 사이에 난 오솔길, 돌담을 따라 꾸불꾸불 이어진 마을의 고샅길, 호젓한 산길, 뭉게구름 피어오르는 들길, 강변에 펼쳐진 자갈길, 비 내린 황톳길의 진창길, 가로질러가는 지름길 등 여러 형태로 길은 우리 곁에 존재해 왔다. 사람이 걸어 다니며 조성된 이러한 길이, 교통의 발달로 그 개념이 커지고 다양해지면서 실체가 없는 관념적 통로로까지 확대되었다. 강이나 바다에도 배가 다니는 길이 만들어지면서 뱃길이 생겨났다. 철로 만든 철궤를 따라 이동하는 기차나 전철의 통로를 철길이라고 부르고 하늘을 나는 비행기의 항로를 하늘길이라고 부르며, 지금은 무선통신의 발달로 수많은 글과 말이 허공의 길을 따라 무한히 날아다니고 있다.

그러한 길이 다른 뜻, 즉 방도方途로 쓰인다. 우리가 일상에서 자주 쓰는 '어떤 길이 없을까?' 또는 '길이 열리다'라는 말은 방도를 나타내는 말이고, 그러한 길은 교통수단으로서의 길이 정신적인 길로 확대 재생산된 것이라고 볼 수 있다. 길은 이렇게 철학적 의미를 부여받게 되었다.

서양에서는 인생을 연극에 비유하고는 한다. 세상을 무대로, 사람을 그 연극에 출연하는 배우로 묘사한다. 셰익스피어가 죽기 전에 "연극은 이미 끝났다"라고 말한 것은 그 때문이다. 동양에서는 인생을 여행에 비유한다. 그래서 세상은 여관으로, 사람은 나그네로, 사람이 살아가는 것은 나그네의 여정으로 표현한다. 최희준의 〈하숙생〉이라는 대중가요의 가사는 다음과 같다. "인생은 나그네 길/어디서 왔다가 어디로 가는가 (…) 구름이 흘러가듯/정처없이 흘러서 간다"라는 가사처럼 인생살이를 두고 '구름처럼 떠돌고 물처럼 흐른다'고 해서 도를 얻기 위해 스승을 찾아 떠도는 사람을 운수납자雲水衲子라고 표현하기도 한다.

그러나 어떤 계기를 통해 사람들은 길에 나서고 그 길을 오랜 시간 걷고 결국 그 길이 잃어버린 나를 찾아가는 그 길이었음을 깨닫게 된다. 다음은 윤동주 시인의 〈길〉이라는 시다.

잃어버렸습니다.
무얼 어디다 잃었는지 몰라
두 손이 주머니를 더듬어
길에 나아갑니다.

돌과 돌과 돌이 끝없이 연달아
길은 돌담을 끼고 돌아갑니다.

담은 쇠문을 굳게 닫아
길 우에 긴 그림자를 드리우고

길은 아침에서 저녁으로
저녁에서 아침으로 통했습니다.

돌담을 더듬어 눈물짓다
쳐다보면 하늘은 부끄럽게 푸릅니다.

풀 한 포기 없는 이 길을 걷는 것은

담 저쪽에 내가 남아 있는 까닭이고,

내가 사는 것은 다만
잃은 것을 찾는 까닭입니다.

생각하면 내가 걸어 온 길이 안개 속처럼 아스라하기만 하고 걸어가야 할 길은 칠흑처럼 어둡다. 언제부터 시작되었는지 기억조차 아련하고 언제 종점에 다다를지 알 수도 없다. 산 넘고 물 건너가야 할 길, 그 길이 아직 내게 남아 있으리라는 것만이 확실하다. 그러기에 독일의 작가 헤르만 헤세도 《데미안》(전영애 옮김, 민음사, 2000)에서 "한 사람 한 사람의 삶은 자기 자신에게로 이르는 길이다. 길의 추구, 오솔길의 암시다. 일찍이 그 어떤 사람도 완전히 자기 자신이 되어 본 적은 없었다. 그럼에도 누구나 자기 자신이 되려고 노력한다" 하지 않았는가.

걷기는 세상을 여행하는 가장 좋은 방법이자 자신의 마음속을 여행하는 가장 좋은 방법이다. 그래서 평생을 떠돌며 길에서 생을 마감했던 사람들이 역사 속에 더러 있다. 《택리지》를 지은 이중환과 김삿갓이라고 불린 김병연 그리고 조선시대의 아웃사이더였던 매월당 김시습 등이 그렇다. 김시습이 말년에 부여 무량사에서 병들어 누워 있자 승려들이 물었다. "선생님은 어떤 병으로 누워 계십니까?" 이 말을 들은 매월당은 "나는 행락병行樂病에 걸렸네"라고 답했다. 평생을 이 나라 산천을 떠돌면서 보낸 매월당다운 말이다.

'행락行樂'은 돌아다니는 일行과 즐기는 일樂이 합해진 말로 '즐기기 위해 돌아다니는 일'이기도 하고, '돌아다니는 것을 즐기는 것'이기도 하며, '자연 속을 돌아다니는 것'이기도 하다. 이와 비슷한 말을 했던 사람이 루소였다. 그는 스스로를 길 가는 사람行人이라고 했고, 자기가 선사시대의 이상적인 산책자의 후예라고 말했다.

조선시대에 여성으로서 이 나라 산천을 가장 많이 떠돈 사람은 누구일까? 황진이다. 제주 출신 여성 상인 김만덕도 금강산을 유람했고 그 뒤를 이어 수많은 여성이 이 나라를 떠돌았지만 황진이에는 미치지 못했다. 허균은 황진이에 대해 〈성옹지소록性翁識小錄〉에 다음과 같이 썼다.

진랑眞娘 (황진이)은 개성 장님의 딸이다. 성품이 얽매이지 않아서 남자 같았다. 거문고를 잘 탔고 노래를 잘했다. 일찍이 산수를 유람하면서 풍악(금강산)에서 태백산과 지리산을 지나 금성(나주)에 오니, 고을 원이 절도사와 함께 잔치를 벌이는데, 풍악과 기생이 좌석에 가득했다. 진랑은 해진 옷에다 때 묻은 얼굴로 바로 그 좌석에 끼여 앉아 태연스레 이虱를 잡으며 노래하고 거문고를 타되 조금도 부끄러운 기색이 없으니 여러 기생이 기가 죽었다.

평생 화담(서경덕)의 사람 됨을 사모했다. 반드시 거문고와 술을 가지고 화담의 농막에 가서 노래하고 거문고를 타면서 즐긴 다음에 떠나갔다. 매양 말하기를 "지족이 30년을 수양했으나 내가 그의 지조를 꺾었다. 오직 화담 선생은 여러 해를 가깝게 지냈지만 끝내 관계하지 않았으니 참으로 성인이다" 했다. 죽을 무렵에 말하기를 "출상할 때 제발 곡하지 말고 풍악을 잡혀서 인도하라"라고 했다. 지금까지도 노래하는 자들이 그가 지은 노래를 부르고 있으니 또한 특이한 인물이었다.

길 끝에서 언제나 또 다른 길이 시작된다

제주 사려니숲길

제주시 조천읍에 위치한 한라산둘레길 7구간.
사려니오름까지 이어지는 숲길로 길 양쪽을 따라 울창한 자연림이
펼쳐져 있고, 삼나무 등 다양한 수종이 자라고 있다.

세상에는 이런저런 길이 있다. 그렇다면 세상의 여러 길 중에 가장 도달하기 힘든 길은 어떤 길일까? 김광석의 〈기다려줘〉라는 노래가 떠오른다.

난 아직 그대를 이해하지 못하기에

그대 마음에 이르는 그 길을 찾고 있어

그대의 슬픈 마음을 환히 비춰 줄 수 있는

변하지 않을 사랑이 되는 길을 찾고 있어

어디서 찾을 수 있을까 그대 마음에 다다르는 길

(…)

아무리 어려운 길이라도 찾다 보면 종착점에 다다를 수 있지만 사람의 마음속으로 가는 길은 그처럼 어렵다는 이야기다. 그러나 길은 끝없이 이어지고 그 길을 사람들은 화엄의 바다에 도달할 때까지 걸어가고 있다.

하루나 이틀이 아닌 열흘에서 보름까지 계속 걷는 장거리 도보 답사를 하다 보면 여러 가지 재미난 현상을 겪게 된다. 대개 엿새를 지나면서부터 길을 걷고 길을 묻는 꿈만 꾼다. 그뿐만이 아니다. 오전에는 도란도란 대화라도 나누며 걷지만 오후에는 서로 싸운 사람처럼 혼자서 가고 쉴 때도 혼자서 먼 산을 보며 쉬게 된다. "무소의 뿔처럼 혼자서 가라"라는 말이 실감 나는 것이 바로 장거리 도보 답사를 할 때다. 장거리 도보 답사에서 수많은 사람을 만나게 되는데, 길 위에서 나그네는 큰 것보다 사소한 것에 감동한다.

수안보 근처 삼거리에서 잠시 쉬고 있었다. 그때 정차해 있던 트럭 운전사가 우리를 한참 눈여겨보더니 차에서 내려와 "혹시 바나나 먹을 겁니까?" 하며 바나나 두 개를 건네주었다. '어디에나 조선의 인심은 남아 있구나' 하다가 달리 생각해 보니 '우리가 얼마나 한심하고 처량하게 보였으면 지나가는 사람이 먹을 것을 건네겠는가' 하는 생각이 들었다. 나그네는 쉴 때 가장 처량한 자세로 쉬어야 뭐든 얻어먹을 수 있다는 값진 진리(?)를 다시 한번 터득한 순간이었다.

"여행은 고생을 겪어야 하고 수많은 갈림길을 지나야 한다." 이백의 글이다. "나그네에게 유일한 즐거움이 있나니 그것은 참고 견디는 것이다"라고 말한 사람은 혜세다. 그들이 그렇게 말한 것은 인생길 자체가 말 그대로 고행이기 때문이리라. 하지만 새로운 미지의 세계를 향해 길을 나서는 것은 그 어떤 것에 비할 바 없는 즐거움이다. 무엇을, 어떤 마음을 가지고 걷기를 시작할 것인가? 오노 요코의 시 〈지도〉(조윤경, 《새로운 문화 새로운 상상력》, 이화여자대학출판부, 2006 재인용)를 보자.

상상의 지도를 그려요.

가고 싶은 곳에 표시를 해요.

지도에 있는 대로 진짜 거리를 걸어가요.

지도엔 길이 있는데 진짜 땅엔 길이 없으면

장애물을 치우고 길을 만들어서라도.

목적지에 닿으면 도시의 이름을 물어보고

처음 만난 사람에게 꽃다발을 건네줘요.

중국 시인 이백은 〈춘야연도리원서春夜宴桃李園序〉에서 "천지는 만물의 여관이요, 광음光陰은 백대의 과객이다"라면서 인생이 세월 속의 나그네임을 토로했고 '길 떠날 때는 눈썹도 빼놓고 가라'는 말은 여행길은 힘이 드니 되도록 짐을 덜고 가라는 말이다. 그렇듯 동서양을 막론하고 길 떠난 나그네 생활은 고달프기 짝이 없었다.

사람의 길은 하늘의 길에 따르는 것

그와 또 다른 길이 있다. 불교나 유교, 도교 등 동양 사상에서 도道라고 부르는 길이다. 사람이 살아가면서 지켜야 할 심성이나 행위를 도의 또는 도덕이라고 하는데, 그 모든 것은 길로 귀추되며 그 길은 자연과 사람이 공존하는 것을 의미한다. 왕도정치王道政治 또는 공맹지도孔孟之道 등의 말이나 군자대로행君子大路行, '왕도王道는 치도治道'라는 말은 모두가 올바른 길을 가야 한다는 데서 비롯한 말이다. '길이 아니면 가지를 말고 말이 아니면 하지를 마라'는 말은 '정도正道에 벗어나는 일은 애초에 하지 않는 것이 좋다'는 의미로 쓰이면서 오랜 세월을 두고 변하지 않는 진리인데도, 길이 아닌 길을 가고 말이 아닌 말을 하도 많이 해서 세상은 항상 시끄럽기 이를 데 없다.

그렇듯 길은 도道다. 길이 달라졌다는 것은 도가 달라졌다는 말이다. 《중용》에서는 "도란 잠시도 떠날 수가 없는 것"이라 했고, 《맹자》에서는 "도는 가까운 곳에 있는데 사람들은 먼 데서 찾는다"라고 했으며, 《장자》

에서는 "도는 곧 진리이고 세상의 이치다"라고 했다. 《한비자》에 따르면 도란 만물이 그렇게 되어 있음을 말하는 근본이고, 《공자》는 "사람의 길은 하늘의 길에 따르는 것"이라고 했다. 임금이 임금답고 스승이 스승다울 때 그리고 아버지가 아버지답고 자식이 자식다우면 사람의 길을 올바르게 걸어가는 것일 뿐만 아니라 하늘의 길도 지키는 것으로 보았다.

단테의 《신곡》도 어두운 숲속 길을 잃고 헤매며 시작한다. 조선 중기 문신 신흠申欽도 "산촌에 눈이 오니 들길이 묻혔세라. 시비를 열지 마라. 날 찾을 이 누구 있으리"라면서 길을 가는 나그네의 외로운 심사를 노래했다. 니체는 가장 중대한 것은 길 위에 있다고 하면서 사람의 일생을 매 순간 영원처럼 소중한 길에 비유하기도 했다.

《예기禮記》에 따르면 도란 인의仁義와 덕德을 행하는 것이다. 그러나 지금은 그 도가 달라졌다. 도의 근본과 방법이 모두 옛날과 다르다. 그러니 길도 달라질 수밖에 없지 않은가. 그래서 주자는 다음과 같이 말했을 것이다. "도는 세상 만물 어느 때나 있지 않은 때가 없다." 그러나 바꿔 말하면 그 도는 존재하지 않는데 우리가 있다고 스스로 믿는 것인지도 모를 일이다.

몇 년 전이었다. 원주에서 문상을 마치고 돌아오던 중 영동고속도로에서 중부고속도로로 접어든 줄 알았는데 갈수록 이정표가 서울에 가까워지고 있었다. 이상하다고 생각했지만 알고 보니 우리가 중부고속도로에 접어드는 호법분기점에서 길을 잘못 들어 그대로 서울 쪽으로 올라가고 있었던 것이다. 결국 광주의 천진암 가는 곳까지 갔다가 되돌아 나온 적이 있는데, 길은 어디에나 있지만 우리가 선택할 수 있는 길은 어디에도

없는지 모르고 결국 죽는 날까지 미로를 헤매다 영원이라는 세계로 돌아
가는지도 모른다.

《도로의 교향곡》을 쓴 허먼 슈라이버(최창조, 《한국의 풍수지리》, 민음사,
1993 재인용)는 다음과 같이 말한다. "이 세상 모든 것들이 도로를 차지한
다. 그러나 그것들은 도로 위에 흔적을 남기지 않는다. 도로는 끝이 없는
무인지경인 동시에 모든 사람의 공유물이고, 어디에서 멈추는 일도 없으
며 어디로나 통한다. 장례 행렬도 결혼식 행렬도 같은 도로 위를 거쳐서
간다. 성직자가 걸어가며 내는 먼지는 바람난 처녀의 하이힐 위에 떨어진
다." 그의 말은 도로의 공유성과 무차별성을 있는 그대로 강조한 말이다.

신경준은 그의 저서 《도로고道路考》(최창조, 1993 재인용)에서 이렇게
말한다. "무릇 사람에게는 그침止이 있고 행行함이 있다. 그침은 집에서
이루어지고 행함은 길에서 이루어진다. 그래서 맹자는 인仁은 집 안을
편안케 하고 의義는 길을 바르게 한다고 하였으니, 집과 길은 그 중요함
이 같다고 하겠다. 길은 원래 주인이 없고 오직 그 위를 가는 사람이 주인
이다."

그런 의미에서 사람들에게는 제각각 저마다의 길이 예정되어 있다. 누
구나 혼자서 가야 하는 숙명의 길이 있다. 그 길을 제대로 찾아서 가는 사
람들은 보편적이고 타당한 세상 사람들의 눈으로 볼 때 성공했다고 하고,
헤매고 헤매는 사람은 실패했다고 치부한다. 프랑스 철학자 들뢰즈는 다
음과 같이 말한다. "창조한다는 것은 불행한 것들 사이로 자신의 길을 그
어 나가는 것이다." 또 누군가는 '창조자는 유랑자'라고 한다. 이렇듯 길
은 인류가 출현하면서부터 비롯했고, 사람의 역사와 분리할 수 없는 긴밀

한 관계에 있다. 사람들이 걸어 다니는 이 길 그리고 오늘날의 교통 또는 교역으로 표현되는 길이 우리의 역사 속에서는 언제부터 시작되었을까?

길은 언제부터 시작되었을까?

일찍이 프랑스의 시인 라퐁텐은 "모든 길은 로마로 통한다"라고 했는데, 고대 로마는 기원전 3세기부터 전 세계를 연결하는 길을 개설하기 시작했다. 그때부터 2세기까지 500년 동안 건설한 도로의 규모가 장장 15만 킬로미터에 이르렀다고 한다.

우리나라에 길이라는 말이 문헌상 처음 등장한 것은 신라의 향가에서다. 신라 진평왕 때 융천融天이 지은 〈혜성가〉와 효소왕 때 득오得烏가 지은 〈모죽지랑가〉에 도道라는 단어가 처음 나온다. 향가를 연구하는 사람들은 이 단어를 길이라고 풀이한다. 향가에는 길을 뜻하는 말로 로路 또는 도道가 나오는데, 이를 길 또는 한자음 그대로 해독할 수도 있으나 도道와 시尸(ㄹ받침으로 관용됨)를 첨가하며 도라고 읽지 않고 길이라고 읽음이 밝혀졌기 때문에 길이라는 말은 한자가 들어오기 전부터 순수한 우리말로 써 왔음을 미루어 짐작할 수 있다.

숙종 8년(1100) 무렵 북송 때 사람으로 사신을 수행하여 고려에 와서 고려어를 한자로 적어서 전한 손목孫穆은 자신의 견문록인 《계림유사鷄林類事》에 '행왈기림行曰欺臨', 즉 간다는 말을 고려 사람들은 '기림'이라 한다고 기록했다. 기림이 길이 된 것을 보면 신라 때부터 사용해 온 길이 고려로 이어져 조선 전기 훈민정음 창제 때는 '길'이라고 명백하게 표기됨을 알 수 있다.

삼국시대에는 각국의 도읍지를 중심으로 간선도로가 설치되어 있었고, 고려시대에는 개경을 중심으로 한 도로망이 개설되었다. 산예도, 금교도, 절령도를 비롯한 22개 도로가 역로로 개설되었다.

조선시대에 접어들면서 개경 중심에서 한양 중심으로 도로망 구성을 재편했다. 그때 전국 도로망의 기점은 김정호의 《대동지지大東地志》에 따라 창덕궁의 돈화문이었다. 제1로는 한양에서 의주를 연결하는 연행로 또는 사행로라고 했다. 전국의 간선도로 가운데 가장 비중이 컸던 이 도로는 명, 청 사신들의 내왕로였으므로 정비가 가장 잘되어 있었다. 주요 노정은 한양-고양-파주-장단-개성-금천-평산-차령-금교-서흥-일수-봉산-동선령-사인암-황주-구현-중화-대동강-평양-순안-숙천-안주-가산-정주-곽산-선천-철산-용주-의주에 이르는 길이었다. 제2로는 한양에서 원산을 거쳐 함경북도 서수라로 연결되는 도로였는데 주요 노정은 한양-다락원樓院-만세교-김화-금성-회양-철령-안변-원산-문천-고원-영흥-정평-함흥-북청-이성利城-마운령-마천령-길주-명천-경성-부령-무산-회령-종성-온성-경원-경흥-서수라이다. 제3로는 한양에서 동해안의 평해로 연결되는 관동대로로 주요 노정은 한양-망우리-평구역-양근-지평-원주-안흥역-방림역-진부역-횡계역-대관령-강릉-삼척-울진-평해다. 제4로는 한양에서 용인, 충주를 거쳐 문경새재와 상주, 밀양을 거쳐 부산으로 연결되는 좌도 또는 중로라고 불린 영남대로인데, 일본 사신들이 서울로 들어오는 길을 겸하고, 수륙 연결이 편리했다. 주요 노정은 한양-한강-판

길 끝에서 언제나 또 다른 길이 시작된다

도로와 숲길

슈라이버는《도로의 교향곡》에서 "도로는 끝이 없는 무인지경인 동시에 모든 사람의
공유물이고, 어디에서 멈추는 일도 없으며 어디로나 통한다"라고 했다.

교-용인-양지-광암-달내達川-충주-조령-문경-유곡역-낙원역-낙동진-대구-청도-밀양-황산역-양산-동래-부산이다. 제5로는 한양에서 경상도 김천을 거쳐 통영을 잇는 중로였는데 문경까지는 제4로와 같다. 주요 노정은 한양-제4로-문경-유곡역-함창-상주-비천-성주-현풍-상포진-칠원-함안-진해-고성-통영이다. 제6로는 한양에서 경상도 통영을 잇는 도로인데 삼례, 전주, 오수로 해서 통영으로 가는 길이었다. 주요 노정은 한양-동작나루-과천-미륵당-유천-청호역(수원)-진위-성환역-천안-차령-공주-노성-은진-여산-삼례-전주-오수역-남원-운봉-함양-진주-사천-고성-통영이다. 만일 한강에서 노량진을 지날 경우에는 금천을 지나 미륵당에서 합류한다.

제7로는 숭례문에서 제주를 잇는 삼남대로인데 삼례까지는 6로와 같다. 주요 노정은 한양-제6로-삼례역-금구-태인-정읍-장성-나주-영암-해남-관두량-바닷길-제주다. 제8로는 한양에서 충청 수영까지의 간선도로로 진위 소사와 평택으로 이어지는 길이고, 제9로는 한양에서 강화를 연결하는 간선도로로 주요 노정은 한양-양화도-양천-김포-통진-강화다.

신경준은 나라 정치의 기본이 치도治道에서 비롯된다고 보았다. 그가 조사한 바에 따르면 당시 우리나라의 도로망은 왕이 능, 원, 묘에 거동할 때 지나던 능행로陵行路, 임금이 온천에 행행하던 온천로溫泉路 등이 있었다. 그리고 각 고을 관아에서 사계四界에 이르는 이수里數와 감영 및 병영에 이르는 이수의 국토 외곽을 둘러싸는 백두산로, 압록강로, 두만강로, 팔도연해로의 4치로가 있었으며, 팔도의 역체로 및 파발로, 해로, 봉수로, 교련 서행로 그리고 서울에서 의주, 경흥, 평해, 동래, 제주,

통영

조선시대에 접어들면서 개경 중심에서 한양 중심으로 도로망 구성을 재편했는데
제5로와 제6로는 서울에서 통영까지를 잇는 길이었다.

강화에 이르는 전국 6대 간선로 등이 있었다. 순조 8년(1808) 왕명으로 편찬된《만기요람萬機要覽》에 보면 지역을 잇는 길이 여러 갈래였음을 알 수 있다.

　전라도의 도로는 무주, 금산을 경유하여 옥천, 문의로 통하며, 경상도의 도로는 상주, 금산(김천)을 경유하여 황간, 영동을 통하여 청주에 모이게 되는데, 모두가 남쪽의 적들이 들어오는 첩경이다. 그 중간에 덕유와 대둔 등 여러 산이 수백 리 사이에 가로질러 있는데 모두 큰 산, 깊은 골짜기로 인적이 미치지 않은 곳이 많아 옛적부터 도둑이 많은 곳으로 알려졌다.

　이중환은 '복거총론'에서 "우리나라는 지형상 수레의 사용이 불리하여 상인은 모두 말에 짐을 싣는다. 그러나 먼 길이면 운송비가 많이 들어 소득이 적다. 배에 싣는 것보다 못하다"라고 했다. 그러나 유형원柳馨遠은《반계수록磻溪隧錄》에서 우리나라의 지세가 평탄하지는 않으나 수레를 사용할 수 있는 지역이 많다고 했으며 문제는 오히려 수레에 관심 있는 자가 드물어 좁고 굴곡이 심한 길을 고치려 들지 않는 데 있다고 했다. 이익 역시《성호사설星湖僿說》에서 산이 많다는 핑계를 대지 말고 중국을 본받아 길을 닦아야 한다고 주장했다. 왜구로 인해 조운漕運하는 바닷길이 막힐 경우에 대비하여 마땅히 육로가 개설되어야 하기 때문이다. 정약용 역시 비슷한 입장을 취했다.《목민심서牧民心書》에서《유산필담酉山筆談》을 다음과 같이 인용했다.

우리나라에 수레가 많이 사용되지 못하는 이유가 지형 때문이라는 주장은 어리석은 것이다. 어떤 사람은 말하기를 '관방關防 지대를 평탄하게 하면 안 된다'라고 주장하나 이는 잘못된 말이다. 관방이란 성이나 보루를 쌓아서 요충지를 지키는 것이지 도로를 험악한 상태로 놓아 두어서 방어가 되도록 한다는 말은 들어 본 적이 없다. 임진왜란 당시 왜적은 모두 조령을 넘었는데, 그 험악함이 부족해서 그렇게 된 것인가? 수레와 말이 통행하지 못하고 장사꾼이 다니지 않아 물화가 정체되고 물건의 교역이 이루어지지 못하는 것은 모두 도로를 닦지 않은 까닭이다.

박지원이 지은 《허생전》에서 허생이 변승업과 나누는 대화에 다음과 같은 내용이 있다. "조선은 배가 외국에 통하지 못하고 수레가 나라 안에 두루 다니지 못하여 온갖 물건이 그곳에서 생산되어 그곳에서 소비될 뿐이다." 그렇다면 외국인이 바라본 서울의 길은 어떠했을까? 미국인 선교사로 고종 26년(1886)에 조선에 온 윌리엄 길모어의 증언을 들어 보자 (《서울을 걷다 1894》, 이복기 옮김, 살림출판사, 2009).

방문자는 서울 안에서 넓은 도로를 겨우 3개밖에 찾아볼 수 없다. (…) 다른 거리는 행상과 가게들이 늘어서 있어서 소달구지가 지나갈 정도의 좁은 길만 남아 있다.
다른 길은 모두 좁고 구불구불하여 많은 경우에 도보로 걷는 사람들이 겨우 밀치고 지나갈 정도다. 자세히 조사해 본 결과, 길은 원래 그렇게 비좁게 나 있지는 않았다. 길 양편에 있는 집 주인들이 점차로 길을 잠식하여 결국 공공도로가 거의 막힐 정도가 된 것이다. 길은 비좁고 지붕의 초가와 기와들이 튀어나와 있어서, 말을 탄 사람은 지나가기가 힘들다. 말을 탄 사람은 말에 떨어지지 않으려고 머리를 굽히고 안장 위에서 이리저리 몸을 흔들면서 조심스럽게 지나가야 한다.

이 기록을 보면 대도시마다 길옆에 가게 물건들을 내놓거나 공공장소에 포장마차를 만들어서 장사하면서 불법으로 프리미엄을 붙여서 팔거나 공공의 재산인 강을 야금야금 갉아먹거나 하는 일이 어제오늘 일이 아님을 알 수 있다. "전통은 아무리 더러운 전통이라도 좋다"라는 김수영의 시구로 자위해야 할까?

도로는 물길을 대신하고

홍대용洪大容은 《담헌서湛軒書》(최창조, 1993 재인용)에서 우리나라의 지세가 수레 쓰기에 불편하다는 점을 지적하면서 이런 말을 했다.

우리나라는 길 닦는 정책이 시원치 못하여 수레가 통행할 만한 넓은 길이 없으니 수레를 쓰는 데 중국만 못한 것이 당연하다. 우리를 침입한 중국 군사가 수레를 이용하여 전쟁에 이겼다는 말을 듣지 못했으니 우리나라의 지세는 결국 수레를 쓸 수 없다는 결론이 아니겠는가.

길 끝에서 언제나 또 다른 길이 시작된다

삼랑진 작원잔도

삼랑진과 양산 사이 벼랑에 만든 작원잔도를 거치면
양산 원동 부근의 낙동강을 만난다.

　홍대용은 이어서 다음과 같은 말을 남긴다. "사람이 약아지고 기구가 모두 편리해진 것만 보아도 말세의 야박한 현상을 경험할 수 있다." 1897년에 간행된 《독립신문》에도 전국의 미개한 교통을 한탄하며 도로 개발의 중요성을 강조하는 글이 다음과 같이 실려 있다.

　　국중國中의 도로는 인체의 혈맥과 같으니라. 고로 혈맥이 옹폐하고는 장수하는 자가 없고, 협소하고 험난하여서는 잘되는 나라가 없나니, 아국我國의 금일 잔악한 형세는 상하로 정이 불통함이니라. 비록 500년 국도國道에서 불과 10리 되는 오강五江(마포, 서강, 용강, 용산, 광나루) 길도 험하고 추하고 협소하야 거마의 왕래가 불편하나니 한강을 10리 지척에 두고 있는 도성의 길조차 이처럼 험하야 무역과 왕래를 방해하니 참으로 한심하도다.

　한편 조선시대의 국도였던 한강 길이 조선 전기 문인이자 역관 조신曺伸이 편찬한 《소문쇄록謏聞鎖錄》(정용수 옮김, 국학자료원, 1997)에 다음과 같이 실려 있다.

　　서울에서 배를 타고 물을 거슬러 올라가 충주 가흥창까지에 있는 나루나 포구 및 여울물은 대체로 뱃사공들이 하는 말로 기록해보면, 흑석·수참·서강·용산강·마포·동적·한강·두모포·도요연·삼전도·광진·하진참(즉 우고지)·추탄·교탄(소질탄)·병연·명화탄·마탄·필탄·양근군의 합탄(아게노)·작자성(소성)·암석항·취탄·노올탄·대탄참·제탄·사탄·요탄(우질)·장탄·파내서신·여주의 자진포·성탄·이포참·명석·보통항·양화항·교표·와탄(모작지)·

삼탄(공)·연탄·노항·우만제탄·사탄(어사은)·여주의 강천항·대위홍원참·충주의 제탄·조음참·천포·날북(미질북)·고요연·하돈탄·달자항(소흘나)·가흥참 등이다.

해마다 사오월이면 조선漕船이 가흥참에서 하류로 내려가는데, 수심이 얕으면 고요연과 대탄이 아주 위험하다. 처음에 경상·충청도의 조세는 금천에서 배로 실어 날랐는데, 금천에서 내려오다가 가흥참에 이르면 험한 여울이 많았다. 그래서 옮겨서 가흥참에서 실어 날랐다. 오늘날도 험한 여울을 피하기 위해서 하류로 옮겨서 배에 싣자는 논의가 있다. 그러나 남쪽 백성들이 보내는 조세가 너무 먼 길을 돌게 되니 어쩌겠는가? 대개 강의 흐름은 급하고 본류와 지류가 멀지 않으며, 모래흙에 메여 가로막고 있으며, 여울이 얕아 돌이 드러난 것이 배가 다니기에 어려운 까닭이 되는 것이다.

수백 년 뒤에는 어떨지 모르는 일이다.

조신이 살았던 시절로부터 오랜 세월이 흐른 지금은 서울에서 단양의 영춘까지 이어지던 뱃길은 사라졌고, 자동차나 열차들이 배를 대신해서 오고가고 있다.

충청도와 강원도와 영남 지방을 연결하는 백두대간 부근은 높이 1000미터가 넘는 봉우리가 열 개가 넘으므로 한반도 남부의 최대 산지山地라고 볼 수 있을 것이다. 백두대간을 지나는 고개 중 문경새재가 높이 632미터, 죽령이 689미터, 계립령이 630미터, 흔히 새재인 줄 알고 넘는 이화령이 548미터 그리고 추풍령은 200미터에 지나지 않는다.

이중환은 그래서 《택리지》에서 새재와 죽령만을 큰 고개라 하고 나머지는 작은 고개라 불렀다. 물론 이것은 고개의 높이만을 기준으로 한 것은 아니었을 것이다. 교통량이라든가 도로의 중요성까지 감안하여 붙인 것이겠지만 물리적으로 그 고개들은 큰 고개였던 것만은 사실이다.

유형원은《반계수록》에서 "새재 길은 폭이 0.5미터에서 1미터 정도에 지나지 않고 경사도 급했다"라고 했는데, 조선 성종과 중종 사이에 이 재의 이름은 조령이었고 조선 중기까지는 소로小路에 불과했다. 한백겸韓百謙은《동국지리지東國地理志》에서 이 새재를 두고 "계립령이 없어지면서 개통되었다"라고 기록했다. 최영준은《영남대로嶺南大路》에서 "임진왜란 후 충주와 상주에 있던 충청, 경상 감영이 공주와 대구로 이전하면서 새재의 교통량이 급감하였고 따라서 사양길에 접어들었다"라고 하면서 왜란 후 고갯길 지키기 전략이 확립됨에 따라 가장 중요한 새재만 남겨 두고 계립령, 이화령 등 작은 고개와 지방민들이 사용하던 샛길의 통행을 막았다고 한다. 영남대로뿐 아니라 서울에서 해남으로 이어지던 삼남대로를 비롯한 모든 옛길은 개항 이후 새롭게 닦이고 철로가 개설되면서 점차 사라졌다.

사라진 역사 속의 옛길

신경준의《산경표》나 김정호의 〈대동여지도〉에 자세히 나와 있는 길들이 현대에 접어들어 국도와 지방도로 변하면서 옛사람이 말을 타거나 걸어 다녔던 길이 속도 중심의 길로 변형되고 말았다. 그렇다면 옛날에

진남교반

경북팔경 중 제1경으로 꼽힌다. 기암괴석과 깎아지른 듯한 층암절벽이 이어지고
강 위로 세 개의 교량이 나란히 놓여 있어 자연과 인공이 조화를 이룬다.

서울에서 부산까지 또는 서울에서 해남까지는 얼마나 걸렸을까? 괴나리
봇짐을 메고 보름쯤 걸려야 도착했다는데 그 길을 걸어가면서 신발은 얼
마나 소비되었을까? 초정 박제가의 《북학의北學議》를 보자.

> 미투리는 100리 길을 가면 구멍이 뚫어지고, 짚신은 10리 길만 가도 구멍이
> 난다. 미투리값은 짚신값에 비하여 열 배나 비싸서 비천한 백성들은 모두 짚신
> 을 신으면서 날마다 갈아 신기에 여념이 없다. 가죽신값은 또 미투리에 비하여
> 열 곱이 된다.

내가 우리나라의 강 일곱 개를 따라 걸으면서 랜드로버 밑창 두 개가
구멍이 나고 그 질긴 캐논 카메라 끈이 세 개나 닳아 끊어졌는데 그때 그
허름한 짚신은 오죽했을까. 긴 여행을 시작하면 밤이면 밤마다 짚신 삼는
데 여념이 없었을 것이다. 그러한 길이 시속 100킬로미터의 자동차로 네
다섯 시간쯤밖에 안 걸리고 시속 300킬로미터의 고속철도가 등장하면서
부터는 서울에서 부산까지 두 시간으로 단축되었다. 물론 세계화로 지칭
되는 이 시대에 교통의 빠른 속도는 어쩔 수 없이 필요한 일이지만 그 속
도와 편리라는 이름으로 놓치고 있는 것 또한 너무 많은 게 사실이다.

그렇듯 속도가 중시되는 21세기를 살고 있지만 우리는 여러 가지 이유
로 걸으려고 노력한다. 우리 국토를 제대로 이해하기 위해서, 개인의 건
강이나 집단의 이익을 관철하기 위해서, 여유를 만끽하거나 정신 수양을
위해서 국도나 지방도가 된 길을 걸어간다. 그런데 많은 이들이 길을 걸
으면서도 그 길에 대해 알고자 하지 않고, 어째서 그 길을 걸어가는지도

그리 궁금해하지 않는다. 다음의 물음은 프랑스 작가인 발자크의 〈걷기 이론〉에 나오는 글인데, 한 번쯤 생각해 보면 좋을 듯하다.

> 인류가 첫발을 내디딘 이래 왜 걷는지, 걸어본 적이 있는지, 더 잘 걸을 수 있는지, 걷기를 통해 무엇을 이룩할 수 있는지 자문해 본 사람이 아무도 없다는 것이 굉장하지 않은가. (…) 이 세상을 차지하고 있는 모든 철학적, 심리적, 정치적 시스템과 연결되어 있는 질문들인데 말이다.

세상의 어느 누가 불행에서 안전할까?

기원전 401년에 태어난 철학자 소포클레스는 《콜로누스와 오이디푸스》에서 "세상의 어느 누가 불행에서 안전할까?"라고 말했는데, 그의 말처럼 개발을 목표로 하는 대한민국에서 산다는 것은 순전히 '운'이라는 말이 있다. 물론 "삶을 기뻐한다는 것이 미혹迷惑이 아닌지를 내 어찌 알겠소? 죽음을 싫어한다는 것이, 어려서 고향을 떠난 채 돌아갈 길을 잃은 사람이 아닌지를 내 어찌 알겠소?"라고 말한 장자의 말처럼 생과 사에 구애받지 않는 방법도 있다.

많은 우연 같은 필연의 불행이 올 수도 있다는 것을 부정할 수는 없지만, 자전거를 타거나 걸어서 우리나라의 국도나 지방도를 따라 오가기란 쉬운 일이 아니다. 특히 국도를 걸어갈 때는 죽음을 각오하고 남은 가족을 위해 생명보험을 들어 놓고 가지 않으면 안 된다.

우리나라의 국도나 지방도 전체가 넓은 도살장으로 변한 게 어제오늘의 일이 아니다. 개, 고양이, 너구리, 토끼를 비롯한 온갖 짐승과 새들까지 길 위에서 비명횡사하고 있다. 쏜살같이 지나가는 자동차(특히 화물차)가 일으키는 바람에 쓰러질 듯하고 모자가 날아가 버리고 하루에도 몇 번씩 이 길 위에서 죽음을 맞지 않을까 염려하면서 걸어야 한다. 그래서 기계(자동차, 기차 등)만이 다닐 수 있는 길과 구분해 사람이 다닐 수 있는 길을 만들어 주어야 한다. 그래야 사람과 문명의 이기가 공존하고 여기서 전통과 현대의 연결고리가 만들어진다.

반만년의 유구한 역사와 함께한 길을 지금 되찾고 보존하지 않으면 완전히 망가지고 말 것이다. 이는 내가 우리나라 산과 일곱 개의 강 그리고 해남의 이진항에서 서울까지 이어진 삼남대로를 걸으면서 느낀 소감이다. 그러한 길과 역사 속 길을 되찾고 영원히 잊어버리지 않게 하기 위해서라도 옛길의 보존이 절실히 요구되는 시점이다.

역사 속에 남아 있는 그 길들, 즉《세종실록지리지》나 신경준의《산경표》, 김정호의〈대동여지도〉에 나타난 몇 개의 중요한 길옆에 보행로, 특히 흙으로 된 길을 설치해야 할 때가 바로 지금이다. 로마의 길과 일본 에도시대의 길이 오랜 세월을 두고 그대로 보존되고 있듯 우리의 옛길을 역사와 함께하는 길로 만들고 가능하다면 역사 속의 길을 국립공원이나 국가유산으로 지정해야 한다.

서울시에서 약 700억 원을 들여 조성한 '걷고 싶은 거리', '아름다운 거리'가 돈만 낭비한 무용지물이 되었다고 비판받고 있는데, 역사에 실재했던 옛길을 복원하여 보행로로 만들고 국민의 보행권을 확보하는 것은 우리 삶의 질을 향상함과 동시에 국토의 재발견과 민족의 숨결을 느낄 수 있는 중요한 계기가 될 것이다. 그리고 그 길을 만드는 것이 그다지 어려운 일은 아닐 것이다. 지자체마다 스스로 구역을 정하여 보행자전용도로와 자전거전용도로를 함께 만든다면 그 길이 해남에서 의주까지, 의주에서 압록강을 건너 베이징을 지나 실크로드를 거쳐 파리로 이어질 것이다. 또한 부산에서 서울, 서울에서 나진·선봉을 거쳐 블라디보스토크를 거쳐 모스크바로 이어질 것이므로 길의 소통, 세상과의 소통이 이루어질 수 있을 것이다.

물론 수많은 국도와 고속도로, 고속철도 그리고 하늘길과 뱃길이 거미줄처럼 연결된 오늘날 옛길이나 강가의 길이 무슨 의미가 있겠느냐고 할 수도 있지만, 길이 있으면 그 길을 따라 걷는 발길 또한 그치지 않을 것이므로 그 길의 복원이 중요하다. 우리의 옛길은 직선으로 만들어졌으므로 역사의 길을 따라 새로운 삼남대로나 영남대로를 만든다면 몇십 킬로미터를 단축할 수 있어 물류비 절감이 가능해질 것이다.

덧붙여 우리나라의 주요 5대 강(한강, 낙동강, 금강, 섬진강, 영산강)에 사람이 다닐 수 있는 길을 만들어 국토 순례의 장으로 활용하고 그 강들을 상징적으로나마 국립공원으로 지정하거나 선사시대부터 지금까지의 역사와 환경, 문화를 담아낸 각각의 강박물관을 조성해 보존한다면 그것 또한 강을 살리는 지름길이 될 것이다.

도보 답사에 필요한 것들

요즘 사람들은 등산복을 일상복처럼 입는다. 옛사람들도 유람하기를 좋아해서 산천을 유람하는 것은 좋은 책을 읽는 것과 같다고 했다. 바꿔 말하면 좋은 책을 읽는 것은 산천을 유람하는 것과 같다는 것이므로 산천 답사를 세상에서 제일가는 풍류로 여겼다. 그러나 아무리 유람에 이골이 난 선인들이라도 장기간 여행은 쉬운 일이 아니었다. 계절과 날씨, 소요 기간 등 여러 가지를 참조한 후 만반의 준비를 하고 떠났다.

조선 후기 문신 김창협은 〈동유기〉를 다음과 같이 시작한다.

나는 어릴 적부터 금강산의 명성을 듣고 늘 한번 유람해 보고 싶었다. 그러 면서도 마치 하늘에 있는 것처럼 우러러보고는 누구나 갈 수 있는 곳은 아니라 고 생각했다. (⋯) 나를 쫓아가는 사람은 김성률, 이유굴 두 명이며, 행장으로 다른 것은 없고 다만 선당시 選唐詩 몇 권과 《와유록 臥遊錄》 한 권뿐이었다.

이것으로 보아 긴 여행을 떠날 때도 준비물이 그리 많지 않았음을 알 수 있다. 우리나라 최초의 산악인이자 여행가라고 할 수 있는 조선 후기 의 정란 鄭瀾은 "집을 나선 창해가 동반한 것은 청노새 한 마리, 어린 종 한 명, 보따리 하나, 이불 한 채였다. 그 무렵 명산 열풍이 불어 금강산에 오르지 않는 건 식자층의 수치였다. 하지만 그들의 등산은 호사롭고 떠들 썩하기 그지없었다. 친구를 불러 모으고, 때로는 기생과 악공까지 대동하 며, 말을 타거나 오르기가 힘들면 중을 동원하여 남여 藍輿를 타고 산에 올랐다"(안대회,《조선의 프로페셔널》, 2007, 휴머니스트).

오늘날에는 누구나 자신의 두 발로 산을 오르지만 옛날 지체 높은 양반들은 대개가 산도 자신의 두 발로 오르지 않고 말을 타거나 가마를 타고 올랐다. 묘향산을 유람한 초정 박제가의 〈묘향산소기〉를 보면 "초록 도포를 입고 자줏빛 나귀에 올라 허리에 칼을 차고 안장에 책을 싣고 나섰다"라는 내용이 있어 아주 간소한 차림으로 떠났음을 알 수 있는데 〈청량산유록淸凉山遊錄〉을 지은 박종 역시 그와 별반 다르지 않았다.

아침에 떠날 때 행구行具라고는 아무것도 없고, 다만 나의 두 다리가 있을 뿐이다. 작은 필연筆硯일랑 주머니에 넣고 지팡이 하나만 끌고 나서니 모든 시름을 벗은 듯 몸이 가뜬했다. 그러나 박군은 나를 위하여 옷 몇 벌, 책 몇 권, 돈 몇 푼을 싸서 자그마한 봇짐을 만들어 몸소 지고 떠나니 그의 의기를 알 만하다.

불과 100여 년 이쪽저쪽인 조선시대에도 일반인들은 여행하기가 힘들었다. 몇 가지 이유가 있었다. 첫째로 조선의 지배층은 농경에 종사해야 할 백성들이 여행을 자주 하면 작업 시간을 빼앗기게 되기 때문에 여행을 억제했다. 둘째로 인구 이동이 잦아지면서 백성들을 통치하는 데 어려움이 따르고, 셋째로 상업이 활성화하면 사행심을 조장할 수 있다고 여겼다. 따라서 사대부라 할지라도 산천을 유람하기란 그리 쉬운 일이 아니었으며, 또 한편에서는 그렇게 유람을 즐기는 것을 경계하기도 했다. 조선 후기 학자 이상수李象秀가 쓴 〈요철이령기踰鐵彝嶺記〉에 방봉소方鳳

韶라는 인물의 시가 다음과 같이 전한다.

　　금화북산金華北山 세 동천洞天을

　　젊어서부터 보고자 별렀는데

　　어느새 백발 되어

　　지금에야 본단 말인가

　　옛사람들은 여행 계획을 세웠어도 집안에 조그마한 일이라도 생기면 포기하거나 다음으로 미뤘다. 결국 '사람은 내일을 기다리다 묘지로 간다'는 러시아 속담처럼 끝내 물 건너간 계획이 되고 만다. 당시 사대부들은 일반인과 달리 걷지 않고 말이나 노새를 타고 갔으며, 산에 오를 때는 담여를 탔다. 소백산을 오른 이황, 청량산을 오른 주세붕, 묘향산을 오른 박제가, 금강산을 오른 김창협도 담여를 타고 올랐다.

가장 중요한 것은 길 위에 있다

　　'길로 가라 하니까 뫼로 간다', '길 닦아 놓으니 용천배기(나병 환자)가 먼저 간다', '길을 알면 앞서 갈 것이지'라는 말 속에 남아 있는 그 길을 이황은 시조에서 "고인古人도 날 못 보고 나도 고인 못 봬/고인을 못 봐도 여던 길 앞에 있네/여던 길 앞에 있거든 아니 여고 어떨꼬"라고 하면서 도의道義를 얘기했으며, 시인 장순하의 〈지쳐 누운 길아〉라는 시에는 "어디에나 길은 있고/어디에도 길은 없나니/노루며 까막까치/제 길을 열고 가듯/우리는 우리의 길을/헤쳐가야 하느니"라는 시구가 있다. 니체도 《차라투스트라는 이렇게 말했다》(니체전집 13, 정동호 옮김, 책세상, 2017) 중 '중력의 정령에 대하여'에서 이와 비슷한 말을 했다.

나는 다양한 길과 방법으로 나의 진리에 이르렀다. 내가 사다리 하나만으로 먼 곳을 휘둘러볼 수 있는 이 높이에까지 오른 것은 아니라는 말이다. (…)

시도와 물음, 그것이 나의 모든 행로였다. 그리고 진정, 그같은 물음에 대답하는 법을 배워야 한다! 이것이 내 취향이렷다.

좋을 것도 나쁠 것도 없는, 나 그것을 부끄러워하지 않으며 숨기지 않는 나의 취향 말이다.

"이것이 이제는 나의 길이다. 너희의 길은 어디 있지?" 나는 내게 "길"을 묻는 자들에게 이렇게 대꾸해왔다. 그런 길은 존재하지 않으니!

누군가는 '사람들이 먼저 간 길에는 내 길이 없다'라고 말하지만 대부분은 새로운 길을 개척하려 하지 않고 누군가가 먼저 간 길, 잘 닦여진 길을 따라가고자 한다. 중요한 것은 눈에 보이는 길도 중요하지만 눈에 보이지 않는 사람의 마음속 길이다. 사람들이 마음의 문을 열어 그 길을 보여 주지 않는다면 그 길을 들여다볼 수 없을뿐더러 그래서 그 길이 어디로 해서 어디로 가는지를 도무지 가늠할 수가 없다. 따라서 서로 믿을 수가 없어 속이고 속는 싸움이 계속 이어지는 것이다. 그래서 '강은 건너 봐야 알고 사람은 겪어 봐야 안다'는 말이 나온 것일 텐데, 우선 마음속 보

497

이지 않는 길 위에 서로 오고 갈 수 있는 통로부터 개설해야 할 것이다.

"사람 사이에 섬이 있다/나도 그 섬에 가고 싶다"라고 정현종 시인이 노래했듯이 나도 너도 서로의 섬에 가 닿을 수 있는 길은 과연 존재하는 가? 그 길은 곡선인가, 아니면 직선인가? 직선과 곡선 그중 어느 길이 더 좋은가? 부질없는 물음이지만 보존보다 개발이 중시되는 현대 사회에서 '보기는 곡선이 좋지만 사용하기는 직선이 좋다'는 분위기가 정치, 사회, 경제, 문화 전반에 너무나도 팽배해 있다. 철학자 박이문은 "산과 들을 일 직선으로 뚫은 고속도로에서 인간의 승리감을 느낀다면 들로, 산골짜기로 꼬부라지는 철도에서 삶의 끈기를 맛본다"라고 했다. 빠름과 느림, 승리와 패배, 과연 그것은 존재하는가? 잠시의 이김이 승리이고 잠시의 실패가 진정한 실패인가? 영원한 시간은 그렇게 이분법적으로 나눔을 허락할 것인가? 우리는 과연 어느 것을 선택해야 할 것인가?

토끼는 주위를 쳐다보지도 않은 채 바쁘게 도로 위를 지나가는 사람을 보 았다.

"왜 그렇게 급하게 가니?"라고 그에게 물었다.

"내 일을 쫓아가고 있어."

그가 대답했다.

토끼가 계속 물었다.

"그런데 네가 일을 쫓아가야 할 정도로 일이 너를 앞서서 달리고 있다는 것 을 어떻게 알지? 일이 네 등 뒤에 있는지도 모르잖아. 그러면 그냥 멈추기만 하면 만나게 될 텐데, 지금 너는 일로부터 도망치고 있는 건지도 모르잖아."

이 글은 18세기 하시딤이 쓴 우화다. 느리게 걸어가기를 선호하면서도 개인이건 사회건 일에 이르면 느리게 산다는 것이 용납되지 않고, 그렇다고 스스로 허용하지도 못한다. 그래서 무리하게 되고 내가 나를 옥죄면서 그것이 스트레스가 되어 몸을 망치는 결과를 낳기도 한다. "느림 없이는 아무것도 할 수 없다. 혁명조차도." 스텐 나돌니가 한 말이다. 나도 당신도 더 느리게 살아야 하는데 세상의 시계는 그 느림을 게으름이라고 부른다. 그래서 세상은 언제나 앞으로만 나아갔는가? 스스로 자自에 그러할 연然, 그래서 스스로 그러한 자연처럼 있는 그대로를 사랑하는 사람들까지도 결국은 곡선을 마뜩찮게 여기며 직선으로 뻗은 길을 선호하게 될지도 모른다. 하지만 길道은 결국 도를 닦는 것이므로 동시대를 산다는 것은 도반道伴이라는 뜻이다. 그러나 혼자가 아닌 여럿이 걷는 것도 쉬운 일은 아니다. 그래서 정철도 〈도중途中〉이라는 시를 남겼는지도 모른다.

길 걷는 것 어찌 아니 괴로우리요

이별도 진실로 어렵고야

마음 맞아 짝하는 이 있어

시름에 찬 얼굴이 좀 풀어어라

"그 후 나는 당신이 지난 길을 지나고, 당신은/내가 지난 길을 지나고, 그렇게 우린 만났습니다"라고 한 로버트 프로스트의 〈만남과 지나침〉이라는 시의 시구처럼 우리는 지나고 나서야 만나지 못한 채 헤어진 그 사람이나 그 시절이 아름다웠다고 그리워하고 후회하는지도 모른다.

대부분 현대인은 인간관계보다 물질이 더 중요하다고 여긴다. 그러나 옛사람들은 사람과 사람 사이의 관계를 더 소중히 여겼다. 그래서 '누구와 함께 어디를 가고 어디에서 누구와 함께 살 것인가'가 중요한 관심사였는데, 지금은 오로지 물질을 따라 그 물질을 친구 삼아 살고자 한다. 동진 때 문장가 도연명이 노래한 것처럼 사람 간의 관계를 중시했던 시절은 정녕 사라져 버렸는가!

어떤 길을 걸을 것인가?

사람들은 어떤 길을 걸을까? 우리나라 옛길을 걷는 사람은 아직 그렇게 많지 않다. 땅끝에서 통일전망대까지나 판문점까지 걷는 것이 대부분이고 스페인 순례자들의 길인 '산티아고 길'이나 일본 '에도시대의 옛길'을 걷고자 하는 사람들이 눈에 띌 뿐이다. 국가가 개발만 중시하다 보니 우리의 옛길을 방치했고 국민들도 옛길의 중요성이나 존재 자체를 제대로 모르거나 잊어버렸기 때문이다.

나는 방랑을 통하여 국토를 알았고, 사람을 알았고, 자연을 알았으며, 길에 대한 사랑을 알았다. 이미 알아 버린 그 사랑을 위해 나는 이 길이 끝나자마자 또 다른 길을 준비할 것이고, 다시 길 위에 설 것이다. 길 끝에서 언제나 또 다른 길이 시작된다.

《관동대로》말미에 썼던 글이다. 우리 국토를 한 발 한 발 걸으며 나의 삶은 시작되었고, 길 위에서 지금도 나의 삶은 진행 중이다. 저마다 다르게 살고 저마다 다른 길을 간다. 도道라고 표현되는 길, 그 길을 걸으며 사람들은 무엇을 얻었을까? 키르케고르는 걸으면서 가장 풍요로운 생각을 얻게 되었다고 했다.

그렇다면 먼 길을 가는 데 가장 필요한 것은 무엇일까? 바로 하루를 걷고 난 뒤 피곤한 몸을 누일 숙소일 것이다. 더구나 비가 오거나 눈이 내리거나 추운 날 길을 걸으면 왜 그리 따뜻한 아랫목과 포근한 집이 그리운지 경험해 본 사람이면 누구나 알 것이다. 류시화의 시 〈길 위에서의 생각〉처럼 나그네는 집을 나서면서부터 집을 그리워한다.

집이 없는 자는 집을 그리워하고
집이 있는 자는 빈 들녘의 바람을 그리워한다
나 집을 떠나 길 위에 서서 생각하니
삶에서 잃은 것도 없고, 얻은 것도 없다
(…)
살아 있는 자는 죽을 것을 염려하고
죽어가는 자는 더 살지 못했음을 아쉬워한다
자유가 없는 자는 자유를 그리워하고
어떤 나그네는 자유에 지쳐 길에서 쓰러진다

어떤 나그네건 하루를 열심히 걸으면 오후쯤 도착지에 이르러 그저 쓰러지듯 드러눕는다. 이렇게 누우면 다시는 일어나지 못할 듯하지만 아침에는 언제 그랬느냐는 듯 일어나 씩씩하게 걷는다. 아무리 숙소가 좋아도 다리가 아파도 지치지 않고 갈 수밖에 없는 것, 어쩌면 인간은 누구나 유목민의 숙명을 가지고 있기 때문이 아닐까.

박지원은 《열하일기》의 '황교문답 黃敎問答'에서 말하기를 "1000리 길을 가는 자가 자기 집을 짊어지고 가지는 못할 것이요, 반드시 숙소를 갈아 가면서 갈 것입니다. 비록 천하에 다정한 사람이라도 자기가 자던 주막집에 정이 들기는 하겠지만 그곳에 오래 머무를 수는 없을 것입니다"라고 했다. 요즘엔 모텔이나 여관 또는 민박, 콘도, 호텔 등 숙소가 다양해졌지만, 조선시대만 하더라도 주막 외엔 다른 숙소가 없었다.

그렇다면 사람들은 어떤 자세로 걸어갈까? 요즘 유행하는 것이 마사이족처럼 걷는 것이다. 내 생각으로 마사이족처럼 걷는 것은 아프리카의 평원에서는 맞을지 몰라도 우리나라처럼 평원이 적고 산이 많은 곳에서는 그리 맞을 것 같지 않다. 그렇다면 나는 어떤 자세로 걷는가? 어떤 사람들은 내 걸음걸이를 두고 술에 취한 것 같다 하고 어떤 사람들은 춤을 추는 것 같다고 한다. 영화감독 방은진은 나와 함께 하루를 걷고서 마치 어린 노루새끼의 걸음걸이 같다고 했는데, 저마다 다른 것이 말이고 걸음걸이다. 이덕무는 《청장관전서 靑莊館全書》에서 다음과 같이 충고했다.

도보로 큰길을 갈 때는 반드시 가장자리로 가라. 한가운데를 걸으면서 거마 車馬를 이리저리 피하지 말고 빨리 걷지도 말며 너무 천천히 걷지도 마라. 팔뚝을 흔들지도 말고 소매를 드리우지도 말며 등을 구부리지도 말고 가슴을 툭

튀어나오게 하지도 마라. 머리를 이리저리 돌리면서 무엇을 가리키지도 말고 좌우로 힐끗힐끗 보지도 말며 느리게 신을 끌어 뒤축을 흔들지도 말고 발을 무질서하게 오르내리지 마라. 머리를 위아래로 까불지도 마라. 해가 얼마나 남았는가를 보아서 걸음의 완급을 정하라.

우리나라의 옛 주막

옛날 강가나 길가 혹은 큰 고개 입구에 있었던 주막은 대개 술을 팔고 잠을 잘 수 있는 곳이었다. 주가酒家, 주점酒店, 주사酒肆, 주포酒鋪라고도 불렀던 주막에는 주기酒旗나 주패酒旆라는 깃발을 달았다. 유형원도 동진의 한 주막에서 한양을 그리며 〈동진의 주막에서 나그네 회포東津野店客懷〉《반계유고磻溪遺稿》, 임형태 외 옮김, 창비, 2018)라는 시를 썼다.

들이 넓고 하늘은 아득히 먼데
긴 강물은 바다로 흘러 들어가네
하늘가에 돌아오는 기러기 있어
너무도 처량해 고향 생각나는구나

조선시대 주막은 나그네가 하룻밤을 쉬어 가는 곳으로서 대부분 술과 음식을 같이 취급했으며, 주모는 대체로 남의 소실이거나 나이 든 작부들이 맡았다고 한다. 혼마 규스케의《조선잡기朝鮮雜記》에 따르면 "모석상

두첨주전莫惜床頭沾酒錢이라고 써 놓은 주막에서는 명태와 돼지고기를
팔거나 김치뿐인 안주와 술을 팔고 여인숙에서도 음식을 판다"라고 했다.

조선 중기 문신 윤국형尹國馨의 《갑진만록甲辰漫錄》을 보면 우리나
라에는 주막이 많지 않았다. 영남이나 삼남대로변에 있는 주막에도 술과
말을 먹이기 위한 풀 그리고 땔나무밖에 없어서 여행객들은 여행에 필요
한 생필품을 말 두세 마리에 나누어 싣고 다녔다는 내용이 나온다. 오늘날
입맛이 까다로운 여행객들이 즐겨 먹는 반찬 몇 가지를 가지고 다니는 것
처럼 당시의 나그네들도 생선이나 된장떡 같은 것들을 가지고 다녔다.

숙종 때의 문신 박만정朴萬鼎이 숙종 22년(1696) 황해도 암행어사로
나갔을 때 쓴 《해서암행일기海西暗行日記》에는 "황해도로 가는 길에 호
조에 부탁하여 무명과 쌀, 콩을 비롯해 말린 민어 세 마리와 조기 세 두릅
을 가지고 출발했다"라는 내용이 나온다. 그렇다면 나그네들이 묵어 가
는 주막집에서 하룻밤 받는 요금은 얼마쯤 되었을까? 이사벨라 버드 비
숍의 글을 보자.

한국 여관의 숙박 요금은 터무니없이 싸다. 등잔과 따뜻한 구들이 제공되는
방에는 요금이 없다. 그러나 나의 경우 여관에서 파는 상품을 아무것도 사지
않았기 때문에 하루 밤에 1냥씩의 숙박요금을 치렀고 낮 동안 방에 들어 휴식
할 수 있는 요금도 같은 값으로 치렀는데, 이 낮의 휴식은 매우 한적하고 만족
스러운 것이었다. 나그네들은 하루를 묵으며 세 끼의 식사를 제공받고 사소한
팁까지 포함하여 2, 3냥의 요금을 지불한다. 북부 지방의 여관은 밥 대신 기장
을 제공한다.

한국의 여관은 손님들이 술이 거나하게 취하지 않으면 소란이 없고, 설사 소란이 일어나도 곧 가라앉는다. 조랑말들이 싸우는 소란을 가라앉히려고 마부들이 후려치고 욕하는 소리가, 새벽이 오고 나그네들이 움직이기 전까지의 주요한 소동이다.

길 떠난 나그네들의 심사는 외롭기 짝이 없었다. 조선 중기 문신 임숙영任叔英이 쓸쓸함을 노래한 〈조행 부行〉(조동일,《한국문학통사 3》, 지식산업사, 1994 재인용)이라는 시를 보자.

나그네 길 떠나면서
일찍 서북풍을 맞는다
닭은 달이 진 뒤에 울고
물 기운이 새벽 추위에 인다
외딴 객점에 쌍 절구질을 하고
빈숲에서 100가지 벌레 울어댄다
가련하구나, 1000리 밖으로 떠나와
오래 떠돌아다니고 있는 신세

세상이라는 길을 걸어가다가 우연인 듯, 필연인 듯 좋은 인연을 만나 도란도란 얘기 나누며 걸어가는 것이 세상 사는 재미 중 한 가지일 것이다.

걷기, 세상으로 나가 세상을 만나는 출구

세상에 태어나서 누구나 가장 많이 하는 운동이 걷기일 것이다. 태어나 아장아장 걷기 시작해서 수십 년을 걸은 사람들이 내게 전화를 걸 때가 있다. "저 이번에 신청했는데 제가 잘 걷지 못해서 걱정입니다." 그러면 내가 한마디 한다. "세상에 태어나서 가장 많이 한 운동이 걷기일 것인데 아직 자신이 없다면 인생을 잘못 산 거지요."

삼남대로를 걸을 때 의왕시에서 있었던 일이다. 길이 애매해서 버스 정류장 앞에서 한 아저씨에게 오전초등학교로 가는 길을 묻자 "거기를 걸어가요? 차 타고 가야지요." "거리가 얼마나 되는데요?" "버스로 두 정거장이나 되는데…." 내가 해남에서 이곳까지 걸어왔다고 하면 놀랄 것 같아서 그 말을 할 수도 없고 그저 할 말만 잃은 적이 있었다. 하기야 아파트에서 슈퍼마켓에 갈 때도 차를 타고 가는 세상이 아닌가. 신호등을 두 번만 건너면 되는 거리를 꼭 차를 타고 가야 한다는 공식은 언제부터 만들어졌는지. 생활이 바빠서이기도 하겠지만 걷는 것을 등한시하다 보니 걷는 것을 잊기도 했고 일면 두렵기도 하기 때문이리라. 그래서인지 장거리 도보 답사 길에 내가 사람들에게 가장 많이 받았던 질문은 어디를 가는 사람이냐, 진짜 걸어가느냐, 숙식은 어떻게 하느냐, 돈은 받느냐 등이다. 관동대로를 걸을 때의 일이다. 원주를 지나서 모 사업소에 근무하는 사람에게 옛길을 묻자 다 사라져 버렸단다. 그러면서 우리에게 하는 말이 "뭐 하려고 걸어가요? 돈 주지 않으면 하지 말아요"라고 한다. 무엇을 하건 돈을 주어야, 아니 돈을 받아야 하는 머슴 근성을 가졌다면 누가 새로운 것을 창조하고 누가 새로운 길을 가겠는가?

세낭쿠르의 〈열두 번째의 편지〉에 나오는 글처럼 "길은 잃을수록 좋다." 길을 잃어야 우리가 의도하지 않았던 아무도 가지 않은 새로운 길을 발견하지 않겠는가. 그래서 아픈 다리로 걸으며 쓸데없는 생각을 할 때가 있다. 이렇게 떠도는 자의 통장에 많이 걸을수록 돈이 쌓인다면 더 많은 사람이 나그네 생활을 즐길 테지만 가당치 않은 꿈일 뿐이다. 그런데 생각지 않게 가끔 길은 우리에게 행운을 가져다준다. 길에서 인생의 가장 중요한 사람들을 만나면서 자기 자신이 누구인가, 어떻게 살 것인가를 깨닫게 되는 것인데, 다비드 르 브르통은 《걷기예찬》(김화영 옮김, 현대문학, 2002)에서 도보 답사자를 다음과 같이 정의하고 있다.

걷는 사람은 승용차, 비행기, 이용자보다 겸손하다. 보행은 세상을 향한 자기 개방이다. 따라서 겸손을 요구한다. 만약 인간들에게 두 다리 이외의 다른 이동수단이 없었더라면 그들은 살아가는 동안 그렇게 멀리까지 가지는 않았을 것이다.

보행자가 연약한 존재라는 사실 때문에 인간은 훨씬 더 신중하게 행동하려고 노력했을 것이며, 타자를 정복하고 멸시하기보다는 자신을 열어 보이려고 애썼을 것이다.

한 가지 확실한 사실은, 발로 걷는 사람은 자동차를 운전하는 사람, 혹은 기차, 비행기를 이용하는 사람처럼 거만하게 구는 일이 적을 것이라는 점이다. 왜냐하면 보행자는 언제나 인간의 높이에 서서 걸으므로 한 걸음, 한 걸음을 떼어놓을 때마다 세상이 거칠다는 것을 느끼고, 길에서 지나치게 되는 행인들과 우정 어린 타협을 이룰 필요를 절감하기 때문이다.

1786년에 슈네펜탈은《범애교汎愛校》에서 "걸어라. 그래야만 스스로 자신의 주인이 된다"라고 했고, 페터 한트케는《연필 이야기》에서 "걷는다. 멈춘다. 걷는다. 이것이 이상적인 존재 방식이다"라고 했다. 길에서 만나는 것이 역사고 문화다. 그러나 길에서 만나는 가장 중요한 것은 사람을 만나는 일이다. 앙드레 지드는《지상의 양식》(김봉구 옮김, 문예출판사, 1999)에서 다음과 같이 고백한다.

나타나엘이여, 다른 사람이 아무도 그대에게 준 적이 없는 기쁨을 나는 그대에게 주고 싶다. 그것을 어떻게 그대에게 주어야 할지 모르겠다. 그러나 나는 이 기쁨을 확실히 가지고 있다. 다른 어떤 사람이 한 것보다도 더 친밀하게 나는 그대에게 이야기하고 싶다. 그대가 책 속에서 여태껏 받은 계시보다도 더 많은 것을 찾으면서 여러 글을 펼쳤다가 다시 접고 그대로 만족스럽지 않아 무엇인가 기다리고 있을 무렵, 밤에 허전한 마음을 금치 못하여 그대의 열정이 슬픔으로 변하려는 그러한 시각에 나는 그대 곁으로 가고 싶다. 나는 오직 그대를 위하여 이 글을 쓰며 오직 그러한 시각을 위해서 그대에게 이 글을 쓰는 것이다. 내가 쓰고 싶은 어떠한 개인적 사상도 보이지 않는, 다만 그대 자신의 열정의 투사投射만을 그대가 그 안에서 보게 될 그러한 책이다. 나는 그대 곁으로 다가가고 싶다. 그리고 그대가 나를 사랑하게 되기를 바란다.

이렇게 일생을 통해 얼마나 만날지 모를 사람을 길에서 만날 수 있다.

그런 사람과 함께 가는 길이라면 어떤 길이 어렵겠는가.

누구나 걷고 싶은 숲길

생각만 해도 가슴이 두근거리는 길, 문을 박차고 나가서 걷고 싶은 길, 그런 길들 중 현대인들이 가장 걷고 싶어 하는 길의 하나가 숲길일 것이다. "시몬! 너는 좋으냐/낙엽 밟는 발자국 소리가"라는 레미 드 구르몽의 〈낙엽〉의 시구를 떠올리다 보면 가슴이 막 설레는 것 같다. 마치 《어린 왕자》에서 누군가와 만날 약속을 하고는 그 몇 시간 전부터 가슴이 두근거린다는 것과 같이 늦은 가을, 그것도 저물어 가는 숲에 서 보라. 나뭇잎이 미세한 바람결에 하나둘 떨어지고, 그 떨어지는 나뭇잎을 밟으며 걸어가 보라. 그 숲에 어둠이 내리고 그림자처럼 서 있는 나무들을 숲에다 두고 돌아 나올 때 그 숲에 서 있는 나무들이 내게 침묵으로 들려주던 소리, 가끔 다시 찾아가 귀를 기울이면 그때 내게 들려주던 그 소리가 아닌 다른 소리로 들려주는 이야기, 언제나 가도 나를 받아들이고 내가 나와도 가만히 바라만 보고 있는 숲을 다른 사람들은 어떻게 보았을까?

그리스인들은 나뭇가지 사이로 스치는 바람결에 귀를 기울이는 것, 그 상쾌한 소리를 '사랑스러운 드라이드', 즉 숲의 요정들의 움직임으로 보았다. 그리고 그리스의 시인들은 어떤 놀라운 발상이나 영감을 얻고자 할 때면 오랫동안 숲을 산책했다. 숲길을 걸으면서 세상을 떠돌며 관조하는 신神과 여신들의 생각을 마음속으로 받아들여야 한다고 믿었다. 독일의 문호 괴테는 "숲에서 혼자 그렇게 걸었다/아무것도 찾지 않으면서/그것이 내 의도였다"라고 했다.

건강을 위해서 또는 느리게 우리 국토를 탐구하기 위해 걷는 이들이 많아졌다. 현재 유행하는 운동이 '걷기'라는 말이 실감 난다. 사람들이 걷는 이유는 가지각색이다. 우선 건강 때문이다. 허준許浚은 "약보藥補보다 식보食補가 낫고, 식보보다 행보行補가 낫다"라고 했다. 아무리 비싸고 좋은 약이나 음식보다 좋은 것은 걷는 것이라는 말이다. 정약용 역시 "걷는 것은 청복淸福, 즉 맑은 즐거움이다"라고 극찬했다. 그다음으로 마음을 다스리기 위해 걷는다. 마음을 평안하게 하는 데 걷기처럼 좋은 운동이 없기 때문이다. 루소는 《고백록》에서 이렇게 말했다. "나는 걸을 때만 명상에 잠길 수 있다. 걸음을 멈추면 생각도 멈춘다. 나의 마음은 언제나 나의 다리와 함께 작동한다."

한 걸음 한 걸음 걸으면서 여러 가지 사물을 만나게 되고, 결국은 내가 나를 만나는 것이 걷기의 매력이다. 익숙해진 세상에서 느리게 걸으며 '느림의 미학'을 실천하고자 하는 마음에서 걷기도 한다. 장거리 도보 답사를 하면서 수많은 사람을 만났다. 길 위에서는 큰 것보다 사소한 것에 감동한다. 그리고 새로운 미지의 세계를 향해 길을 나서는 것은 그 어떤 것에 비할 바 없는 즐거움이다.

그렇다면 무엇을, 어떤 마음을 가지고 걷기를 시작할 것인가? 나는 한 걸음 한 걸음 마치 산책하듯 걷기를 좋아한다. 복잡한 거리, 한적한 야외, 강이나 산 어디라도 개의치 않는다. 그 길을 마치 춤을 추듯 리듬을 타듯 걸어갈 때 느끼는 청량감은 이루 다 설명할 수가 없다. "행복은 여기 있다. 자연과 더불어 거닐며, 번잡한 삶의 흉한 모습과 너무 일찍 접촉하지 않은 것에"라고 한 워즈워스의 말을 음미하며 나는 오늘도 역사가 살아 숨 쉬는 길과 고적함이 스며 있는 그 길을 나선다.

빠름에서 느림으로 이어지는 문화의 흐름

개발과 속도에 지친 현대인들이 스스로를 돌아보기 시작하면서 새로운 형태의 레저 문화가 생겨났다. 그 첫 번째가 마라톤이었다. 세계적으로 국민소득 1만 달러 시대에 제일 유행하는 운동이 마라톤이고 1만 5000달러에서 3만 달러 시대에 가장 유행하는 운동이 걷기라는 말이 있는데, 우리나라의 흐름을 보면 그 통계가 맞는다. 마라톤이 전국적으로 유행하고 등산 인구가 폭발적으로 늘어나다가 어느 사이 걷기로 선회하기 시작한 것이 몇 년 전부터다. 온 나라, 아니 전 세계가 걷기 운동에 빠졌다. 도보 답사가 가히 열풍이라고 할 만큼 급속도로 확산되고 있다. 한때 해남에서 통일전망대나 판문점, 강화도에서 강릉으로 일반도로를 따라가는 종단 횡단 도보 답사가 주를 이루었다. 그런데 얼마 전부터는 제주 올레길, 지리산 둘레길, 강화 나들길, 변산 마실길, 소백산 자락길, 고창 질마재길, 문화체육관광부의 문화생태탐방로길 등이 언론과 방송을 통해 사람들에게 알려지면서 지자체마다 새로운 길 만들기, 길 찾기에 혈안이다. 수많은 사람이 외국의 유명한 산티아고 길이나 차마고도 또는 일본의 에도시대의 옛길을 걷기 위해 해외로 나갔다. 그런데 최근 들어 우리나라의 옛길인 영남대로나 삼남대로, 관동대로를 알고 걷고자 하는 사람들이 날로 늘어나고 있으니 얼마나 다행스러운 일인가.

길은 자유를 준다. 장거리 도보 답사를 시작하기 위해서는 제반 준비는 필수로 치고 몇 가지 선행되어야 할 것이 있다. 해야 할 일을 미리 해 놓든가, 아니면 뒤로 미루든가 해야 하고 걱정거리가 없어야 하며 약간의 돈과 무엇이든 감수할 용기가 필요하다. 막상 장거리 도보 답사를 시작하면 이게 걸리고 저게 걸려서 결국 도중에 돌아가는 사람들을 더러 본다. 물론 나라고 자유로울까. 그렇지 않다. 마음이 편치 못한 채 걸을 때도 있는데, 그때의 마음은 가시방석에 앉아 있는 것 같다고 해야 할까.

여러 가지 문제점을 감수하기로 작정하고 장거리 도보 답사를 시작하면 우선 자연으로 들어가 자연과 하나가 되어야 한다. 내가 자연이 되는 그것밖에 달리 도리가 없다. 에크하르트 톨레의 말에 귀를 기울여도 좋으리라(《고요함의 지혜》, 진우기 옮기, 김영사, 2004).

자연의 품에서 걷고 쉴 때에는 거기에 온몸과 온 마음을 두어야 자연에 경의를 표할 수 있다. 마음을 고요히 하고 바라보라. 귀 기울여 들어보라. 자연에 존재하는 풀 한 포기, 뛰어노는 동물 한 마리가 다 온전히 제 자신으로 존재함을 보라. 인간과는 달리 그들은 제 자신을 둘로 분열시킬 줄 모른다. 그들은 제 자신의 이미지를 만들 줄도 모르고 그 이미지를 통해서 삶을 살아가는 법도 모른다. 그러니 이미지를 더 멋지게 꾸미거나 보호하려고 애쓰지도 걱정하지도 않는다. 사슴은 그저 사슴일 뿐이다. 수선화도 그저 수선화일 뿐이다.

그렇다면 그때 나그네의 삶은 단순하다. 나그네도 그곳에서는 그냥 나그네일 뿐이고 푸른 바다는 그저 푸른 바다일 뿐이다. 길에서는 항상 길을 묻는 나그네일 것이고, 항상 배고프고 졸리고 피로한 나그네일 것이다. 그러나 그때만은 참된 자신으로 돌아가는 시간이고 나그네는 그곳에서만큼은 더할 수 없는 자유를 누릴 수 있을 것이다. 아무런 생각도 없이 하루를 다리 아프게 걷고 숙소에 이르면 쓰러져 잠을 자고 새벽에 일어나 날이 샌 줄도 모른 채 떠 있는 게으른 별을 보고 다시 걷고 다시 잠자는 그런 삶. 그런 나날이 펼쳐져 있는 것, 그것 자체가 행복이 아닐까?

우리가 걸어가야 할 동해 해파랑길

동해 트레일에서 만나게 되는 해운대, 장사, 칠포, 대진 고래불, 용화, 망상, 경포대, 화진포, 원산의 명사십리 등 셀 수도 없는 수많은 해수욕장 그리고 낙동정맥과 백두대간에 펼쳐지는 크고 작은 내연산, 두타산, 청옥산, 설악산, 금강산, 칠보산 등의 산들은 우리의 바다와 산이 얼마나 절경인지를 유감없이 보여 준다. 포구에서 포구로 이어지는 동해 바닷길에서 나그네들의 미각을 사로잡는 맛은 또 얼마나 많은가. 학꽁치, 멸치, 과메기(포항), 대게(영덕, 울진), 미역(고포), 오징어, 정어리, 청어, 명태식혜(거진) 등 셀 수도 없다.

수많은 등대가 밤마다 깜빡거리고 깃발을 펄럭이는 배들이 바다로 나갔다 돌아오는 동해안 곳곳에는 수많은 인물의 흔적이 민담으로, 설화로,

지리산 둘레길

지리산 주변을 도는 도보길로 전라북도, 전라남도, 경상남도에 걸쳐 있다.
가능한 한 원형을 그대로 보존하면서 도보 여행에 적합하게 길을 정비했다.

길 끝에서 언제나 또 다른 길이 시작된다

에도시대 옛길

수많은 사람이 외국의 산티아고 길이나 차마고도 또는 일본의 에도시대 옛길을
걷기 위해 해외로 나갔으나 최근 들어서는 우리나라의 옛길을 찾는 사람이 늘고 있다.

이야기로 전해진다. 고려 말 이곡, 이색, 나옹 등의 흔적이 여러 곳에 남아 있고, 조선시대에는 김시습, 양사언, 이언적, 이산해, 정철, 박종, 정선, 송시열, 김시습, 허균 등과 천문지리학자 남사고와 의병장 신돌석, 동학의 1, 2대 교주인 최제우와 최시형, 직업적 혁명가인 이필제의 사연이 남아 있는 곳도 이곳 동해다.

언젠가 동해 트레일 답사 중에 미국인 관광객을 만났다. 어디를 가느냐고 묻자 "한국의 바닷가 길이 아주 아름다워서 무작정 걷고 있다"라고 했다. 이 길을 18일간 걸으며 힘들었던 만큼 어린애처럼 행복하기도 했다. 바다가 되었다가, 넘쳐서 달려오던 파도가 되었다가, 매일 태어나고 스러지는 태양이 되기도 했던 나날이 언제 다시 내 앞에 올 것인가 생각하면 가슴이 벅차오른다. 맹자는 "눈은 아름다운 빛을 좋아한다"라고 했고, 키츠는 "아름다움은 영원한 기쁨이다"라고 했다. 맹자나 키츠의 그 말을 실감하고 싶은 사람들에게 동해 트레일, 즉 해파랑길은 가장 아름다운 빛을 가감 없이 보여 줄 것이다. 부산 해운대에서 넓고 광활한 태평양을 바라보며 시작한 그 아름다운 동해 바닷가 길 1400여 킬로미터를 걸어 두만강 하구에 이르는 여정은 얼마나 감격스럽고 자랑스러운 일인가. 마침내 두만강을 건너 이순신 장군이 근무했던 녹둔도에 도착한다.

그것으로 끝인가? 아니다. 블라디보스토크를 지나 러시아의 해변을 돌아 스웨덴과 스페인을 지나 아프리카의 케이프타운까지 이어진다면 세계 최장거리 도보 답사 코스가 되는 게 아닌가. 지구상에서도 작은 반도인 대한민국의 끝자락 부산 해운대에서 한 발 한 발 걸어 유럽에서 아프리카로 이어지는 길, 그 길을 정부에 조성해 줄 것을 제안했고 2010년 9월 문화

지리산의 봄

구례 일대는 해마다 3월 중순이 되면 노란빛으로 채색된다.
마을 어디를 둘러보아도 노란색 천지다.

체육관광부는 야심 차게 이 제안을 받아들여 '해파랑길'로 선정했다. 부산에서 고성까지 16개 시, 군의 관계자들이 모여 조성한 해파랑길을 북한과 협의하에 북한의 마지막 지점 녹둔도까지 잇는다면 약 1400킬로미터의 길이 완공될 것이다. 그 길을 걸을 수 있게 된다면 얼마나 가슴이 벅차오를까.

저자 소개

신정일
문화사학자 · 도보여행가

사단법인 '우리 땅 걷기' 이사장으로 우리나라에 걷기 열풍을 가져온 도보답사의 선구자다. 1980년대 중반 '황토현문화연구소'를 설립하여 동학과 동학농민혁명을 재조명하기 위한 여러 사업을 펼쳤다. 1989년부터 문화유산답사 프로그램을 만들어 현재까지 '길 위의 인문학'을 진행하고 있다. 또한 한국 10대 강 도보답사를 기획하여 금강 · 한강 · 낙동강 · 섬진강 · 영산강 5대 강과 압록강 · 두만강 · 대동강 기슭을 걸었고, 우리나라 옛길인 영남대로 · 삼남대로 · 관동대로 등을 도보로 답사했으며, 400여 곳의 산을 올랐다. 부산에서 통일전망대까지 동해 바닷길을 걸은 후 문화체육관광부에 최장거리 도보답사 길을 제안하여 '해파랑길'이라는 이름으로 개발되었다. 2010년 9월에는 관광의 날을 맞아 소백산자락길, 변산마실길, 전주 천년고도 옛길 등을 만든 공로로 대통령 표창을 받았다.

독학으로 문학 · 고전 · 역사 · 철학 등을 섭렵한 독서광이기도 한 그는 수십여 년간 우리 땅 구석구석을 걸어온 이력과 방대한 독서량을 무기로 《길 위에서 배운 것들》, 《길에서 만나는 인문학》, 《홀로 서서 길게 통곡하니》, 《대한민국에서 살기 좋은 곳 33》, 《섬진강 따라 걷기》, 《대동여지도로 사라진 옛 고을을 가다》(전3권), 《낙동강》, 《신정일의 한강역사문화탐사》, 《영남대로》, 《삼남대로》, 《관동대로》 등 60여 권의 책을 펴냈다.

신정일의 신 택리지

산과 강의 풍수

2024년 9월 2일 초판 1쇄

지은이 신정일
펴낸이 이원주, 최세현 **경영고문** 박시형

책임편집 최세현 **교정교열** 신상미
기획개발실 강소라, 김유경, 강동욱, 박인애, 류지혜, 이채은, 조아라, 최연서, 고정용, 박현조
마케팅실 양근모, 권금숙, 양봉호, 이도경 **온라인홍보팀** 신하은, 현나래, 최혜빈
디자인실 진미나, 윤민지, 정은예 **디지털콘텐츠팀** 최은정 **해외기획팀** 우정민, 배혜림
경영지원 홍성택, 강신우, 김현우, 이윤재 **제작팀** 이진영
펴낸곳 (주)쌤앤파커스 **출판신고** 2006년 9월 25일 제406-2006-000210호
주소 서울시 마포구 월드컵북로 396 누리꿈스퀘어 비즈니스타워 18층
전화 02-6712-9800 **팩스** 02-6712-9810 **이메일** info@smpk.kr

ⓒ 신정일 (저작권자와 맺은 특약에 따라 검인을 생략합니다)
ISBN 979-11-94246-08-4 (04910)
ISBN 978-89-6570-880-3 (세트)

쌤앤파커스(Sam&Parkers)는 독자 여러분의 책에 관한 아이디어와 원고 투고를 설레는 마음으로 기다리고 있습니다. 책으로 엮기를 원하는 아이디어가 있으신 분은 이메일 book@smpk.kr로 간단한 개요와 취지, 연락처 등을 보내주세요. 머뭇거리지 말고 문을 두드리세요. 길이 열립니다.